市场营销学

张　娟　编

机械工业出版社

本书全面系统地介绍了市场营销学的基本框架和内容，从环境分析到市场研究，再到战略制定和策略分析，详细阐述了市场营销的整个过程。

本书定位于高等院校市场营销学的课程改革配套教材，特别是基于雨课堂的教学改革。本书的特色和优势是能满足混合式教学的需求，通过配套雨课件和教学设计手册，帮助教师轻松实现课前、课中、课后的教学设计，使教学内容做减法、课堂教学效果做加法，丰富教学方式和学习方式。本书每章均设有进阶图谱和思维导图，在帮助学生自主学习的同时，将知识、能力、价值观有机融合，通过辩论练习、策划实训、案例分析讨论，以及作业、考核与拓展训练等栏目，实现从知识到能力再到价值观的学习进阶，也帮助各位老师将课程打造成“金课”。

本书可作为高等院校本科经济管理类专业市场营销课程的教材，也可供市场营销初学者学习使用。

图书在版编目（CIP）数据

市场营销学／张娟编. —北京：机械工业出版社，2021.12（2024.8重印）
ISBN 978-7-111-69969-9

Ⅰ.①市… Ⅱ.①张… Ⅲ.①市场营销学-高等学校-教材
Ⅳ.①F713.50

中国版本图书馆CIP数据核字（2021）第267403号

机械工业出版社（北京市百万庄大街22号　邮政编码100037）
策划编辑：裴　泱　　　　　　责任编辑：裴　泱　马新娟
责任校对：孙莉萍　王明欣　　封面设计：张　静
责任印制：刘　媛
涿州市般润文化传播有限公司印刷

2024年8月第1版·第2次印刷
184mm×260mm·10.75印张·246千字
标准书号：ISBN 978-7-111-69969-9
定价：34.90元

电话服务　　　　　　　　　　网络服务
客服电话：010-88361066　　机　工　官　网：www.cmpbook.com
　　　　　010-88379833　　机　工　官　博：weibo.com/cmp1952
　　　　　010-68326294　　金　　书　　网：www.golden-book.com
封底无防伪标均为盗版　　机工教育服务网：www.cmpedu.com

前　言

市场营销就是使商品或服务从生产者或提供者手中移交到消费者手中的一种过程，是企业或其他组织以满足消费者需要为中心进行的一系列活动。市场营销学是系统地研究市场营销活动规律的一门学科。

从学科性质来看，市场营销学是一门历史悠久的交叉型学科，表现在它与数学、哲学、经济学、管理学、心理学都有密切联系，尤其是在信息技术高度发达的21世纪，人工智能和大数据技术的不断发展，使市场营销思想和技术不断迭代和进阶。随着“大众创业、万众创新”的持续推进，以及大学生创新创业训练计划的不断实施，围绕“市场”的理论创新和实践创新不断涌现，这极大地丰富了市场营销学的研究和应用领域。

从社会需求来看，伴随着有中国特色的市场经济的不断完善、粤港澳大湾区的建设、自贸区的推进，作为世界第二大经济体的中国将面临供给侧改革、新动能培育等一系列挑战，这也对市场营销学课程提出了更高要求，催生学科和课程建设的创新和进步，特别是“互联网+”以及“三创赛”“挑战杯”等校园竞赛的开展，对市场营销学课程的需求日益迫切，并使得课程的挑战度不断提升。

从专业发展和人才培养来看，市场营销学课程在我国高等院校工商管理学院具有重要的地位。作为与经济学、行为科学、人类学、数学等学科相结合的应用边缘管理学科，市场营销学的原理、概念、战略、策略、方法和技巧有利于引导学生广泛涉猎不同学科领域知识，培养学生的创造性思维，打造创新型人才。

现代教学，无论是网络教学还是面授教学，都有混合的趋势，即融合面授和网络教学的优势，既利用面授交流的方便、直接、快速反馈，也利用网络教学平台的智能化，进行深度的数据挖掘，增强科学性、反馈性、实效性和个性化。

我们正在进入优质教育资源不再稀缺的时代，课堂教学必须有所改变才能有效应对学生的改变。课程改革实质上是改革教学理念、教学目标、教学内容、教学方式方法和教学评价，根本性的改革表现为学生学习方式的改革，超越封闭、僵化、单一的教学理念，为学生主动、开放、差异发展寻求学习路径。

从以上角度出发，本书编写主要致力于满足混合式教学的需求，实现促进学生发展的知识、能力和价值观目标，通过创造性地设计学习过程，真正实现“以学生为本”和教学的育人价值。

本书围绕“以学生发展为中心”的教学理念，基于雨课堂的混合式教学方式，摒弃

“PPT 就是教学设计”的传统观念，将结构脉络分割为课前、课中、课后三个环节，以适应碎片化学习的时代特征，并且通过课堂教学连点成线。

本书在编撰过程中参阅了大量国内外文献著作和企业资料，在此向相关作者表示感谢。

由于编者水平有限，书中难免存在疏漏，恳请广大读者和同行不吝赐教，给予批评指正，在此表示由衷的感谢。

编　者

目　录

第一章 认识营销

本章进阶图谱

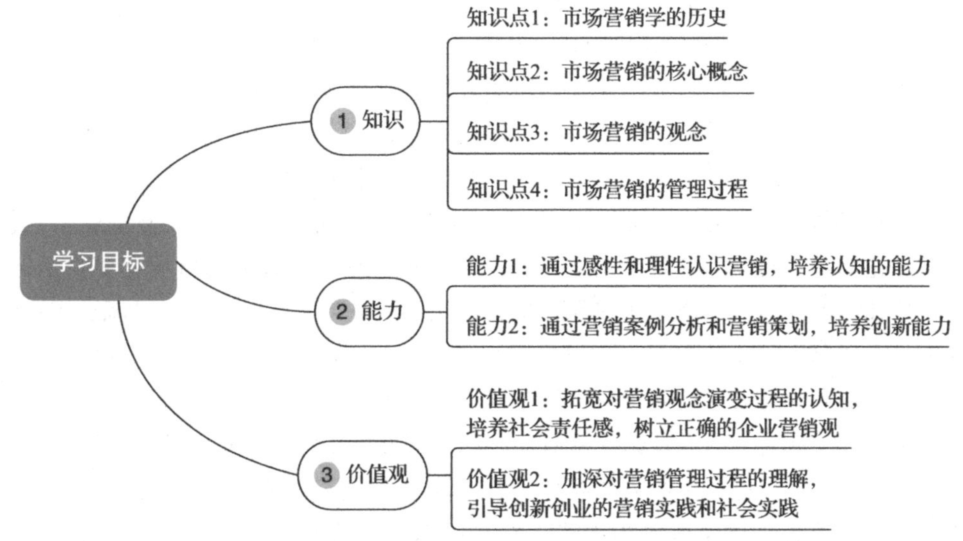

诺基亚：我们并没有做错什么，但不知为什么，我们输了

2014 年 4 月 25 日，微软宣布对诺基亚的收购正式完成。

当诺基亚被微软收购时，首席执行官（CEO）约玛·奥利拉在记者招待会上最后说了一句话：

“我们并没有做错什么，但不知为什么，我们输了。”

说完，几十位诺基亚高管不禁落泪！

确实，今天的企业，不管是已经经营了百年的老店，还是经历过爆炸式增长的新贵，都可能在转眼间变成过眼云烟，成为街头巷尾人们的谈资。如连续 30 年蝉联《财富》世界 500 强的通用汽车公司在 2009 年申请破产保护；成立两年便创造销售奇迹的凡客诚品突遇危机，由数万员工变成了数百员工，为了生存而挣扎着。

企业兴衰有着各种各样的缘由，什么都没有做错的诺基亚，怎么就输了？

资料来源：搜狐网，2018 -07 -31。经整理加工。

课前讨论：市场营销是什么？请对这一问题发表自己的看法。

诺基亚为什么输了？决定企业能否获得成功的因素有很多：市场在哪里？消费者是谁？企业如何营销？这是很多企业都关心的问题。但是，通过仔细研究发现，所有成功的企业都有一个共同点，就是它们都强调以消费者为中心并十分重视市场营销。然而，诺基亚的失败正是不重视市场营销的反面例子。

那么，什么是市场营销？本章中，我们将首先介绍市场营销学的历史，然后再探讨市场营销的核心概念。

一、市场营销学的历史

市场营销学于20世纪初创立于美国，后来传到欧洲、日本等其他国家和地区，在实践中不断得到完善和发展。它的形成阶段在1900年—1930年。

进入19世纪，伴随世界经济的发展，资本主义的固有矛盾日趋尖锐。频频爆发的经济危机迫使企业日益关心产品销售，研究如何更有效地应对竞争，在实践中不断探索市场营销的规律。19世纪末20世纪初，世界主要资本主义国家先后完成了工业革命，垄断组织加快了资本的积聚，使生产规模迅速扩大。在这一时期，以泰勒为代表的以提高劳动生产率为主要目标的“科学管理”理论和方法应运而生，并受到普遍重视。一些大型企业实施科学管理，产量迅速增加，对流通领域产生了影响，这就要求对相对狭小的市场有更精细的经营。同时，科学技术的发展，也使企业内部计划和组织变得更为严整，从而有可能运用科学的调查研究方法，预测市场变化趋势，制订有效的生产计划和销售计划，控制和调节市场销售量。在这种客观需要与可能的条件下，市场营销学作为一门独立的经营管理学科诞生了。

第二次世界大战后，市场营销学从概念到内容都发生了深刻变化。战后的和平条件和现代科学技术的进步，促进了生产力的高度发展。社会产品数量增加，花色品种日新月异。垄断资本的竞争加剧，销售矛盾更为尖锐。西方国家政府先后推行所谓“高工资、高消费、高福利”以及“缩短工作时间”的政策，在一定程度上刺激了需求，但并未引起实际购买量的直线上升。消费者的需求和欲望在更高层次上发生变化，对社会供给提出了更高的要求。这时，传统的市场营销学已经不能适应形势的要求，需要进行重大变革。

第二次世界大战后的50多年来，市场营销论著如云，理论不断创新。市场营销学逐步建立起以“满足需求”“消费者满意”为核心内容的框架和体系，不仅在工商企业，而且在事业单位和行政机构也得到广泛运用。市场营销学研究领域每隔几年就有一批有创见的新概念出现。这些概念推动了市场营销学研究从策略到战略、从消费者到社会、从外部到内部、从一国（地区）到全球，推动了市场营销学全面系统的发展和深化。

这些概念从根本上解决了企业必须根据市场需求来组织生产及其他企业活动，确立以消费者为中心而不是以生产者为中心的观念问题。这一新概念导致市场营销学基本思想发生变化，在西方被称为市场营销学历史上的第一次“革命”。

20世纪三四十年代，市场营销学在中国曾有一轮传播。现存最早的教材是丁馨伯编译的《市场学》，由复旦大学出版社于1933年出版。当时一些大学的商学院开设了市场学课程，教师主要是欧美留学归来的学者。由于长期战乱及半殖民地半封建经济发展水平的限制，其研究和应用有很大的局限性。中华人民共和国成立后，在很长一段时间内，由于西方的封锁和我国实行高度集中的计划经济体制，商品经济受到否定和抵制，市场营销学的研究在中国基本中断。在长达30年的时间里，中国学术界对国外迅速发展的市场营销学知之甚少。

1978年—1983年，市场营销学再次被引入中国。其间，北京、上海和广州等地的学者对国外市场营销学的研究、应用和人才培养做了大量工作。通过论著、教材翻译评介，到国外访问、考察和学习，邀请外国专家学者来华讲学等方式，系统引入了当代市场营销的理论和方法。高等院校也相继开设了市场营销学课程，组织编写了第一批市场营销学教材。

二、市场营销的核心概念

“市场营销”是由英文“Marketing”一词翻译而来。它有两层含义：一是指企业如何根据消费者需求生产适销对路的产品、扩大市场销售所进行的一整套经济活动；二是指建立在经济学、行为学、现代管理理论基础上的一门综合性、边缘性的应用学科。

正确理解市场营销的含义，必须弄清其涉及的相互关联的核心概念。

1. 需要、欲望和需求

人的需要和欲望是市场营销学的出发点。人们为了维持生存，需要空气、水、食品、衣服和住所。除此之外，人们对精神生活（如娱乐、教育等）有着强烈的欲望。

1）需要。需要（Need）是指人们没有得到某些基本满足的感受状态。人们在生活中，需要食品、衣服、住所、安全感、爱情以及其他一些东西。这些需要都不是社会和营销者所能创造的，它们存在于人自身的生理结构和情感条件中。

2）欲望。欲望（Want）是指人们想得到这些基本需要的具体满足物的愿望。欲望是由一个人所处的社会塑造的，是个人受不同文化及社会环境影响所表现出来的对基本需要的特定追求。营销活动虽然无法创造人的基本需要，但却可以采用各种营销手段来创造和改变人的欲望，并开发及销售特定的服务或产品来满足这种欲望。

3）需求。需求（Dcmand）是指人们有能力购买并且愿意购买的某个具体产品的欲望。当具有购买能力时，欲望便转换成需求。许多人都想要一幢别墅，但只有少数人能够并愿意购买。因此，企业既要估量有多少人想要本企业的产品，又要了解有多少人真正愿意并且有能力购买。

由此，我们可以看出，一个厂家的产品越是与消费者的欲望相吻合，它在市场竞争中的成功率就越高。营销并不创造需要，需要早就存在于营销活动出现之前。营销者，连同社会上的其他因素，只是影响了人们的欲望。他们向消费者建议，一辆轿车可以满足人们对社会地位和交通的需要，他们只是试图指出一个什么样的商品可以满足这方面的要求。营销者力图通过使商品富有吸引力、适应消费者的支付能力和容易得到来影响需要。

海底捞：穿越空间的火锅聚餐

“人类已经无法阻止”的海底捞再次将大家的想象力甩在了后面。

这一次，他们把视频会议技术搬到了热气腾腾的火锅前：借助三块60英寸（1英寸≈2.54厘米）的高清屏幕，实现了身处异地的消费者在包间里面对面聚餐。

海底捞相关负责人说，决定企业发展的因素有很多，但重要的是创新，在信息化时代，我们使用不同的科技产品，想力所能及地为消费者提供不同的用餐体验。

资料来源：南都周刊，2012－02－23。经整理加工。

2. 产品

在营销学中，产品特指能够满足人的需要和欲望的任何东西。产品的价值不在于拥有它，而在于它给人们带来的对欲望的满足。人们购买汽车不是为了观赏，而是为了得到它所提供的交通服务。产品实际上只是获得利益的载体。这种载体可以是实体，也可以是看不到、摸不着的“服务”，如人员、地点、活动和观念等。当人们心情烦闷时，为满足轻松解脱的需要，可以去参加音乐会，听歌手演唱——人员；可以到风景区旅游——地点；还可以参加研讨会，接受不同的价值观——观念。市场营销者必须清醒地认识到，其创造的产品不管形态如何，如果不能满足人们的需要和欲望，就必然会失败。

故宫的“网红”进阶史

故宫博物院一度接连登上“热搜”话题榜。先是“故宫首次晚间对公众开放”“故宫门票预订网站崩溃”“故宫夜场门票炒到9999元”，再是“故宫辟谣灯光秀取消”，话题总阅读量达数亿次。

如今，故宫已成为自带流量的超级“网红”。那么，故宫是如何进阶为“网红”的呢？

故宫博物院院长说：“我们的优势主要是文化资源丰富，故宫的藏品是一个取之不尽的宝藏，在这方面我们优势就非常明显，能够不断地挖掘，不断地进行创意，不断地出一些人们喜欢的文化创意产品，这是我们的绝对优势。”

但是，一些文创产品也因质量和设计等方面问题引发了争议。故宫博物院院长说，在文创这条路上，故宫仍在努力。

资料来源：中国新闻网，2019－02－22。经整理加工。

3. 交换和交易

人们获取满足需求或欲望之物可通过自产自用、强制取得、乞讨、交换等方式。其中，只有交换方式才存在市场营销。交换是指从他人处取得所需之物，而以自己的某种东西作为回报的过程。

交换的发生必须具备五个条件：①至少有交换双方；②每一方都有对方需要的有价值的东西；③每一方都有沟通和运送货品的能力；④每一方都可以自由地接受或拒绝；⑤每一方都认为与对方交易是合适或称心的。交换是一个价值创造的过程，即交换通常总是使双方变得比交换前更好。

交易是交换的基本组成单位，是交换双方的价值交换。交换是一种过程，在这个过程中，如果双方达成一项协议，我们就称之为发生了交易。

营销的本质就是开发令人满意的交易，使消费者和营销者都能从中获益。消费者希望从营销交易中获得比他付出的成本更高的回报和利益。营销者希望得到相应的价值，通常是交换产品的价格。通过买者和卖者的相互关系，消费者有了对卖者未来行为的期望。为了达成这些期望，营销者必须按承诺来完成。随着时间的推移，这种相互关系就成了双方之间的相互依靠。

乐高的大数据营销

乐高发现，在圣诞节促销中，小朋友心愿单里似乎没有乐高玩具。如何才能知道小朋友的“心头好”？乐高通过数据模型预测当年圣诞节最火玩具，从而设计推出热门玩具乐高版，并在电商平台定向推送。

之所以大数据让营销更智能，是因为它可以描绘出精准的用户画像，找到最优的投放人群，以及最受欢迎的产品定位。这一次定制版乐高玩具销售量占比从2.2%提升到了10%，扩大了近四倍，媒体营销支出仅为5.5万美元。如今我们会慢慢发现，花更多的钱将智能技术引进，达到用户与品牌之间的深层沟通，将极大提高营销的效率。

资料来源：《成功营销》，2018－12－18。经整理加工。

4. 市场

市场是由那些具有特定的需要或欲望，而且愿意并能够通过交换来满足这种需要或欲望的消费者所构成的。因此，市场的大小取决于那些表示有某种需要，并拥有使别人感兴趣的资源，而且愿意以这种资源来换取其需要的东西的人数。

具体来说，对于一切既定的商品，现实市场包含三个要素：有某种需要的人、为满足这种需要有购买能力和购买欲望。也就是说，市场由人口、购买力、购买欲望这三个要素组成。其表达式如下：

市场＝人口＋购买力＋购买欲望

1）人口。人口是构成市场最基本的条件。只有有人居住的地方，才会有各种各样的物质方面和精神方面的需求，从而才可能有市场。

2）购买力。购买力是构成营销市场的一个重要因素。它是由消费者的收入决定的，有支付能力的需求才是有意义的市场。

3）购买欲望。购买欲望是决定市场容量的最权威的因素。人口再多，购买力水平再高，如果对某种商品没有购买欲望，也就形成不了购买行为，这个商品市场实际上也就不存在。

总之，市场的这三个要素是相互制约、缺一不可的，只有三者结合起来才能构成现实的市场，才能决定市场的规模和容量。例如，一个国家或地区人口众多，但收入很低，购买力有限，则不能成为容量很大的市场，如某些发展中国家；反之，虽然购买力很高，但人口很少，这样的国家或地区也不能成为很大的市场，如瑞士、科威特。只有人口既多、购买力又强的国家或地区才能成为一个有潜力的大市场。但是如果商品不适合需要，不能使人们产生购买欲望，仍然不能成为现实的市场。

当方言碰上世界杯——科大讯飞测试用户的足球基“音”

多少球迷苦于到不了现场为喜欢的球队加油鼓劲而烦恼。雪佛兰正是抓住了用户的这一心理，应用科大讯飞人工智能（AI）营销领先的语音技术，让用户感受了一把现场呐喊助威的热情。当用户喊出“战歌”的那一刻，仿佛身临世界杯绿茵场，眼前就是球员们奔跑的身影。超文本5.0（H5）后台应用方言听写技术，为用户以乡音录入“战歌”，并生成专属世界杯关键词。

世界杯的激情让整个营销圈都为之疯狂，告别硬蹭热点的姿势，雪佛兰在这次世界杯营销中抓住了消费者的内在心理，摆脱了千篇一律的视频广告轰炸，而走了一条不寻常的声音营销法，以方言互动的形式实现了与用户的深度交互。实现这一切的正是领先的AI语音技术。

资料来源：《成功营销》，2018-12-18。经整理加工。

5. 市场营销的概念

市场营销涉及满足消费者需求。如果营销者了解消费者的需求，进而开发了能够提供卓越价值的产品，并且有效地进行定价、分销和促销，则他们的产品就会很容易销售出去。因此，销售和广告只是影响市场的一系列营销工具中的一部分。

在迪士尼（Disney）主题公园中，“幻想家们”建造各种各样的奇观是为了创造梦想和“让美梦成为现实”。戴尔公司（Dell）之所以引领了整个个人计算机行业的发展，是因为它执行的直销模式兑现了它关于“直接方式”的承诺，使消费者易于定制自己的计算机，并且它能迅速把计算机运送到消费者手中。获得成功的企业深知，如果重视消费者，那么它们将会获得相应的市场份额和利润水平。

市场营销就是处理企业与消费者的关系。基于消费者价值和消费者满意度来建立消费者关系，是现代营销的核心。营销就是管理营利性的消费者关系。营销的双重目的在于：一方面，通过提供优质的消费者价值来吸引新的消费者；另一方面，通过传递消费者满意来保持和发展当前的消费者。

因此，市场营销就是个人和组织通过创造并同别人交换产品和价值，以获得其所需所欲之物的一种社会和管理过程。

从市场营销的概念可知，市场营销是一项协调生产与满足消费者需求的经济活动。市场营销的范围包括以下10个方面。

1）商品。商品是满足需要的有形实体。商品营销是构成市场营销的主要部分。例如生活用品：粮食、水果、副食、日用品、家用电器等；生产用品：水泥、钢材、机器设备等。

2）服务。服务是一种无形的产品。随着经济的发展，服务在市场营销中所占的比例越来越高。服务行业包括航空、旅店住宿、美容美发、维修、餐饮、物流、咨询等。

3）体验。通过协调多种类型的服务和商品，企业能够创造、表演和营销体验。迪士尼梦幻王国就是这样一种体验，人们可以拜访童话王国、登上海盗船或走进鬼屋猎奇。

4）事件。利用事件的影响力或魅力来为企业树立声誉或推介产品。通常被用来营销的事件有奥林匹克运动会、大型体育赛事、各种博览会、商展会、欢乐节、专题社会公益活动等。这些事件的主办单位可就其操办事件的赞助权、参展权、专用产品冠名权、特殊标志使用权等向社会招标拍卖，从而获得相应的收入及财政支持。

5）信息。信息也可以像产品一样被生产和营销。百科全书和许多非小说性质的图书就是在销售信息。通过市场调查及各种报刊资料的整理和分析，企业可以向需要帮助的企业和个人有偿提供信息，例如市场调查公司、咨询公司、剪报公司等。目前信息的生产、包装和分销已成为一种重要的社会行业。

6）观念。每个市场供应物的核心都是一个基本的观念。产品和服务是传递一些观念或利益的平台。社会营销家在忙于促销这些观念，如“不要接触毒品”“挽救雨林”“天天锻炼”“避开油脂食品”等。

7）人物。人物营销是指致力于培育目标市场对名人或权势人物的关注、好奇、偏爱所做的努力。这种营销一段时期以来已变成一个重要行业，例如有影响力的影视明星都有经纪人、个人代理和处理公共关系的经办。通过明星的影响力创造了一种“形象文化”，于是企业精心挑选后推出自己产品或品牌的形象代言人。此外，有些艺术家、音乐家、首席执行官、医生、律师和金融家以及其他专家，都从名人营销者那里获得帮助，包括向某些机构或工商企业出让自己的肖像权或冠名权等。

8）地点。地点营销是指为了建立、维持或改变对具体某个地方的看法或行为而进行的活动。它是任何一个国家（地区）、都市甚至城镇吸引投资、移民、旅游以及发展地方品牌的重要课题，其中涉及市场营销经典的原则和概念，但又不同于一般的商品营销。

9）财产权。财产权是指对所拥有财产的无形的权利，包括真实财产（如房地产产权等）或金融资产（如股票、债券等）。财产权可以买卖，这个过程就包含了营销力量。

10）机构。机构组织试图影响他人，使他人认同该机构的目标，接受该机构的服务或以某种方式对该机构做出共享。采用机构营销的组织包括互利性机构（如教堂、工会、政党等）、服务性机构（如大学、医院、博物馆等）和政府机构（如军队、警察和消防局等）。

好朋友 2.0

科学技术的发展使机器人成为继狗之后人类的下一个好朋友。人们开始接受“微软小冰”这种人工智能机器人，这种机器人具备沟通能力。

2014 年 5 月 29 日，当“小冰”在微信平台上开始公测时，72 小时之内，人们已将她邀请进了 150 万个聊天群中，许多人称他们在旁观对话数十分钟后才意识到她不是人类。6 月末，“小冰”进入微博社交平台，24 小时之内成为微博平台活跃度排名第六的社交名人（Celebrity），仅仅一篇帖子下面的对话就超过了 50 万条。时至今日，人类与这个人工智能“少女”的对话已经超过了 100 亿次。

资料来源：《冬吴同学会》，2019－02－21。经整理加工。

三、市场营销的观念

市场营销观念属于上层建筑的范畴，是一种意识形态，是指企业从事市场营销活动的指导思想、态度和思想方法。因此，市场营销观念是一种观点、态度和思想方法。

在现代商业历史上，营销观念一直处于演变之中。整个营销观念的演变前后持续了 100 多年，从最初的生产观念，到后来的产品观念，再到推销观念，最后才发展到以消费者为中心的营销观念以及最新的社会营销观念。

1. 生产观念

生产观念（Production Concept）是指导销售行为的最古老的观念之一。生产观念认为生产是最重要的因素，只要生产出有用的产品，就不愁没有销路。“我们生产什么就卖什么”是生产观念的典型反映。这种观念的核心思想认为消费者主要关心的是产品价格低廉和可以随处购得，而企业则把注意力集中在追求高生产率和建立庞大的销售网络上。

生产观念在以下两种情形下是有使用价值的：①当对一种产品的需求超过了供给时，对于“饥不择食”的消费者，取得产品比产品的优点更感兴趣，这时企业管理者需要寻求能够扩大生产的方法；②当一种产品的成本过高时，企业管理者需要通过提高生产率来降低成本，使消费者愿意并且有能力购买。

在商品供不应求的卖方市场时代，这种“大量生产，降低价格”的思想尚有其生命力，也常成为某些企业的策略选择。

“汽车大王”的经营观

著名的美国“汽车大王”亨利·福特，于1908年年初按照当时一般大众尤其是广大农场主的需要，做出了明智的选择：致力于生产统一规格、价格低廉、大众需要而又买得起的T型车，并在产品实行标准化的基础上组织大规模生产。

此后的十多年里，福特汽车适销对路，销售量迅速增加，销售量最高的年份曾达100万辆。到1925年10月30日，福特公司一天就能制造9109辆T型车。在20世纪20年代的前几年，福特公司的年纯收入高达5亿美元，成为当时世界上最大的汽车公司。

后来，随着美国经济增长和人们收入、生活水平的提高，市场形势发生变化：公路四通八达，路况大大改善，马车时代坎坷、泥泞的路面已经消失，消费者开始追求时髦。

简陋的T型车虽然价格低廉，但已经难以招徕消费者。可是，亨利·福特没有面对现实。1922年，他在推销员全国年会上听到T型车需要根本改进的呼吁后，静坐了两小时，然后答道：“据我看，福特汽车的唯一缺点就是我们造得还不够快。”在他坚持“不管消费者需要什么颜色的汽车，我们只有一种黑色的”观念时，一种新的式样——雪佛兰A型车出现了。虽然雪佛兰A型车价格稍高，但它很快就开始挤占T型车的市场。1926年，T型车销售量陡降。1927年5月，亨利·福特不得不停产T型车，改产A型车。改产不仅耗资1亿美元，而且延误了时机。

通用汽车公司乘虚而入，占领了福特汽车市场的大量份额。

资料来源：豆丁网，2018-11-28。经整理加工。

2. 产品观念

产品观念认为消费者更喜欢高品质、包含更多性能和属性特色的产品，因此企业应该致力于对产品进行持续不断的改进。只要物美价廉，消费者必然会找上门，无须大力推销。

在动态市场上，这种致力于提高品质、忽视市场需求的观念，必然导致“市场营销近视症”（Market Myopia），即把注意力不适当地放在产品上，而不是放在市场需求上。这种观念在市场营销管理中缺乏远见，只看到自己的产品质量好，看不到市场需求在变化，致使企业经营陷入困境。

20 世纪 70 年代中期开始，瑞士钟表业陷入了严重的危机，日本的电子石英表冲击着以生产机械表为主的瑞士钟表业。危机使瑞士的两大钟表集团受到严重损失，为了重返钟表王国霸主地位，它们开始研制并推出新款“瑞士表”。这种表仍是机械机芯，但小巧、超薄，价格略高于塑料机芯表，时代气息浓烈，款式多样，能够适合各种人群的喜好，又能满足人们对质量的要求，深受人们的喜爱。

3. 推销观念

推销观念认为消费者通常有一种购买惰性或抗衡心理，如果任其自然就不会大量购买本企业的产品，因此，企业营销管理的中心是积极推销和大力促销。推销观念在现代市场经济条件下被大量用于推销那些非渴求品，如保险、百科全书等；也应用于非营利领域，如资金募集、政党竞选等。

企业在生产能力过剩时，往往会持推销观念。它们致力于产品的推广和广告活动，以求说服甚至强制消费者购买。其目的是推销它们所制造的产品，而不是制造它们能推销、切合消费者需求的产品。这种方式蕴含着很大的风险。它专注于创造买卖交易，而不是建立长期盈利性的客户关系。它假定消费者在被说服购买产品以后会喜欢上产品，或者如果他们不喜欢产品，也可能会忘记之前的失望，然后再次购买。这些假设经常是不堪一击的，更多研究显示，不满意的消费者将不会再次购买。更糟糕的是，相对于一个满意的消费者只会告诉三个人其愉快的购买经历，一个不满意的消费者会跟十个人谈起其糟糕的购买经历。

4. 以消费者为中心的营销观念

市场营销观念认为企业目标的实现在于理解目标市场的需求和欲望，并且比竞争者更好地向消费者提供他们所渴望的产品。在营销观念的指导下，以消费者为中心是销售和获得利润的途径。

市场营销观念不是产品观念的“生产并销售”的理念，而是一种以消费者为中心的“认识并响应”的营销原则。营销者需要做的不是为自己的产品寻找适合的消费者，而是为消费者寻找适当的产品。正如管理大师彼德·德鲁克所说，营销的目的在于很好地了解消费者，使产品或服务适应消费者需要而能自行销售。所以市场营销观念的基本特征是以市场为出发点，以消费者为中心，以协调的市场营销手段，通过满足消费者需求来盈利。

从推销观念到市场营销观念是一场根本性的革命。推销观念以一种从内向外的视角，从工厂出发，以企业现有产品为中心，并且需要用大量的推销和促销活动来获得盈利性销售。它致力于征服消费者而赢得短期销售，但并不关心谁买或为什么买。

与之相比，营销观念是从外向内的视角，从一个明确定义的市场出发，以消费者需求为中心，并且整合各种营销活动来影响消费者。接着，它将通过创造基于消费者价值和消费者满意的长期客户关系来获得利润。

通用汽车公司的经营观

第二次世界大战以前，福特汽车公司依靠黑色 T 型车取得了辉煌的成就，但亨利·福特过分相信自己的经营哲学，不考虑市场环境的变化和需求的变动。而通用汽车公司的创始人艾尔弗雷德·斯隆，察觉到战争给世界人民带来的灾难，特别是从战场回来的青年人，厌倦了战争的恐怖与血腥，期望充分的享乐，珍惜生命。因而，他们对汽车的需求不再只满足于单调的黑色T型车，而是希望得到款式多样、色彩鲜艳、驾驶灵活、体现个性、流线型的汽车。通用公司抓住需求变革的时机，推出了适应市场需要的汽车，很快占领了市场，把亨利·福特从“汽车大王”的位置上拉了下来，取而代之，成了新的“汽车大王”。

资料来源：百度文库，2016-04-15。经整理加工。

5. 社会营销观念

随着社会和经济的快速发展，环境、人口、健康等社会问题开始凸显。正因为这些社会问题的出现，社会营销观念作为一种新的营销观念出现了。

社会营销观念强调企业不仅仅要以消费者为中心，同时还应该关注企业的社会责任，关注社会大众的福利，并为社会做出积极的贡献。

特别是为了应对气候变化，我国提出“力争2030年前实现碳达峰、2060年前实现碳中和”的目标，这对企业的社会责任提出了更高要求。因此，企业在制定营销策略时，要考虑企业利润、消费者需要和社会效益三者的平衡。

社会营销观念认为，营销就是创造和提供更高的人类生活水准。企业向社会提供产品或服务，不仅要满足消费者的眼前欲望和需要，而且要符合消费者和社会的最大长期利益，求得企业利益、消费者利益和社会长远利益三者之间的平衡。

美体小铺按摩消费者的心灵

对于许多人来说，购买美体小铺（The Body Shop）的产品已经成为赴英旅游的头等大事，消费者对它的热情甚至超过了以往吊唁戴安娜以及看歌舞剧《西贡小姐》的程度。

The Body Shop从一开始就将自己企业的责任与社会的道德贡献紧密联系在一起。当The Body Shop将反对动物试验（Against Animal Testing，AAT）的标志印在自己每一款产品上时，就已经将自己和传统的女性化妆品品牌区别开来，确立了自己崇尚自然的先锋角色。

The Body Shop始终坚持产品原料取之于大自然，并且包装采用最自然的绿色。The Body Shop相信这些程序也是整个经营活动的有机组成部分，摒弃以往对资源掠夺式的开发，转而借用非市场化的资源开发出独一无二的新产品。

The Body Shop的五大理念：①反对动物实验；②支持社区公平交易；③女性自觉意识；④捍卫人权；⑤环保主张。The Body Shop以此为基础销售符合消费者需求的高品质产品，更进一步对环境有所贡献。

The Body Shop让消费者意识到自己消费产品的过程也是表达自己对世界关爱之情的过程。

资料来源：百度文库，2014-08-18。经整理加工。

总之，市场营销观念随着生产力的发展、科技的进步和市场环境的变化经历了一个历史演变过程。我国是一个发展中国家，商品经济的发展和市场环境的变化决定了营销观念的发展和变化。在传统的计划经济体制下，生产力水平不高，商品匮乏，企业工作的重心在发展生产上，“以产定销”是当时工商企业遵循的基本准则。随着改革开放的不断深入，“卖方市场”向“买方市场”过渡，逐渐形成了“以销定产”的观念。近年来，随着市场竞争的加剧，市场进入微利时代，于是产生了与新的市场环境相适应的营销观念。同时，伴随着经济发展的全球化趋势，反映发达国家和地区经济水平的社会营销观念、生态营销观念和大市场营销观念，也已经在我国得到传播、研究和应用，所以落后的营销观念和先进的营销观念在我国同时存在，共同指导着我国企业的营销实践。因此，我国经济要真正实现转型，仍然任重道远。

四、市场营销的管理过程

现代市场营销学有强烈的“管理导向”，即从管理决策的角度研究营销者（企业）的市场营销问题。“营销学”最深的内涵是“管理学”。英语“Economy”（经济）是由希腊语“Oikonomia”词根派生的，而“Oikonomia”是由“Oikos”（家庭）和“Nomos”（管理）两个词组成的，从词源学看，经济的实质就是由“家”的管理延伸到对“国”的管理。市场营销问题说到底是一个管理问题。当今企业只讲“营销”而不讲“管理”是行不通的，有效营销需要严格的营销管理。

1. 营销管理的实质

对于营销管理（Marketing Management），美国学者菲利普·科特勒解释为：通过分析、计划、执行和控制，谋求和创造、建立并保持与目标市场之间互相有益的交换和联系，以达到营销组织的目标。也就是说，在营销过程中，要充分运用现代管理理论和方法，积极发挥管理的计划、组织、指挥、监督和调节等职能的作用，使企业形成比较科学的营销战略，构成比较理想的营销环境，制定比较实际的营销策略，进而优化资源配置，扩大市场销售，树立良好的企业形象，高效率地实现企业营销目标。

市场营销管理的实质是需求管理，其目标是使企业推销工作成为多余。市场调查和研究是发现和创造市场需求的过程，产品开发和设计是提供一种满足市场需求的手段和方法，而产品策略、价格策略、渠道策略及促销策略是一系列开展需求实现的活动。需求管理同其他管理一样，存在计划、组织、领导、控制等基本职能，计划位于其他管理职能之前，而且营销策划也是营销工作中最为重要的。

2. 营销管理的过程

在现代市场经济条件下，企业必须十分重视市场营销管理，根据市场需求的现状和趋势，制订计划，配置资源。市场营销管理过程是企业为实现企业任务和目标而发现、分析、选择、利用市场机会的管理过程。市场营销管理过程包括分析市场营销机会、研究和选择目标市场、市场定位、确定市场营销策略、制定市场营销规划，以及市场营销工作的组织、执行和控制，如图 1－1 所示。

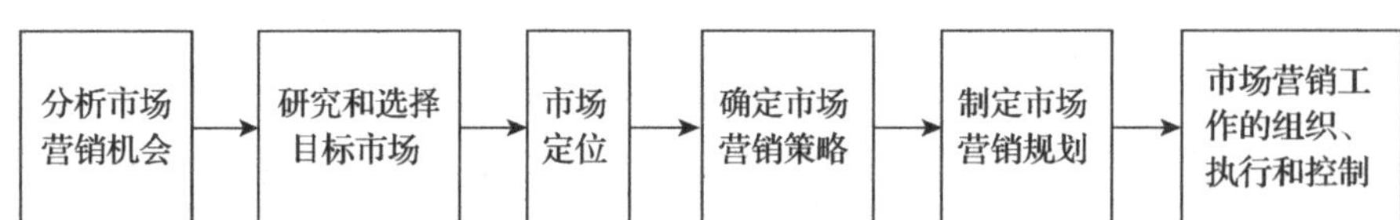

图 1－1　市场营销管理过程

（1）分析市场营销机会

分析市场营销机会是市场营销管理的首要任务，它要求企业必须从环境机会中找到企业机会。因此，在市场营销机会分析中，要分析环境机会和企业机会两方面。

1）环境机会。环境机会是指企业所处的市场环境所提供的机会。分析环境机会时，主要是分析各种环境因素的变化可能引起的需求及其变化。企业所处的市场环境，一般由各种具体的环境因素构成，如人口因素、经济因素、自然因素、技术因素、政治法律因素、社会文化因素、竞争因素等。每一个因素的变化都可能创造某种需求，或引起原来的需求发生变化。因此，只要环境因素的变化是向创造需求或向有利于原来的需求增大的方向变化的，这些环境因素的变化就会引起环境机会的出现。由于环境因素总是处于动态的变化之中，所以环境机会是经常存在的。

2）企业机会。企业机会是指与一个具体企业的内部条件相适应的环境机会。环境机会虽然是经常存在的，但并不是说环境机会就是企业机会。环境机会是否是企业机会，还必须对企业的内部条件进行分析。企业的内部条件实际就是企业内部资源，主要包括资金、技术、生产、营销及组织管理等方面的能力。分析企业现有的和可以获得的这些方面的条件能否达到利用特定的环境机会所需要的条件，还要看利用某种环境机会的条件能否具有较强的竞争能力。如果环境机会变成了企业机会，企业就可以利用这种机会得到发展。

（2）研究和选择目标市场

研究和选择目标市场是指对企业机会进行进一步的研究，以达到从中找到企业目标市场的目的。研究和选择目标市场包括市场预测、市场细分、目标市场选择。

1）市场预测。市场预测是对市场机会的定量化描述。通过市场预测，可以了解市场的需求规模及发展变化趋势，便于企业判断所选的市场对企业吸引力的大小，以及企业进入该市场所需要投入资源的多少。

2）市场细分。市场细分是指将一个市场按照消费者需求的差异划分为一系列具有不同特征的细分市场的过程。市场细分针对不同的市场可以使用不同的细分因素。

3）目标市场选择。对市场进行细分后，需要企业从中选择自己要进入的细分市场，这种细分市场就是企业的目标市场。在选择目标市场时，需要对不同的细分市场进行评价，评价内容主要包括细分市场的规模及潜力、细分市场的吸引力及企业的目标和资源。当这些方面都符合要求时，这样的细分市场就可以作为企业的目标市场。

（3）市场定位

企业选定了目标市场后，接下来要做的营销管理工作就是在目标市场上进行产品的市场定位。

企业需对所提供的产品在目标市场消费者心目中占据什么样的位置做出决策，即进行产品的市场定位，以便企业在制定市场营销策略时突出企业产品的市场定位。在进行产品的市场定位时，主要是要找到能吸引目标市场消费者需求的企业优势，使企业的优势能为企业创造更多的价值。

（4）确定市场营销策略

确定市场营销策略是指确定企业在市场中所处的竞争地位，以及企业的新产品投放市场后所经历的产品生命周期过程及企业开拓国际市场的过程。

企业在市场中的竞争地位可以分为领导者、挑战者、追随者和补缺者四种。处于不同竞争地位的企业，所使用的市场营销策略不同。

在新产品投放市场后，必然要经历不同的产品生命周期阶段，而在产品生命周期的不同阶段，由于市场环境的变化，企业必须修正其营销策略。

开拓国际市场是我国在新形势下必须面对的问题。在国际市场营销策略中，应根据变化的国际市场环境，选择正确的进入国际市场的方式，制定正确的国际市场营销策略。

（5）制定市场营销规划

市场营销策略只有转化为市场营销规划才能真正发挥作用。市场营销规划的内容包括市场营销费用、市场营销策略组合、市场营销资源分配等方面的基本决策。

1）市场营销费用。市场营销费用决策对企业营销目标的实现有决定性的影响。市场营销费用的决定可以采取多种不同的方法，如可以按照企业预期销售额的百分比决定，也可以参照竞争者营销费用的比例决定，还可以根据企业的营销能力及各方面营销目标的要求，计算出所需的营销费用的大小。

2）市场营销策略组合。市场营销策略组合就是可控制的各种营销手段的综合应用。通常把众多营销手段概括为四种基本营销手段，也称为市场营销策略，即产品（Product）策略、价格（Price）策略、分销渠道（Place）策略、促销（Promotion）策略。这四种营销策略的英文单词首字母都是P，所以简称4P。4P是企业可控制的变数，市场营销策略组合实际上就是4P的最优组合。

市场营销策略组合是一种动态组合。由于每一个因素都是可变的，又是互相影响的，每一个因素的改变都会引起整体组合的变化，形成一种新的组合。市场营销者可以根据这种动态性的特点，灵活地选择符合营销目标的组合。

3）市场营销资源分配。市场营销资源分配是指对企业可使用的营销资源在各种营销因素中进行分配。营销资源分配和市场营销策略组合密切相连。在市场营销资源分配中，一般可参考本企业和其他企业的成功经验，然后在此基础上结合市场营销环境的变化进行调整。

成功的市场营销策略组合和市场营销资源分配方案，应该是每一个因素都能适合消费者的要求。企业的市场营销策略组合和市场营销资源分配如果能达到消费者的这些要求，则企业的市场营销工作就可能取得成功。

（6）市场营销工作的组织、执行和控制

市场营销工作的组织、执行和控制是保证企业的市场营销策略和规划顺利实施的重要条件。

1）市场营销工作的组织。市场营销工作的组织是指根据企业市场营销工作的要求组织市场营销资源，建立市场营销组织。

2）市场营销工作的执行。市场营销工作的执行是指企业市场营销各职能部门按照营销计划的要求去完成各项营销工作。

3）市场营销工作的控制。市场营销工作的控制是指企业采取必要的信息反馈和控制措施，以确保企业所确定的营销目标能够实现的有关工作。市场营销工作的控制一般包括计划控制、盈利性控制和策略控制三方面。

①计划控制是将反映企业营销目标的指标按时间阶段进一步具体化，定期检查这些指标的完成情况。

②盈利性控制是对不同产品、不同市场的盈利情况进行监控，以检查所制定的盈利目标是否实现。

③策略控制是评价企业采取的营销策略是否适合市场环境的要求。

对市场营销工作无论实施哪方面的控制，最主要的是通过营销审计和诊断找出计划与实际执行情况的差距及产生这些差距的原因，以便对症下药，对企业的市场营销工作的不同方面进行调整。

3. 营销管理的任务

市场营销是一个复杂的过程，各环节之间需要相互协调、相互配合、相互促进。市场营销管理的任务就是为了促进企业目标的实现而调节需求的水平、时机和性质。在不同的需求情况下，企业营销管理有不同的任务。针对出现的问题要采取相应的措施，根据市场需求状况和营销任务的不同，营销管理主要包括以下八个方面：

（1）负需求

负需求是指绝大多数人不喜欢，甚至愿意付出一定代价来回避某种产品的需求状况。在负需求情况下，市场营销管理的任务是改变市场营销，即企业要调查、研究、分析为什么市场不喜欢某种产品或服务，以及是否可以通过产品重新设计、降低价格和更积极促销的营销方案，来千方百计地改变市场对这种产品或服务的信念和态度，从而把负需求变为正需求。例如，随着收入水平的提高，人们出现忽视粗杂粮营养价值和厌恶口感的一面，企业可以通过改变加工方法来改变口味，使得粗杂粮制品重新进入百姓人家。

（2）无需求

无需求是指目标市场对产品毫无兴趣或漠不关心的一种需求状况。通常市场对下列产品无需求：①人们一般认为无价值的废旧物资；②人们一般认为有价值但在特定市场无价值的东西，如新产品或消费者平常不熟悉的产品等；③与消费者传统观念、生活习惯等相抵触的产品。在无需求情况下，市场营销的任务是通过刺激市场来创造需求。

（3）潜在需求

潜在需求是指现在产品尚不能满足的、隐而不现的需求状况。如人们对无害香烟、节能汽车和癌症特效药品的需求。在潜在需求情况下，市场营销管理的任务是开发市场需求，即开展市场营销研究和潜在市场范围测量，进而开发有效的产品和服务来满足这些需求，将潜在需求变为现实有效需求。

(4) 下降需求

下降需求是指市场对一个或几个产品的需求呈下降趋势的需求状况。营销管理者要分析需求下降的原因，决定能否通过开辟新的目标市场、改变产品特色，或采用更有效的促销手段来重新刺激需求，扭转其下降趋势，即重新营销。

(5) 不规则需求

不规则需求是指市场对某些产品或服务的需求在不同季节、不同日期，甚至同一天的不同时段呈现出很大波动的状况。在不规则需求情况下，市场营销管理的任务是协调市场营销，使需求平衡化，同时保证产品和服务的质量。通过灵活定价、大力促销及其他刺激手段来改变需求的时间模式，使产品或服务的市场供给与需求在时间上协调一致。

(6) 充分需求

充分需求是指某种产品或服务目前需求水平和时间等于预期的需求水平和时间的一种需求状况，这是企业最理想的一种需求状况。在充分需求情况下，市场营销管理的任务是维持市场营销，保证需求充足恒定。但在动态市场上，消费者偏好会不断发生变化，竞争也会日益激烈，因此企业可以通过努力保持产品品质、经常测量消费者满意度、降低成本来保持合理价格，并激励营销人员和经销商大力推销，以千方百计维持目前的需求水平。

(7) 过度需求

过度需求是指某种产品或服务的市场需求超过了企业所能供给或所愿供给的水平的一种需求状况。在过度需求情况下，市场营销管理的任务是降低市场需求，实现供需平衡化，即通过提高价格、合理分销产品、减少服务和促销等措施，暂时或永久地降低市场需求水平。需要指出的是，降低市场需求并不是杜绝需求，而是抑制需求水平。特别是我国消费结构的趋同性会引起需求爆发性增长，面对这种情况，如果企业一味地扩大供给来满足过度需求，不久就会面临生产能力闲置的难堪局面。

(8) 有害需求

有害需求是指市场对某种有害产品（如香烟、毒品）或服务的需求状况。在这种需求情况下，企业市场营销管理的任务是反市场营销或劝人放弃有害需求，即大力宣传有害产品和服务的严重危害性，大幅提高价格，以及停止生产供应等。降低市场营销与反市场营销的区别在于：前者是采取措施减少需求，后者是采取措施消灭需求。

在市场的营销实践中，企业不仅可以适应需求，而且可以创造需求，改变人们的价值观念和生活方式。

索尼公司通过“创造需求”开发新产品

公关专家爱德华·伯纳斯曾说，工商企业要“投公众所好”。这似乎成了实业界一条“颠扑不破且放之四海而皆准”的真理。但索尼公司敢于毅然地说“不”。索尼公司的营销政策“并不是先调查消费者喜欢什么商品，然后再投其所好，而是以新产品去引导他们进行消费”。因为“消费者不可能从技术方面考虑一种产品的可行性，而我们则可以做到这一点。因此，我们并不在市场调查方面投入过多的兵力，而是集中力量探索新产品及其用途的各种可能性，通过与消费者的直接交流，教会他们使用这些新产品，达到开拓市场的目的”。

索尼公司的创始人盛田昭夫认为，新产品的发明往往来自突然闪现且稍纵即逝的灵感。曾经流行于全世界的便携式立体声单放机的诞生，就出自一种必然中的“偶然”。一天，井深抱着一台索尼公司生产的便携式立体声盒式录音机，头戴一副标准规格的耳机，来到盛田昭夫的房间。从一进门，井深便一直抱怨这台机器如何笨重。盛田昭夫问其原因，他解释说：“我想欣赏音乐，又怕妨碍别人，但也不能为此而整天坐在这台录音机前，所以就带上它边走边听。不过这家伙太重了，实在受不了。”井深的烦恼点亮了盛田昭夫酝酿已久的构想。他连忙找来技术人员，希望他们能研制出一种新式的超小型录音机。

然而，索尼公司内部几乎众口一词反对盛田昭夫的新创意。但盛田昭夫毫不动摇，坚持研制。结果不出所料，该产品投放市场，空前畅销。索尼公司为该产品取了一个通俗易懂的名字——“随身听”（Walkman）。日后每谈起这件事，盛田昭夫都不禁感慨万千。当时无论怎样进行市场调查，都不可能产生“随身听”的设想。而恰恰正是这一不起眼的小小的产品，改变了人们欣赏音乐的方式。

索尼公司在“创立旨趣书”上写着这样一条经营哲学：“最大限度地发挥技术人员的技能，自由开朗，建设一个欢乐的理想工厂。这就是‘创造需求’的哲学依据。”

资料来源：百度文库，2020－10－17。经整理加工。

课后拓展训练

一、辩论练习

“酒香不怕巷子深”与“酒香也怕巷子深”。

二、策划实训

因纽特人与“冰”

如何把“冰”卖给因纽特人？可以吗？怎么卖？请给出一个思路。

三、案例分析讨论

1. 耐克的“微笑曲线”

关于耐克公司，最有意思的一句形容就是“耐克公司从来不生产一双耐克鞋”。有人曾说，在美国的耐克总部里，看不见一双鞋。因为总部的员工们在忙着做两件事：①建立全球营销网络；②管理它遍布全球的公司。正是这种独特的经营思路，让耐克用了不到50年的时间，打败了体育用品界的另一领军品牌——阿迪达斯，创造了惊人的销售神话。

众所周知，制鞋业是一个低利润的行业。耐克的领导者们当然深知这一点。他们明白，生产一双耐克鞋可能只能获得几美分的收益，但凭借其在全球的营销活动，耐克总公司却能从一双鞋上获得几十甚至几百美元的利润。

于是他们果断脱离传统的生产模式，将生产这一环节外包出去，实行“虚拟生产”，因此同样是生产鞋子，耐克付出的成本却比同类企业低得多。

业务外包的模式彻底将耐克从低端的生产线中解放出来，有了更多的财力、物力、精力投入营销与设计之中，这大大精简了企业的机构部门，减少了成本，也让耐克在产品设计上一直走在潮流的前端。

而且，当耐克将生产外包给其他国家时，也促进了当地的经济发展，增加了当地的就业。在国外进行生产外包，也让耐克在销售方面起到了推波助澜的作用，特别是在发展中国家，消费潜力巨大，加上政府的优惠政策，使耐克很容易就打入当地市场并形成品牌效应。与此同时，在当地进行生产和销售也让耐克节省了大量的政府进口税。

这种经营模式令耐克品牌的影响力很快蔓延至全球，成为运动品牌中的权威。

问题：耐克的成功说明了什么？

2.“消失”的 ofo

曾经红极一时的 ofo 如今似乎“人间蒸发”了。用户待退押金依然遥遥无期，就如同那被废弃的单车，成为太多人心中的黑洞。

这一幕似曾相识，乐视网最终退市，也让那些坚守到最后的投资者蒙受了巨大损失。如果再看前两年 P2P“爆雷”所引发的连锁反应，可以说，“消失”的 ofo 是中国互联网泡沫出清的又一写照。

如果不能充分认识到从线上转向线下、实体经济本身的复杂性和长周期性，试图以补贴、价格战和粗放投放来完成对行业的快速“颠覆”，其结果就是丧失了互联网经济本应具备的科技创新属性，沦为资本工具，并因为市场规律的反噬而无法继续。

互联网经济带来了全新的变化，一方面确实让经济生活有了很多变化，从网购、共享经济、直播、短视频、互联网金融等，都在改变相关行业形态，也为用户带来了创新红利；另一方面也不可否认，由于前几年市场资金相对过剩，以及对于“互联网 +”概念的执着，造成了从业者、投资者普遍过于乐观，尤其是以烧钱换速度、拉新用户的不二法门，更让包括共享单车在内的众多新领域快速崛起，又迅速陷入危机。

问题：ofo 的教训不可谓不深刻，试分析 ofo 的教训有哪些。

四、作业、考核与拓展训练

作业：如何让销售变得多余？（营销逻辑推演）

考核：课堂考核（客观题），雨课堂投稿，学生匿名投票评选班级最优（前三名），发放雨课堂红包。

拓展训练：人际沟通能力训练。

本章思维导图

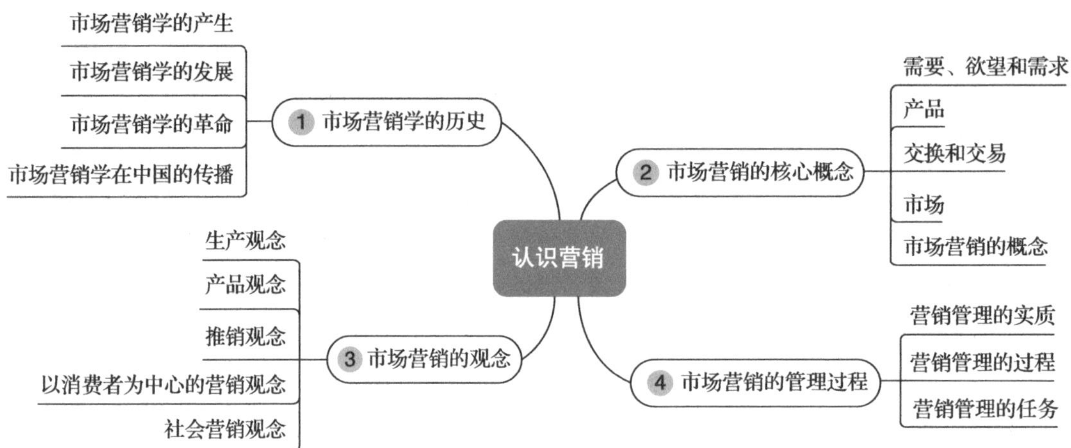
认识营销
1 市场营销学的历史
市场营销学的产生
市场营销学的发展
市场营销学的革命
市场营销学在中国的传播
2 市场营销的核心概念
需要、欲望和需求
产品
交换和交易
市场
市场营销的概念
3 市场营销的观念
生产观念
产品观念
推销观念
以消费者为中心的营销观念
社会营销观念
4 市场营销的管理过程
营销管理的实质
营销管理的过程
营销管理的任务

分析环境

本章进阶图谱

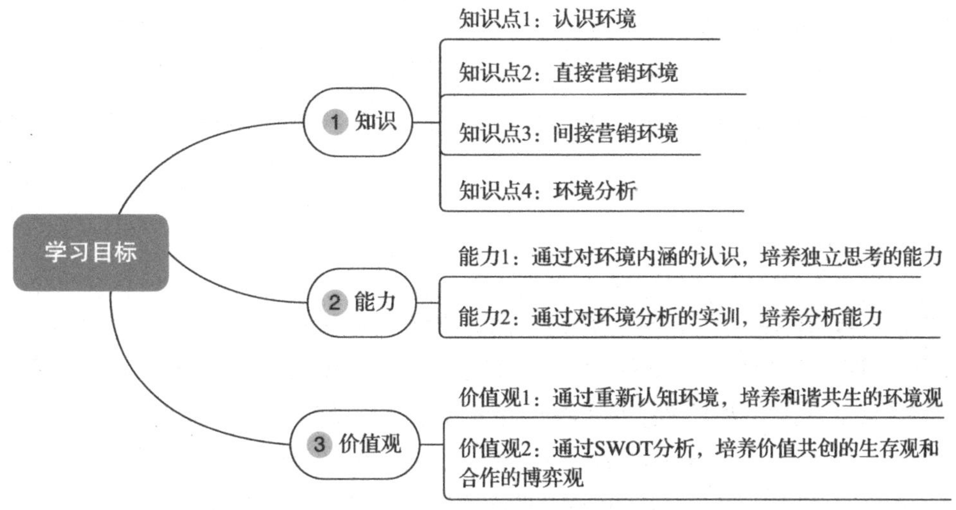

“不死”的华为

遭到美国全面打压与封锁的半个多月以来，华为首次迎来转机。

2019年6月6日，工信部向中国移动、中国电信、中国联通、中国广电四大运营商发放5G商用牌照。这意味着，中国5G将跳过试运营阶段，直接进入商用阶段，相较于此前2020年5G商用的时间表，整整提前了一年。

华为表示，将全力支持中国运营商建好中国5G，并相信在不久的将来，中国5G将引领全球。

华为自2009年着手5G研究，已累计投入20亿美元用于5G技术与产品研发，当前已具备从芯片、产品到系统组网全面领先的5G能力，也是全球唯一能够提供端到端5G商用解决方案的通信企业。

在全球5G商用步伐上，华为称已位居“世界前列”，这是美国打压华为的重要原因，也代表着中国科技企业实力的崛起。此前任正非说过“华为已做好了准备”。

联想到华为遭禁，竞争者们纷纷团结一致，支持华为。此次来自国家层面的重磅举措正在给华为创造有利战势。

剧情似乎正在反转……

资料来源：商业精选，2019-06-13。经整理加工。

课前讨论： 外界认为，现在是华为生死攸关的时刻，任正非正面回应：我们从来没觉得我们会死亡，我们已经做了两万枚金牌奖章，上面的题词是“不死的华为”。

请思考：华为如何“不死”？

中国企业已经进入了全面转型时代，在市场环境瞬息万变的当下，任何一个“天花板”的到来都可能随时宣告企业生命的终结。华为能够从30年前的一家小作坊最终成长为全球通信领域的领军者，诚然要归功于其中数次重大的市场战略更新和业务变革。但华为转型的种种举措，均折射着企业战略的调整思路，以任正非为代表的华为领导层发生的“思维模式巨变”才是这一切转型创新背后的灵魂与源泉，即华为“与环境共生”的理念。

环境是指事物外界的情况和条件。企业的市场营销环境是指存在于企业营销部门外部的不可控制的因素和力量。企业的营销活动不可能脱离周围环境而孤立地进行。企业营销活动要以环境为依据，主动适应环境，同时要努力地影响外部环境，使环境有利于企业的生存和发展。

一、认识环境

根据市场营销环境对企业营销活动发生影响的方式和程度，可以将市场营销环境大致分为两大类，即直接营销环境（又称微观营销环境）和间接营销环境（又称宏观营销环境），如图2-1所示。直接营销环境是指那些给企业带来直接影响的各种因素，包括企业内部环境、供应商、营销中介、目标消费者、竞争者、公众。间接营销环境是指那些作用于微观营销环境，并因而造成市场机会或环境威胁的主要社会力量，包括人口、经济、自然、科学技术、政治法律和社会文化等企业不可控的宏观因素。这两种环境不是并列关系，而是包容和从属关系。直接营销环境受间接营销环境的制约，间接营销环境一般借助直接营销环境发挥作用，有时也会直接影响企业的营销活动。

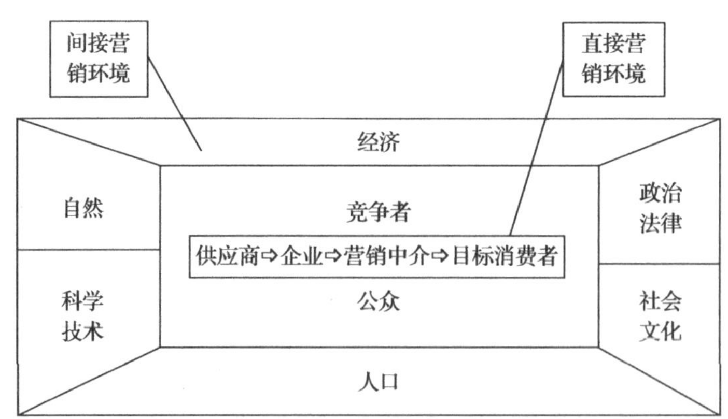

图2-1 市场营销环境的构成

（一）市场营销环境的特点

由多因素构成并且不断变化的市场营销环境，是企业营销活动的基础和条件。市场营销环境有以下四个特点：

1. 客观性

企业市场营销环境是不以营销者意志为转移而客观存在的，有着自己的运行规律和发展趋势。企业的营销活动能够主动适应和利用客观规律，但不能改变或违背客观规律。主观臆断营销环境及发展趋势必然会导致营销决策的盲目与失误，造成营销活动的失败。

2. 关联性

关联性表明市场营销环境各因素都不是孤立的，而是相互联系、相互渗透、相互作用的，如一个国家的体制、政策与法律总是影响该国的科技和经济的发展速度和方向，继而改变社会习惯。同样，科技和经济的发展又会引起政治和经济体制的相应变革。这种关联性给企业营销带来了复杂性。

3. 多变性与相对稳定性

环境的多变性主要是指两个方面：①由于相关性影响，一种环境因素的变化会导致另一种环境随之变化；②每个环境内部的子因素（如文化环境中的宗教文化）变化也会导致环境因素的变化。因此，市场营销环境总是处于不断变化的动态过程中。

环境的相对稳定性是指在无外界因素影响的前提下，环境内部保持相对平衡的状态。环境的相对稳定性是一种动态平衡。

4. 环境的不可控性与企业的能动性

市场营销环境作为一个复杂多变的整体，单个企业不能控制它，只能适应它；对于市场营销环境因素中的绝大多数单个因素，企业也不可能控制，只能在基本适应中施加一些影响。然而，企业通过本身能动性的发挥，如调整营销策略、进行科学预测或联合多个企业等，可以冲破环境的制约或改变某些环境因素，取得成功。

（二）市场营销环境对企业的意义

营销环境是企业经营活动的约束条件，企业的一切营销活动必须和营销环境相适应，这是企业经营成败的关键。企业对环境的适应并非是消极的、被动的，而是一种主动、能动的活动。企业既可以用不同的方式增强适应环境的能力，避免来自营销环境的威胁，也可以在变化的环境中寻找机会，并在一定条件下改变营销环境。企业的营销既要适应环境，又要设法改变环境。因此，分析市场营销环境对企业具有以下重要意义：

1. 为企业的经营决策提供可靠的依据

企业的市场营销活动处于市场营销环境的制约中，企业要生存发展，只有通过对市场营销环境的研究，熟悉环境，了解环境的变化，才能对企业市场营销活动做出正确的预测，制定和选择切实可行的最优的市场营销方案。

2. 促使企业更好地满足社会的需要

为了使企业生产出来的产品适销对路，必须进行市场调查预测，分析市场营销环境，及时掌握和了解市场需求动态，做到按市场需求组织生产，减少生产的盲目性，满足消费者的需求。

3. 增强企业的活力

对市场营销环境的分析，有利于企业主动调整经营结构，改善经营条件，增强企业对社会环境的适应能力、应变能力、市场上的竞争能力以及企业的自我改造和自我发展能力。

柯达之殇

2012 年 1 月 19 日，美国柯达公司因负债 68 亿美元申请破产保护。而往前推 15 年，感光产业的百年霸主柯达却正值巅峰状态。一个有 130 多年发展历史的跨国公司，悲剧性地谢幕了。

柯达的落败，很多人将其评价为“生于胶卷，死于数码”。当“胶卷”遭遇“数码”的冲击时，富士公司及日本同类行业高层管理人员能看到远景趋势并及时转型，以极小的代价夺取了世界“数码”的领军地位。

而最具讽刺意味的是，虽然柯达败于“数码”，但世界上第一台数码相机却正是出自柯达之手。那么，既然发现了数码时代这样一个大趋势，为何柯达还是错过了这趟“车”呢?

拖住这个胶卷王者前进脚步的，竟然恰恰是它的成功。由于担心数码业务可能冲击当时利润丰厚的胶卷业务，柯达把这种数码产品束之高阁。

柯达的破产，是在它明明预见了下一个趋势，却因为留恋曾经的辉煌，瞻前顾后，错失良机。

柯达之殇告诉我们，决定企业命运的关键，也许就在于对某个趋势的把握上。

资料来源：世界经理人，2012－02－11。经整理加工。

二、直接营销环境

直接营销环境是指与企业紧密相连，直接影响企业为目标市场消费者提供服务的能力和效率的各种参与者，包括企业内部环境、供应商、营销中介、目标消费者、竞争者和公众。

1. 企业内部环境

除市场营销管理部门外，企业本身还包括最高管理层和其他职能部门，如制造部门、采购部门、研发部门及财务部门等，这些部门与市场营销管理部门一起在最高管理层的领导下，为实现企业目标共同努力着。正是企业内部的这些力量构成了企业内部环境。而市场营销部门在制订营销计划和决策时，不仅要考虑企业外部的环境力量，还要考虑与企业内部其他力量的协调。

首先，企业的营销经理只能在最高管理层所规定的范围内进行决策，以最高管理层制定的企业任务、目标、战略和相关政策为依据，制订市场营销计划，并得到最高管理层批准后方可执行。

其次，营销部门要成功地制订和实施营销计划，还必须有其他职能部门的密切配合和协作。例如，财务部门负责解决实施营销计划所需的资金来源，并将资金在各产品、各品牌或各种营销活动中进行分配；会计部门则负责成本与收益的核算，帮助营销部门了解企业利润目标实现的状况；研发部门在研究和开发新产品方面给营销部门以有力支持；采购部门则在获得足够的和合适的原料或其他生产性投入方面担当重要责任；而制造部门的批量生产保证了适时地向市场提供产品。

2. 供应商

供应商是指为企业提供生产商品和服务所必需资源的单位和个人。供应商是能对企业的经营活动产生巨大影响的力量之一。供应商提供资源的价格往往直接影响企业的成本，供货的质量和时间的稳定性直接影响企业服务目标市场的能力。

所以，企业应选择那些能保证质量、交货期准确和低成本的供应商，并且避免对某一家供应商过分依赖，不至于受该供应商突然提价或限制供应的控制。对于供应商，企业传统的做法是：选择几家供应商，按不同比例分别从它们那里进货，并使它们互相竞争，从而迫使它们利用价格折扣和优质服务来尽量提高自己的供货比例。这样虽然能使企业节约进货成本，但也隐藏着很大的风险，如供货质量参差不齐，过度的价格竞争使供应商负担过重而放弃合作等。认识到这点后，越来越多的企业开始把供应商视为合作伙伴，设法帮助它们提高供货质量和及时性。

任天堂与供应商们

著名的电子游戏玩具商任天堂很好地处理了与游戏软件开发商的互补关系，从而稳固了它在游戏产业中的地位。

任天堂的产品依赖软件开发商源源不断地提供游戏软件。当初任天堂的供应商只有五家。任天堂认为，如果游戏软件开发商更多一些，那么它就有更大的选择余地和讨价还价的资本。于是，任天堂制定策略，扶植中小软件企业开发游戏软件，给它们提供资金和技术上的支持。但同时任天堂又限制每家开发商每年的“提货量”，不让任何一家开发商有机会发展成“老大”。

这样任天堂成功地瓦解了独立游戏软件开发的产业结构，牢牢地控制住了这种“互补者”的竞争关系。

资料来源：电子工程世界，2019－11－14。经整理加工。

3. 营销中介

营销中介是指协助企业促销、销售和分配商品给最终消费者的机构，包括中间商、实体分配公司、营销服务机构和财务中间机构等。

（1）中间商

中间商是协助企业寻找消费者或直接与消费者进行交易的商业组织和个人。中间商分为两类：代理中间商和商人中间商。

代理中间商是指专业协助达成交易、推销产品，但不拥有商品所有权的中间商，如经纪人、代理人和制造商代表等。商人中间商是指从事商品购销活动，并对所经营的商品拥有所有权的中间商，包括批发商和零售商。除非企业完全依靠自己建立的销售渠道，否则中间商对企业产品从生产领域成功地流向消费领域有至关重要的作用。消费者希望在最方便的地点、最方便的时间购买所需要的产品，同时还希望购买到其他相关产品，而且付款方式灵活简便。因此，中间商要创造地点效用、时间效用、数量效用、品种效用等，有时甚至能比生产企业更有效率地从事营销工作。

(2) 实体分配公司

实体分配公司也称物流机构，是指帮助企业储存、运输产品的专业组织，包括仓储公司、运输公司和配送企业等。实体分配公司的作用在于使市场营销渠道中的物流畅通无阻，为企业创造时间效益和空间效益，并最大化地降低物流成本。近年来，随着仓储和运输手段的现代化，实体分配公司的功能越发明显和重要。

(3) 营销服务机构

营销服务机构是指协助企业开拓产品市场和销售推广的各种服务公司，包括管理咨询机构、市场调研公司、广告代理公司、各种广告媒体，它们提供的专业服务是企业营销活动中不可缺少的。尽管有些企业自己设有相关的部门或配备了专业人员，但大部分企业还是与专业的营销服务机构以合同委托的方式获得这些服务。企业往往通过比较各营销服务机构的特色、质量和价格来选择最合适的服务机构。

(4) 财务中间机构

财务中间机构是指协助厂商融资或分担货物购销储运风险的机构，包括银行、信贷公司、保险公司等。在现代社会里，几乎每一个企业都与金融机构有一定的联系或业务往来。企业的信贷来源、银行的贷款利率和保险公司的保费无一不对企业市场营销活动产生直接的影响。

供应商和营销服务机构都是企业向消费者提供产品或服务价值过程中不可缺少的支持力量，是价值让渡系统中主要的组成部分。企业不仅仅要把它们视为营销渠道的成员，更要视为伙伴，追求整个价值让渡系统业绩的最大化。

4. 目标消费者

目标消费者是企业的服务对象，是企业产品的直接购买者或使用者。企业与市场营销渠道中的各种力量保持密切关系的目的就是有效地向其目标消费者提供产品和服务，消费者的需求正是企业营销努力的起点和核心。因此，认真分析目标消费者需求的特点和变化趋势是企业极其重要的基础工作。

根据消费者和消费目的，可以将企业的目标消费者分为以下几类：

1）消费者市场。消费者市场由为了个人消费而购买的个人和家庭构成。

2）生产者市场。生产者市场由为了加工生产来获取利润而购买的个人和企业构成。

3）中间商市场。中间商市场由为了转卖来获取利润而购买的批发商和零售商构成。

4）政府市场。政府市场由为了履行政府职责而进行购买的各级政府机构构成。

5）国际市场。国际市场由国外的消费者构成，包括国外的消费者、生产者、中间商和政府机构。

每种市场类型在消费需求和消费方式上都具有鲜明的特色。企业的目标消费者可以是以上五种市场中的一种或几种。也就是说，一个企业的营销对象不仅包括广大的消费者，也包括各类组织机构。企业必须分别了解不同类型目标市场的需求特点和购买行为。

5. 竞争者

任何企业都不太可能单独服务于某一消费者市场，完全垄断的情况在现实中极少见到。而且，即使是高度垄断的市场，只要存在出现替代品的可能性，就可能出现潜在的竞争对手。所以，企业在某一消费者市场上的营销努力总会遇到其他企业类似努力的包围或影响，这些和企业争夺同一目标消费者的力量就是企业的竞争者。企业要在激烈的市场竞争中获得营销的成功，就必须比其竞争对手更有效地满足目标消费者的需求。因此，除了发现并迎合消费者的需求外，企业应该识别自己的竞争对手，时刻关注它们，并随时对其行为做出及时反应。

从消费需求的角度划分，企业的竞争者可分为四个层次。

1）愿望竞争者，即提供不同产品以满足不同需求的竞争者。因为消费者的资金是有限的，例如，某消费者有 10 万元资金，他既想购买一辆汽车又想出国旅游，但在同一时限下只能选择购买汽车或出国旅游，每一种愿望的实现都可能意味着消费者将不会再在另一个领域消费。

2）属类竞争者，即满足消费者某种愿望的产品类别之间具有可替代性的竞争者。假设消费者想解渴，他可以选择的方式有很多，如果汁、冰淇淋、纯净水等。这些产品之间存在着一种竞争关系。

3）产品形式竞争者，即在满足消费者某种愿望的特定产品类别中仍有不同的产品形式可以选择。假设消费者选中了糖果，则有巧克力、奶糖、水果糖等多种产品形式可满足他吃糖的欲望。

4）品牌竞争者，即在满足消费者某种愿望的同种产品中不同品牌之间的竞争。如果消费者对奶糖感兴趣，那么大白兔奶糖和金丝猴奶糖就构成了直接竞争。

品牌竞争者是这四个层次的竞争者中最常见和最明显的，其他层次的竞争者则比较隐蔽和深刻。有远见的企业并不仅仅满足于品牌层次的竞争，还会关注市场发展趋势，在恰当的时候积极维护和扩大基本需求。

软银孙正义

在日本，软银几乎能提供所有互联网应用与服务。软银拥有最受欢迎的搜索引擎（雅虎搜索）、电子商务（拍卖网站+购物）网站以及最大的门户网站（雅虎日本），经营着日本增长最快的移动运营商（沃达丰）和最大的宽带网络（Yahoo！BB）。孙正义说：“在日本，我们就是 Google + eBay。”

2001 年，日本大部分用户还在用拨号上网，但孙正义认为随着网络的全面普及，宽带时代是必然的趋势，他为软银争取到了经营宽带业务的机会。

虽然资本只有竞争对手的 1/10，但孙正义并不畏惧，他刻意抬高技术竞争的门槛，为用户创造更高的价值。当时日本电报电话公司（NTT）只能提供最快每秒 1.5M 的宽带服务，而软银一出手就推出每秒 8M 的宽带服务，并且让软银的宽带用户免费拨打网络电话。这些服务为软银赢得了庞大的用户群体，又削弱了对手的获利能力。

孙正义是一个传奇式的人物，而造就他传奇的一个很重要的因素便是他对用户需求的精准把握，而对于竞争对手，他则是又狠又准。他能够看透自己的对手，更能针对竞争对手的弱点采取强势的竞争策略。

资料来源：全球品牌网，2010－04－11。经整理加工。

6. 公众

公众是指对企业实现其市场营销目标的能力有着实际或潜在影响力的群体。公众可能有助于增强一个企业实现目标的能力，也有可能妨碍这种能力。企业的主要公众包括以下七种：

（1）金融界公众

金融界公众是指关心并可能影响企业获得资金能力的团体，如银行、投资公司、证券交易所和保险公司等。“资金是企业的血液”，在现代社会，金融对企业的作用尤为重要。

（2）媒介公众

媒介公众是指报社、杂志社、广播电视台、网络等大众传播媒介，这些组织对企业的声誉具有举足轻重的影响，它们的一条消息或一则报道可能使企业产品营销名声大振，也可能使企业产品营销一败涂地。因此，现代企业都十分重视媒介的作用。

（3）政府公众

政府公众是指有关的政府部门。营销管理者在制订营销计划时必须充分考虑政府的发展政策，企业还必须向律师咨询有关产品安全卫生、广告真实性等方面可能出现的问题，以便同政府相关部门保持良好的沟通。

（4）群众团体

群众团体是指消费者组织、环境保护组织及其他群众团体。如玩具公司可能会遇到家长对产品质量安全的质询。20 世纪 60 年代以来，日益盛行的消费者主义是不可忽视的力量。

（5）当地公众

当地公众是指企业所在地附近的居民和社区组织。企业在营销活动中，要避免与周围公众利益发生冲突，应指派专人负责处理这方面的问题，同时还应注意对公益事业做出贡献。

（6）一般公众

一般公众是指普通消费者。一个企业需要了解一般公众对它的产品和活动的态度。企业的“公众形象”，即在一般公众心目中的形象，对企业的经营和发展是很重要的，企业要争取在一般公众心目中树立良好的企业形象。很多企业不惜花重金做广告、开展公益赞助活动，其中一个重要的原因就是为了在消费者心目中树立良好的企业形象，从而间接促进产品的销售。

（7）内部公众

内部公众是指企业内部股东，董事会的董事、经理、技术人员、普通工人等。内部公众的态度会影响到外部社会上的公众。在现代社会，企业越来越意识到内部公众的重要性，很多企业管理者认为，一切竞争归根到底就是人的竞争，如何调动员工的积极性、主动性和创造性，是企业管理者应首先关注的一个重要问题。

上述七个方面的公众，都与企业的营销活动有直接或间接的关系。现代企业是一个开放的系统，它在经营活动中必然与各方面公众产生联系，必须处理好与各方面公众的关系，因此，现在许多企业都设有公共关系部门，专门处理与公众的关系，这也是商品经济高度发展的一个产物。

三、间接营销环境

直接营销环境（即微观营销环境）随时随地受到间接营销环境（即宏观营销环境）的影响和制约。间接营销环境研究包括人口、经济、自然、科学技术、政治法律、社会文化等因素。增强企业对营销环境的能动性适应，有助于提高企业营销活动的效率与效益。

1. 人口环境

市场是由那些想购买商品又具有购买力的人构成的，因此，人口是市场的第一要素。著名管理学家彼得·德鲁克在《动荡时代的管理》一书中说，人口动力可以创造新机会和新市场。人口数量直接决定市场规模和潜在容量，人口的性别、年龄、民族、婚姻状况、职业、居住分布等也对市场格局产生深刻影响，从而影响企业的营销活动。为此，企业应重视对人口环境的研究，密切关注人口特征及其发展动向，及时调整营销策略，以适应人口环境的变化。

（1）人口数量

某一市场范围内的人口数量基本上反映了该消费市场生活必需消费品的需要。在其他经济和心理条件不变的情况下，人口数量越多，市场容量就越大，企业营销的市场就越广阔。

（2）人口的地理分布

农村与城市、东部与西部、南方与北方、热带与寒带、山地与平原等不同地理环境的人口，由于自然条件、经济、生活习惯等有差异，其消费需求方面有着显著的区别，从而要求企业根据不同地域的消费差别提供不同的产品和服务。与人口的地理分布相联系的人口密度，同样是影响企业营销的重要因素。一般来说，人口密度越大，消费者越集中，营销成本相对越低；反之，营销成本越高。

(3) 人口结构

人口结构主要包括人口的年龄结构、性别结构、家庭结构、社会结构以及民族结构等。

1) 年龄结构。不同年龄阶段的人有不同的消费需要。企业营销者不仅要研究人口的总量，还要研究人口的年龄结构，并针对人口年龄结构特点，开展企业营销活动。

为此，不同年龄结构就形成了具有年龄特色的市场，如婴儿市场、儿童市场、青少年市场、成人市场和老年人市场等。值得注意的是，全世界的人口已逐步趋于老龄化，这主要有两方面原因：①人口的出生率下降，致使年轻人数量减少；②人口的平均寿命提高。

企业应了解不同年龄结构所具有的需求特点，进而决定企业产品的投向，寻找目标市场。

2) 性别结构。性别差异会给人们的消费需求带来显著的差别，反映在市场上就会出现男性用品市场和女性用品市场。两个市场需求不同，购买习惯就有所不同。

3) 家庭结构。家庭结构包括家庭数量、家庭人口、家庭居住环境，这些都与生活消费品的数量、结构密切相关。20 世纪 80 年代以来，中国家庭呈“小型化”趋势。企业应关注家庭户数增长所带来的消费需求变化。

4) 社会结构。社会结构是指社会中各阶层人口的分布。根据第七次全国人口普查的数据，2020 年全国常住城镇人口已超过乡村人口，居住在城镇的人口为 90 199 万人，占总人口的 63. 89%；居住在乡村的人口为 50 979 万人，占总人口的 36. 11%。

5) 民族结构。我国是一个多民族国家。民族不同，其文化传统、生活习性也不相同。具体表现在饮食、居住、服饰、礼仪等方面的消费需求各有特点，都有自己的风俗习惯。这些不同的消费需求与风俗习惯会影响他们的消费特征和购买行为，形成独特的民族市场。

单身经济

2017 年是中国方便食品行业形成产业规模后的第 25 年，也是整个行业在历经五年连续下跌后触底回升的关键节点。由于互联网外卖的冲击，加上消费者意识的转变，方便面行业的连续下滑一度被市场解读为“方便面真的卖不动了”。

但在几年调整之后，方便面行业已开始向精品化和多元化两个方向延伸，销售开始呈现回暖态势。新一代消费者的消费特性决定了方便食品依然存在市场空间。

所谓的单身经济，其实就是“方便”经济，方便面的出现已经开启了单身经济的篇章，现在只是更多的行业和产品加入了这个圈子，方便食品互为补充，并不存在冲突。

种种迹象表明，单身人士愿意为提升自己在餐饮、娱乐方面的体验而付出更多关注度和金钱。

“一人食”的需求有多大？不孤独的食物美学渐渐成了被广泛关注的问题，但只要有问题、有需求，就有市场。

资料来源：搜狐财经，2018－03－27。经整理加工。

(4) 地区间人口的流动性

在市场经济条件下，会出现地区间人口的大量流动，对营销者来说，这意味着一个流动的大市场。而人口流动的总趋势是，人口从农村流向城市、从城市流向市郊、从非发达地区流向发达地区、从一般地区流向开发地区。人口的迁移流动，以经济因素为主，以女性为多，且迁移流动者的文化程度普遍高于其他人口。由于城乡经济社会发展的差异，会有越来越多的人口向城市迁移。

目前人口环境正在发生重要变化，变化的趋势主要有以下几点：

1）世界人口迅速增长。

2）美国、日本等经济发达国家出生率下降，儿童数量减少。

3）许多国家和地区人口趋于老龄化。

4）许多国家和地区家庭数量、人口规模、家庭生命周期出现新的变化。

5）西方国家非家庭住户迅速增加。

6）许多国家和地区的人口流动性增大。

7）有些国家和地区的人口是由多民族构成的。

这些变化需要引起营销者的注意和重视。第六次全国人口普查主要数据公报显示，我国0～14岁人口占16.6%，比2000年人口普查下降6.29个百分点；60岁及以上人口占13.26%，比2000年人口普查上升2.93个百分点，其中65岁及以上人口占8.87%，比2000年人口普查上升1.91个百分点。联合国的一份报告则显示，到2049年，中国60岁以上的老人将占总人口的31%，老龄化程度仅次于欧洲。这预示着，从现在开始到未来的20～30年间，中国将是世界上人口老龄化速度最快的国家之一。在我国一些经济比较发达的地区，已对“夕阳红”产业开始分类，如老年日用品市场，包括食品、服装、家庭用品、药品、保健品、辅助医疗设备等。我国的“银发产业”具有广阔的发展前景，有专家甚至指出，“银发产业”将与汽车、房地产等产业共同构成21世纪“最赚钱的十大行业”。

老龄化新难题：越来越老、越来越少

日本已经是一个“超级老龄化”国家，这意味着超过20%的日本人年龄在65岁以上。2017年日本出生的婴儿只有946 060人，创1899年官方记录以来的最低纪录，而死亡人数的增加加速了日本人口的减少。

日本并不是唯一有这种问题的国家。德国也是一个“超级老龄化”国家。到2030年，美国、英国、新加坡和法国也将成为“超级老龄化”国家。尽管欧盟和美国都转向民粹主义，采取反移民的立场，但在亚洲，不少国家和地区正在争夺新移民，以填补劳动力缺口。

人口下降意味着越来越多的老年人口需要医疗保健和养老金，也意味着干活的人越来越少。世界各地围绕外籍劳动力的竞争将日益激烈。

资料来源：人民网，2015－11－29。经整理加工。

2. 经济环境

经济环境是指企业营销活动所面临的外部社会经济条件，其运行状况及发展趋势会直接或间接地对企业营销活动产生影响。

（1）直接影响营销活动的经济环境因素

市场不仅是由人口构成的，这些人还必须具备一定的购买力。一定的购买力水平是形成市场并影响市场规模大小的决定因素，同时它也是直接影响企业营销活动的经济环境因素。直接影响营销活动的经济环境因素主要包括以下几方面：

1）消费者收入水平的变化。消费者收入是指消费者个人从各种来源所得的全部收入，包括消费者个人的工资、退休金、红利、租金、赠予等收入。消费者的购买力来自消费者的收入，但消费者并不是把全部收入都用来购买商品或服务，购买力只是收入的一部分。因此，在研究消费者收入时，要注意以下几点：

①国民生产总值。它是衡量一个国家或地区经济实力与购买力的重要指标，从国民生产总值的增长幅度可以了解一个国家或地区经济发展的速度。一般来说，工业品的营销与这个指标有关，而消费品的营销则与此关系不大。国民生产总值增长越快，对工业品的需求和购买力就越大；反之就越小。

②人均国民收入。它是国民收入总量与总人口的比值。这个指标大体上反映了一个国家或地区人民生活水平的高低，也在一定程度上决定了商品需求的构成。一般来说，人均国民收入增长，对消费品的需求和购买力就大；反之就小。根据近 40 年的统计，一个国家或地区人均国民收入达到 5000 美元时，就可以普及机动车，其中小轿车约占一半，其余为摩托车和其他类型的车。

③个人可支配收入。它是从个人收入中扣除税款和非税性负担后的所得余额，是个人收入中可用于消费支出或储蓄的部分，构成实际的购买力。

④个人可任意支配收入。它是在个人可支配收入中减去用于维持个人与家庭生存不可缺少的费用（如房租、水电、食物、衣着等项开支）后剩余的部分。这部分收入是消费需求变化中最活跃的因素，也是企业开展营销活动时所要考虑的主要对象。因为这部分收入主要用于满足人们基本生活需要之外的开支，一般用于购买高档耐用消费品、旅游、储蓄等。

⑤家庭收入。很多产品是以家庭为基本消费单位的，如冰箱、电视机、空调等。因此，家庭收入的高低会影响很多产品的市场需求。一般来讲，家庭收入越高，对消费品需求越大，购买力也越大；反之，对消费品需求越小，购买力也越小。需要注意的是，企业营销人员在分析消费者收入时，还要区分“货币收入”和“实际收入”。只有“实际收入”才影响“实际购买力”。因为实际收入和货币收入并不完全一致，由于通货膨胀、失业、税收等因素的影响，有时货币收入增加，而实际收入却可能下降。实际收入是扣除物价变动因素后实际购买力的反映。

2）消费者支出模式和消费结构的变化。随着消费者收入的变化，消费者支出模式会发生相应变化，继而使一个国家或地区的消费结构也发生变化。西方一些经济学家常用恩格尔系数来反映这种变化。恩格尔系数表明，在一定的条件下，当家庭收入增加时，收入中用于食物开支部分的增长速度要小于用于教育、医疗、享受等方面的开支增长速度。食物开支占总消费量的比重越大，恩格尔系数越高，生活水平越低；反之，恩格尔系数越低，生活水平越高。

消费结构是指消费过程中人们所消耗的各种消费资料（包括服务）的构成，即各种消费支出占总支出的比例关系。优化的消费结构是优化的产业结构和产品结构的客观依据，也是企业开展营销活动的基本立足点。第二次世界大战以来，西方发达国家的消费结构发生了很大变化：①恩格尔系数显著下降，目前大多下降到 20% 以下；②衣着消费比例降低，下降幅度为 20% ~30%；③住宅消费支出比例增大；④服务消费支出比例上升；⑤消费开支占国民生产总值和国民收入的比例上升。

3）消费者储蓄和信贷情况的变化。消费者的购买力受储蓄和信贷的直接影响。消费者个人收入不可能被全部花掉，总有一部分以各种形式储蓄起来，这是一种推迟了的、潜在的购买力。消费者储蓄一般有两种形式：①银行存款，增加现有银行存款额；②购买有价证券。当收入一定时，储蓄越多，现实消费量就越小，但潜在消费量越大；储蓄越少，现实消费量就越大，但潜在消费量越小。企业营销人员应当全面了解消费者的储蓄情况，尤其是要了解消费者储蓄目的的差异。储蓄目的不同，往往影响到潜在需求量、消费模式、消费内容、消费发展方向的不同。这就要求企业营销人员在调查、了解储蓄动机与目的的基础上，制定不同的营销策略，为消费者提供有效的产品和劳务。我国居民有勤俭持家的传统，长期以来养成了储蓄的习惯。近年来，我国居民储蓄额和储蓄增长率均较大。据调查，居民储蓄主要用于供养子女和婚丧嫁娶，但从发展趋势看，用于购买住房和大件用品的储蓄占整个储蓄额的比例将逐步增加。我国居民储蓄增加，显然会使企业目前产品价值的实现比较困难，但是，企业若能调动消费者的潜在需求，就可开发新的目标市场。

例如 1979 年，日本电视机厂商发现，尽管中国人可任意支配的收入不多，但中国人有储蓄习惯，且人口众多。于是，他们决定开发中国黑白电视机市场，不久便获得成功。当时，西欧某国电视机厂商虽然也来中国调查，却认为中国人均收入过低，市场潜力不大，结果贻误了时机。西方国家广泛存在的消费者信贷对购买力的影响也很大。消费者信贷是指消费者凭信用先取得商品使用权，然后按期归还贷款，以购买商品。这实际上就是消费者提前支取未来的收入，提前消费。西方国家盛行的消费者信贷主要有：①短期赊销；②购买住宅分期付款；③购买昂贵的消费品分期付款；④信用卡信贷。信贷消费允许人们购买超过自己现实购买力的商品，从而创造了更多的收入以及更多的需求、更多的就业机会；同时，消费者信贷还是一种经济杠杆，它可以调节积累与消费、供给与需求的矛盾。当市场供大于求时，可以通过发放消费信贷来刺激需求；当市场供不应求时，必须收缩信贷，适当抑制、减少需求。消费信贷把资金投向需要发展的产业，刺激这些产业的生产，带动相关产业和产品的发展。我国现阶段的信贷消费需求旺盛，发展前景广阔。

（2）间接影响营销活动的经济环境因素

除了上述直接影响企业市场营销活动的因素外，还有一些经济环境因素间接对企业的营销活动产生影响。

1）经济发展水平。企业的市场营销活动受到一个国家或地区整个经济发展水平的制约。经济发展阶段不同，居民的收入不同，消费者对产品的需求也不同，从而会在一定程度上影响企业的营销。例如，对消费者市场来说，经济发展水平比较高的地区，在市场营销方面强调产品款式、性能及特色，品质竞争多于价格竞争；而在经济发展水平低的地区，则较侧重于产品的功能及实用性，价格因素比产品品质更为重要。因此，对于经济发展水平不同的地区，企业应采取不同的市场营销策略。

2）经济体制。世界上存在多种经济体制，如计划经济体制、市场经济体制、计划－市场经济体制、市场－计划经济体制等，不同的经济体制对企业营销活动的制约和影响不同。例如，在计划经济体制下，企业是行政机关的附属物，没有生产经营自主权，企业的产、供、销都由国家计划统一安排，企业生产什么、生产多少、如何销售，都不是企业自己的事情。在这种经济体制下，企业不能独立地开展生产经营活动，也就谈不上开展市场营销活动。而在市场经济体制下，企业的一切活动都以市场为中心，市场是其价值实现的场所，因而企业必须特别重视营销活动，并通过营销实现自己的利益目标。现阶段，中国特色社会主义进入新时代，社会主要矛盾发生变化，经济已由高速增长阶段转向高质量发展阶段。与这些新形势、新要求相比，我国市场体系还不健全，市场发育还不充分，政府和市场的关系没有完全理顺，存在市场激励不足、要素流动不畅、资源配置效率不高、微观经济活力不强等问题，推动高质量发展仍存在不少体制机制障碍。必须进一步解放思想，坚定不移地深化市场化改革，扩大高水平开放，不断在经济体制关键性基础性重大改革上突破创新。

3）地区与行业发展状况。我国地区经济发展不平衡，形成了东部、中部、西部三大地带和“东高西低”的发展格局，同时在各个地区的不同省份还呈现出多极化发展趋势。这种地区经济发展的不平衡，对企业的投资方向、目标市场及营销战略的制定等都会带来巨大影响。我国行业与部门的发展也有差异。今后一段时间，我国将重点发展农业、原料和能源等基础产业，这些行业的发展必将带动商业、交通、通信、金融等行业和部门的相应发展，也给市场营销带来一系列影响。因此，一方面，企业要处理好与有关部门的关系，加强与它们的联系；另一方面，要根据与本企业联系紧密的行业或部门的发展状况，制定切实可行的营销措施。

近30年第一次负增长，汽车行业怎么了？

在过去的几十年里，中国的汽车产业得到了迅猛发展。2009年中国的汽车产销售量超过美国，成为全球第一汽车制造大国。

2018年，中国汽车产业第一次出现负增长，生产量和销售量分别同比下降4.2%和2.8%。为什么会这样呢？

首先，我国经济增速下降，而汽车属于高价消费品，需求弹性大，所以当人们对预期比较谨慎时，汽车消费自然也会减少。

其次，房价过高，居民杠杆率持续上升，需求受到抑制。此外，三四线城市的汽车消费需求下滑，中低档国产汽车的销售下滑。

第三，前几年的购置税减半政策，给消费者节省了一大笔钱，极大地刺激了汽车市场的增长，但这样一来也等于是预支了未来的销售量。

资料来源：《每天听见吴晓波》，2019－07－09。经整理加工。

3. 自然环境

企业营销的自然环境是指影响企业生产和经营的物质因素，如企业生产需要的物质资料、生产过程中对自然环境的影响等。自然环境的发展变化会给企业造成一些“环境威胁”

和“市场机会”，所以，企业营销活动不可忽视自然环境的影响作用。分析研究自然环境的内容主要有两个方面：①自然资源的拥有状况及其开发利用；②环境污染与生态平衡。

（1）自然资源的拥有状况及其开发利用

地球上的自然资源有三大类：第一类是“取之不尽，用之不竭”的资源，如阳光、空气等；第二类是“有限但可更新”的资源，如森林、粮食等；第三类是“有限又不能更新”的资源，如石油、煤、铀、锡、锌等矿产资源。目前，第一类资源面临被污染的问题。第二类资源由于生产的有限性和生产周期长，再加上因森林乱砍滥伐导致生态失衡、水土流失、灾害频繁，影响其正常供给，有的国家或地区需大量进口。企业应尽可能通过建立原料基地或调节原料储存的方式来减轻不利影响。第三类资源是初级产品，且政府对其价格、产量、使用状况控制较严。对市场营销来说，面临两种选择：①科学开采，综合利用，减少浪费；②开发新的替代资源，如太阳能、核能等。

（2）环境污染与生态平衡

环境污染日益成为全球性的严重问题，要求控制污染的呼声越来越高。一方面，这对那些污染控制不力的企业来说是一种压力，它们应采取有效措施治理污染；另一方面，这给某些企业或行业创造了新的机会，如研究开发不污染环境的包装、妥善处理污染物的技术等。由于生态平衡被破坏，国家立法部门、社会组织等提出了“保护大自然”的口号。一些绿色产品被开发出来，营销学界也提出了“绿色营销”观念。企业营销活动必须考虑生态平衡要求，以此来确定自己的营销方向及营销策略。

“垃圾分类”升温，有望打开万亿元级新市场

我国是垃圾生产大国，每年的垃圾产量有4亿吨，且还在以8%的速度增长。这么多的垃圾，该如何处理呢？

我国城市垃圾的处理，大多依靠填埋。报告显示，目前中国600多座大中型城市中，2/3已经陷入了垃圾的包围圈，1/4已经没有堆放垃圾的合适场所了。所以，垃圾处理的方式只能用焚烧来代替填埋。

但垃圾焚烧会产生污染物二噁英。二噁英是地球上最致命的有害物质之一，一旦进入人体便会长久驻留，从而破坏人类免疫系统和生殖系统，甚至导致婴儿畸形。

而要降低垃圾焚烧带来的二噁英排放量，唯一有效的办法就是进行垃圾分类。

破解“垃圾围城”，是摆在每个城市面前的必答题。垃圾分类的水平直接体现了一座城市的精细化管理水平。2018年，上海为期三年的新一轮“环保战役”正式打响。2018年3月29日，上海市人民政府办公厅正式发布《上海市2018—2020年环境保护和建设三年行动计划》，其中针对固体废物污染防治，明确了“继续推进生活垃圾分类减量”和“完善生活垃圾末端处置体系”等五条具体要求。

“垃圾分类”日趋升温，新的商机不断涌现。随着垃圾分类法的推进，有望打开一个万亿元级的新市场。据了解，垃圾分类将在以下四个领域带来较大的投资机会：①餐厨垃圾处理；②环卫设备升级；③再生资源回收；④垃圾焚烧处理。

在资源过度开采、垃圾围城的今天，“变废为宝”不仅是对绿色环境的呵护，更是对地球资源再利用与经济可持续发展的积极探索。

资料来源：中国经济网，2019－07－25。经整理加工。

4. 科学技术环境

科学技术是企业将自然资源转化为符合人们需要的物品的基本手段，是第一生产力。人类社会的文明与进步是科学技术发展的历史，是科技革命的直接结果。科学技术对企业市场营销的影响是多方面的。

1）每一种技术一旦与生产相结合，都会直接或间接地带来国民经济各部门的变化与发展，带来产业部门间的演变与交替。随之而来的是新产业的出现，传统产业的改造，落后产业的淘汰。

2）科学技术的发展为市场营销管理提供了更先进的物质技术基础。如电子计算机、传真机、办公自动化等提高了信息接收、分析、处理、存储能力，从而有利于营销决策。

3）科学技术的发展为消费者提供了大量的新产品。同时，使现有产品在功能、性能、结构上更趋于合理和完善，满足了人们的更高要求。

4）科学技术的发展影响到企业营销策略的制定。新材料、新工艺、新设备、新技术使产品生命周期缩短，企业需要不断研制开发新产品；先进的通信技术、多媒体传播手段使广告更具影响力；商业中自动售货、电子商务等引起了分销方式的变化；科技应用使生产集约化和规模化、管理高效化，带来生产成本、费用的大幅降低，为企业制定理想价格策略提供了条件。

5）科学技术的发展直接引起了自然因素的变化。科学技术的应用使人类提高了对资源勘探、开采和综合利用的能力，减少了浪费；科学技术有助于人类开发替代资源，以弥补稀有资源的不足，如太阳能、地热能、核能等。

5G 时代的新商机

2019 年 6 月，工信部对四家电信运营商——中国电信、中国移动、中国联通和中国广电，发放了 5G 商用牌照，这意味着 5G 商用时代的到来。

2019 年 4 月，我国企业拥有的 5G 标准必要专利声明在全球的占比超过 36%，是名副其实的第一。放眼全球，华为以 1554 个 5G SEP 力压竞争对手，全球占比 15.05%，成为拥有 5G 必要标准专利最多的厂商；其次是诺基亚、三星、LG 和中兴。

其实，5G 标准不仅仅是企业和企业之间的较量，更是一个国家或地区科技水平的体现。拥有大量 5G SEP 的企业便能掌握更多的主动权，能够促使自家的基站、智能手机或其他设备在价格方面变得更有竞争力。

资料来源：新浪科技，2020－06－06。经整理加工。

5. 政治法律环境

政治法律主要是指国家或地区的政治变动引起经济势态的变化以及政府通过法律手段和各种经济政策来干预社会的经济生活。它往往是市场营销必须遵循的准则。企业必须注意国家或地区的每一项政策和立法及其对市场营销的影响。政治法律环境包括以下内容：

1）政治形势。此项内容包括政治稳定性、社会治安、政府更迭、政策衔接、政府机构作风、政治透明度等。

2）执政党和政府的路线、方针、政策。它是根据政治经济形势及其变化的需要而制定的，往往具有扶持或抑制、扩展或控制、提倡或制止等倾向性特点，直接或间接影响企业的营销活动。

3）政治团体和公众团体。政治团体包括工会、共青团、妇联组织等。公众团体包括中国消费者协会、企业家协会、个体劳动者协会、残疾人协会等。这些团体通过影响国家立法、方针政策、社会舆论等，对企业营销活动施加影响。

4）法律法规。为了保证本国或本地区经济的良好运行，各国或各地区都颁布了相应的经济法律和法规来制约、维护、调整企业的活动。目前我国主要的经济法律法规有《经济合同法》《商标法》《专利法》《产品质量法》《反不正当竞争法》《消费者权益保护法》《广告法》《票据法》《全民所有制工业企业法》《公司法》《企业破产法》等。对于企业营销活动而言，国家的法律法规既规范了企业行为，又保护了企业的合法权益。国家要求企业以法律法规为准绳，奉公守法，并学会用法律保护自己。

市值大幅缩水，聚美优品做错了什么？

聚美优品创立于2010年，仅用了四年时间就成功上市，造就了电商领域的神话。而它的创始人陈欧，也因此成为纽约证券交易所220多年历史上最年轻的CEO。可如今，聚美优品的市值大幅缩水。

曾经的神话企业，为什么这么快坠落了？

中国在线美妆第一平台和连续七个季度盈利的聚美优品遭遇的第一次重击来自上市当年的那场电商打假风波。2014年7月底，一个名为“祥鹏恒业商贸有限公司”（简称祥鹏恒业）的供应商被曝向几乎所有的知名电商供应的奢侈品均为假货，而聚美优品也是祥鹏恒业涉及的电商平台之一。

尽管陈欧很快出面强调“假货风波，只是聚美优品的第三方手表业务，而非核心化妆品业务线”，但资本市场对于陈欧的回应并不买账，祥鹏恒业事件曝光后，聚美优品股价一路下跌，四个月内缩水六成，并接连遭遇多家美国律师事务所起诉。

2014年，随着聚美优品、京东、阿里巴巴的先后上市，中国电商市场已经被放在了显微镜之下。而曾经一直困扰着各大电商平台的假货问题，成为悬在各家上市公司头上的“达摩克利斯之剑”。

资料来源：第一财经资讯，2017－07－13。经整理加工。

6. 社会文化环境

社会文化是人类在创造物质财富过程中所积累的精神财富的总和。它体现着一个国家或地区的社会文明程度。社会文化环境因素主要通过影响消费者思想和行为，间接地影响企业营销活动。市场营销对文化的研究一般从教育情况、语言文字、宗教信仰、审美观、风俗习惯等方面入手。

(1) 教育情况

教育是按照一定的目的和要求，对受教育者施以影响的一种有计划的活动，是传授生产经验和生活经验的必要手段，反映并影响一定的社会生产力、生产关系和经济状况，是影响企业市场营销活动的重要因素。处于不同教育水平的国家和地区的消费者对商品有着不同的需求，而且对商品的整体认识存在很大的差异，如商品包装、商品的附加利益等。企业的商品目录、产品说明书的设计要考虑目标市场的受教育情况，是采用文字说明，还是文字加图形来说明，都要根据消费者的文化来做相应调整。教育水平对市场营销的促销方式也有很大的影响。教育程度比较低的地区，产品的宣传工作，尽量少用报纸、杂志做广告，而采用电视机、收音机、展销会等形式。要考虑不同文化层次的消费者接近媒体的习惯。

(2) 语言文字

语言文字是人类表达思想的工具，也是最重要的交际工具。它是文化的核心组成部分之一。不同的国家、不同的民族往往都有自己独特的语言文字，即使语言文字相同，也可能表达和交流的方式不同。

(3) 宗教信仰

不同的宗教信仰有不同的文化倾向和戒律，从而影响人们认识事物的方式、价值观念和行为准则，影响人们的消费行为。宗教信仰与企业的营销活动有密切的关系。特别是在一些信奉宗教的国家和地区，宗教信仰对市场营销的影响力更大。宗教不一样，信仰和禁忌也不一样。这些信仰和禁忌限制了教徒的消费行为。某些国家和地区的宗教组织在教徒的购买决策中具有重大影响力。

(4) 审美观

审美观通常是指人们对事物的好坏、美丑、善恶的评价。不同的国家（地区）、民族、宗教、阶层和个人，往往社会文化背景不同，其审美标准也不尽一致。有的以“胖”为美，有的以“瘦”为美，有的以“高”为美，有的则以“矮”为美，不一而足。因审美观的不同而形成的消费差异更是多种多样。例如，在欧美，女性结婚时喜欢穿白色的婚礼服，因为她们认为白色象征着纯洁和美丽；在我国，女性结婚时喜欢穿红色的婚礼服，因为红色象征吉祥如意、幸福美满。又如，中国女性喜欢把装饰物品佩戴在耳朵、脖子、手指上，而印度女性却喜欢在鼻子、脚踝上配以各种饰物。因此，不同的审美观对消费产生不同的影响，企业应针对不同的审美观所引起的不同消费需求，开展自己的营销活动，特别要把握不同文化背景下的消费者审美观及其变化趋势，制定良好的市场营销策略来适应市场需求的变化。

(5) 风俗习惯

风俗习惯是人们根据自己的生活内容、生活方式和自然环境，在一定的社会物质生产条件下长期形成并世代相传的一种风俗，以及由于重复练习而巩固下来并变成需要的行动方式的总称。它在饮食、服饰、居住、婚丧、信仰、节日、人际关系等方面，都表现出独特的心理特征、伦理道德、行为方式和生活习惯。不同的国家、不同的民族有不同的风俗习惯，它对消费者的消费嗜好、消费模式、消费行为等具有重要的影响。

企业营销者应了解和注意不同国家（地区）、不同民族的消费习惯和爱好，做到“入境随俗”。可以说，这是企业做好市场营销尤其是国际经营的重要条件，如果不重视各个国家（地区）、各个民族之间的文化和风俗习惯的差异，就可能造成难以挽回的损失。

哔哩哔哩董事长陈睿：文化可以触达内心

2016 年整个中国地区热搜词中，“00 后”热搜词居第一名的是哔哩哔哩（bilibili，简称 B 站），居第二名的是淘宝。确实 B 站比较受年轻用户的喜欢。

很多人都觉得“95 后”“00 后”很娱乐化，如果要吸引他们的注意可能就只能靠锥子脸的“网红”，或者是一些哗众取宠的题材，其实不是。B 站董事长陈睿认为，每个人的心中对于高尚的事情都是有追求的，当遇到高尚的东西时内心都会肃然起敬，都会感动。这批“95 后”“00 后”从小受过很好的教育，他们有更好的视野，能够更加理解这种正能量或比较好的文化，所以走心不媚俗仍然可以把流量做起来。

资料来源：中国网络视听大会官网，2016－12－09。经整理加工。

综上所述，制约和影响市场营销活动的宏观环境因素是多方面的，既有经济的，也有非经济的，它们共同组成了一个有机的整体。各种因素不仅单独对营销本身有制约作用，而且彼此之间相互制约、相互影响，共同构成了营销活动的系统环境。间接营销环境中任何因素的变化都会引起整个营销环境的变化。这种变化对企业来说无疑是一种压力和挑战，同时也是一种机遇，为企业营销提供了新的机会。

在营销过程中，任何企业都不能改变市场营销的宏观环境，但可以认识这种环境，通过改变经营方向和调整内部管理来适应环境变化，进而达到营销目标，实现企业利润。

四、环境分析

1. 环境分析的基本态度

市场营销环境的动态性，使企业在不同时期面临不同的市场营销环境。而不同的市场营销环境，既可能给企业带来机会，也可能给企业带来威胁。对企业营销环境的分析和评价，始终是营销者制定营销战略的依据。高明的营销者总是严密地监视和及时预测相关环境的发展变化，善于分析、评价和鉴别由于环境变化造成的机会与威胁，以便采取相应的态度和行为。一般来说，企业营销者对环境分析的基本态度有以下两种：

（1）消极适应

这种态度认为环境是客观存在、变化莫测、无规律可循的。企业只能被动地适应而不能主动地利用。因此，企业只能根据变化了的环境来制定或调整营销策略。持这种态度的营销者忽视人和组织在营销环境变化中的主观能动性，始终跟在环境变化的后面走，维持或保守经营，缺乏开拓创新精神，故而难以创造显著的营销业绩，容易被激烈竞争的市场所淘汰。

（2）积极适应

这种态度认为在企业与环境的对立统一中，企业既依赖客观环境，同时又能够主动地认识、适应和改造环境。营销者积极能动地适应环境，主要表现在三个方面：①认为不可控的营销环境的发展变化是有规律可循的，企业可以借助科学的方法和现代营销研究手段，揭示环境发展变化规律，预测其趋势，及时调整营销计划与策略；②把适应环境的重点放在研究环境发展的变化趋势上，根据环境变化趋势制定营销战略，使得环境发生实际变化时，企业不至于措手不及，也不会跟在变化了的环境后头而被动挨打；③通过各种宣传手段（如广告、公共关系等）来创造需求、引导需求，以影响环境、创造环境，促使某些环境因素向有利于企业实现其营销目标的方向发展变化。

2. 环境威胁分析

环境的发展变化给企业营销带来的影响大致可分为两大类，即环境威胁和市场机会。分析研究营销环境，目的在于抓住和利用市场机会，避免环境威胁。

环境威胁是指营销环境中对企业营销不利的各项因素的总和。企业面对环境威胁，如果不果断采取营销措施避免威胁，那么其不利的环境趋势势必会影响企业的市场地位，甚至使企业陷于困境。因此，营销者要善于分析环境发展趋势，识别环境威胁或潜在的环境威胁，并正确认识和评估威胁的可能性和严重性，以采取相应的对策及措施。

营销者对环境威胁的分析主要从两方面进行考虑：①分析环境威胁对企业的影响程度；②分析环境威胁出现的概率大小，并将这两方面结合在一起，如图 2－2 所示。

影响程度 \ 出现概率	高	低
大	Ⅰ	Ⅱ
小	Ⅲ	Ⅳ

图 2－2　威胁分析矩阵

图 2－2 所示的四个象限中，第Ⅰ象限是企业必须高度重视的，因为它的影响程度大、出现概率高，企业必须严密监视和预测其发展变化趋势，及早制定应变策略；第Ⅱ象限和第Ⅲ象限也是企业不容忽视的，因为第Ⅱ象限虽然出现概率低，但一旦出现则会给企业营销带来很大的影响，第Ⅲ象限虽然对企业的影响不大，但出现概率却很高，对此企业也应该予以注意，准备应有的对策措施；对于第Ⅳ象限，主要是注意观察其发展变化，看其是否有向其他象限发展变化的可能。

营销者对环境威胁进行分析，其目的在于采取对策避免不利环境因素带来的危害。企业对环境威胁一般采取三种不同的对策：①反抗策略，即企业利用各种手段限制不利环境对企业的威胁作用，或者促使不利环境向有利方面转化；②减轻策略，即调整市场策略来适应或改善环境，以减轻环境威胁的影响程度；③转移策略，即对于长远的、无法反抗和减轻的威胁，采取转移到其他可以占领并且效益较高的经营领域或干脆停止经营的方式。

3. 市场机会分析

市场机会是指营销环境中对企业市场营销有利的各项因素的总和。有效地捕捉和利用市场机会，是企业营销成功和发展的前提。企业只有密切注视营销环境变化带来的市场机会，适时做出适当评价，并结合企业自身的资源和能力，及时将市场机会转化为企业机会，才能开拓市场，扩大销售，提高企业产品的市场占有率。

营销者分析评价市场机会主要有两个方面：①考虑机会给企业带来的潜在利益的大小；②考虑机会出现的概率大小，如图 2－3 所示。

潜在利益 \ 出现概率	高	低
大	Ⅰ	Ⅱ
小	Ⅲ	Ⅳ

图 2－3　机会分析矩阵

图 2－3 所示的四个象限中，第Ⅰ象限是企业必须重视的，因为它的潜在利益大、出现概率高；第Ⅱ象限和第Ⅲ象限也是企业不容忽视的，因为第Ⅱ象限虽然出现概率低，但一旦出现则会给企业带来很大的潜在利益，第Ⅲ象限虽然潜在利益不大，但出现概率高，因此需要企业加以注意，适时制定相应对策；对于第Ⅳ象限，主要是观察其发展变化，并依据变化情况及时采取措施。

4. 综合环境分析

在企业实际面临的客观环境中，单纯的环境威胁或市场机会是少有的。一般情况下，营销环境都是机会与威胁并存、利益与风险结合在一起的综合环境。根据综合环境中威胁水平和机会水平的不同，形成图 2－4 所示的矩阵。

机会水平 \ 威胁水平	低	高
高	理想环境	冒险环境
低	成熟环境	困难环境

图 2－4　综合环境分析矩阵

（1）面临理想环境应采取的策略

由图 2－4 可见，理想环境是机会水平高、威胁水平低，利益大于风险，是企业难得遇上的好环境。此时企业必须抓住机遇，开拓经营，创造营销佳绩，万万不可错失良机。

（2）面临冒险环境应采取的策略

冒险环境是机会和威胁同在，利益与风险并存，在有很高利益的同时也存在很大的风险。面临这样的环境，企业必须加强调查研究，进行全面分析，发挥专家优势，审慎决策，以降低风险，争取利益。

（3）面临成熟环境应采取的策略

成熟环境是比较平稳的环境，机会和威胁都处于较低水平。成熟业务可作为企业的常规业务，用以维持企业的正常运转，并为开展理想业务和冒险业务创造必要的条件。

(4) 面临困难环境应采取的策略

困难环境是机会水平低、威胁水平高，风险大于利益，企业处境已十分困难。企业面对困难环境，必须要想方设法扭转局面。如果大势已无法扭转，则必须采取果断策略，退出在该环境中经营，另谋发展。

5. SWOT 分析

SWOT 分析是指基于内外部竞争环境和竞争条件下的态势分析，就是将与研究对象密切相关的各种主要内部优势、劣势和外部机会、威胁等，通过调查列举出来，并依照矩阵形式排列，然后用系统分析的思想把各种因素相互匹配起来加以分析，从中得出一系列相应的结论，而结论通常带有一定的决策性。

运用这种方法，可以对研究对象所处的情景进行全面、系统、准确的研究，从而根据研究结果制定相应的发展战略、计划以及对策等。

S 代表优势（Strengths）、W 代表劣势（Weaknesses），O 代表机会（Opportunities）、T 代表威胁（Threats）。按照企业竞争战略的完整概念，战略应是一个企业“能够做的”（即组织的强项和弱项）和“可能做的”（即环境的机会和威胁）之间的有机组合（见图 2 –5）。

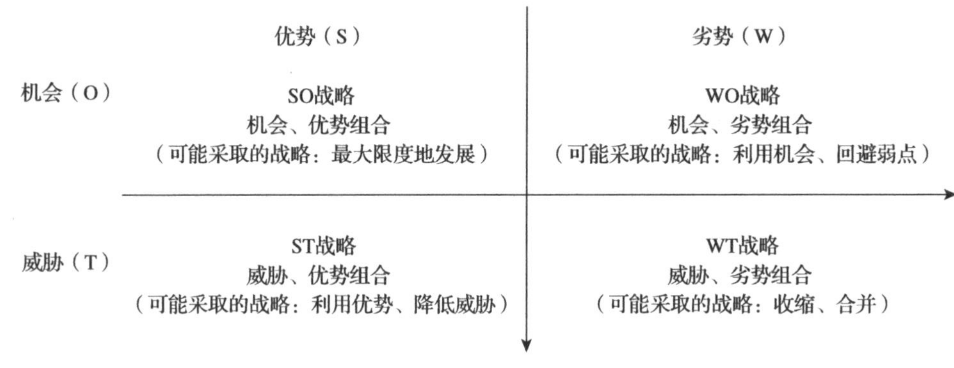

图 2 –5　SWOT 矩阵分析

课后拓展训练

一、辩论练习

2018 年 11 月 21 日，意大利奢侈品牌 D&G（杜嘉班纳）在上海举办品牌大秀，却被曝出其设计师在社交网站上发布涉嫌辱华的言论，引发争议。

随后，共青团中央官方账号发博对此事表态：“我们欢迎外国企业来华投资兴业，同时在华经营的外国企业也应当尊重中国，尊重中国人民。这也是任何企业到其他国家投资兴业、开展合作最起码的遵循。”

2018 年 11 月 23 日，在创始人兼设计师 Stefano Gabbana 涉嫌辱华、大秀取消后，D&G 两位创始人拍摄视频道歉。

对此事件，你怎么看？

二、策划实训

营销环境变了，一切都得变？

在经历了“失落的20年”之后，日本管理学家、“策略先生”大前研一在其社会观察类畅销名著《低欲望社会：人口老龄化的经济危机与破解之道》中，针对日本当下的社会经济现状和特点，将其他发展成熟的国家和地区尚未遇到的社会问题，概要性地归结为一个词——“低欲望社会”：人口减少、超高龄化、失去上进心和欲望的年轻人越来越多；国民持有大量的金融资产，企业也有高额的内部准备金，却未能有效运用资金，无论是货币宽松政策还是公共投资，都无法提升消费者信心，政策也无力振兴经济……

与新型消费群体旺盛的消费欲望不同，传统消费者进入了一个“无欲望的时代”——似乎现在什么也不缺了。

以前的彩电厂家主要向没有彩电的家庭销售，现在则是向有彩电的家庭销售第二台、第三台彩电；除了购买日用消费品，消费者因为稀缺而进入卖场的频率在下降。

在无欲望的时代，消费者的需求是什么？如何吸引无欲望的消费者进入卖场？

三、案例分析讨论

宝洁退市：“大企业病”诊断书

2019年3月6日，宝洁对外宣布，将在泛欧证券交易所退市。消息一出，唱衰言论四面而起。事实上，这个曾被写进教科书，作为经典案例的全球巨擘，此时正深陷业绩连年下滑的困境。

过往财报显示，2008年、2011年和2012年，宝洁营收均突破800亿美元，达到历史巅峰。然而，从2013年起，宝洁业绩出现停滞甚至下滑，一度跌至2006年的水平。

1. 宝洁怎么了？

宝洁成立于1837年，在美国俄亥俄州辛辛那提从一家制作蜡烛的小作坊开始，到成为世界上最大的日用消费品公司之一，至今已拥有182年的历史。1988年，宝洁落户广州，靠海飞丝品牌打入中国市场，至今在中国已有31年。

对宝洁来说，中国市场曾是其最大的海外市场，业绩表现抢眼。不过，这些年来，中国的消费格局早已发生巨大变化。

随着消费升级，这些耳熟能详的品牌已被越来越多的选择所替代；新一代的消费者甚至视其为“妈妈的牌子”。宝洁在中国市场的表现差强人意，宝洁CEO大卫·泰勒感叹中国的消费者是“世界上最挑剔的消费者”。面对这种局面，宝洁开始进行了一系列的自救行为：连换四任CEO、品牌瘦身、削减预算等，但至今仍未有显著起色。

不少人已指出了这家大企业的问题：定位不清、品牌老化、营销方式落伍、销售渠道单一……这些问题都反映了宝洁对时代变化的迟钝感知力。而从根源上来讲，这是因为宝洁患上了“大企业病”。

所谓“大企业病”，是指企业发展壮大到一定规模后，原有的企业管理机制等方面开始滋生出阻滞企业发展的“毒瘤”，让企业变得决策迟缓、思想僵化、效率低下等。“老牌大企业的癌症，基因变不了。所有药，就是延缓死亡。”某位网友这样形容。

2.“大企业病”诊断书

公司发展到一定阶段，很多企业开始盛行官僚主义，内部消耗不断，让其无暇顾及战略决策、外部趋势等问题。以下便是大企业的常见病症。

病症1：机体僵硬

流程烦琐复杂，几乎是大企业的通病。这样的管理机制会直接导致决策链过长，反应不及时。所谓“船小好掉头”，而对一个“巨型航母”来说，想要做一个决定，可能都要大费周章。在“变化就是常态”的当下，这样去做决策，说不定早就被淘汰了。

华为CEO任正非曾在公开场合多次提及“简化流程”，“一件小事可能在华为的流程也极其漫长。现在我们已经开始在成熟领域做减法，华为正在走向新形象。”从一家小企业成长为今日的领军企业，任正非深知，流程是为作战而服务的，因此，烦琐的管理哲学需要简化。

病症2：组织架构臃肿

组织架构臃肿是大企业常见病症之一。组织不精简，管理层级过多，部门职能重叠，这些都会导致组织系统效率低下。

因此，扁平化管理成为现代企业的趋势。在压缩管理层下，增大管理的幅度，从而降低运营成本。通用电气（GE）的杰克·韦尔奇就曾提出“无边界管理”，他的想法是希望能打破职能部门间的壁垒，让工程、生产、营销以及其他部门之间能够自由流通、完全透明。

病症3：营养过剩（扩张诱惑）

企业运营的过程中，为了增加营收，会面临“做加法”还是“做减法”的选择。在高速成长的阶段，多元化经营往往是大部分企业的选择。当企业开始出现增长停滞时，作为企业管理者，应该回过头来，检查一下企业是否因为“营养过剩”而出现“消化不良”的情况。尤其在面临经济下行的风险时，集中资源和力量做主业，会是一个更好的策略。

根据《经济学人》信息部一项针对全球343家企业的调研，一旦避开盲目赶超，采取降速调整，它们三年内的平均销售额增长了40%，营业利润增长了52%。

从业务的角度来看，“波士顿矩阵”根据市场增长率和现金流量，将公司业务分为四大类型：销售增长率和市场占有率“双高”的产品群（明星类产品）；销售增长率低、市场占有率高的产品群（现金牛类产品）；销售增长率高、市场占有率低的产品群（问题类产品）；销售增长率和市场占有率“双低”的产品群（瘦狗类产品）。

波士顿咨询机构认为，根据以上分类方法，对相关业务进行剥离，可以让企业缩减成本，提升经营效率，拓展盈利空间。

面对小米实行降速调整，雷军回应：“拳头收回来，是为了打出去。”做减法，是一种“置之死地而后生”的做法，不少大企业通过这种手段重回巅峰。去多元化，也成为当下世界大公司的主流趋势。

经营企业，如逆水行舟。无论当下风光与否，都应保持对市场感知的敏锐度。在管理之上，最重要的是战略决策，提出问题，发现问题。

资料来源：世界经理人，2019－04－01。经整理加工。

问题：试从营销环境的角度出发，分析企业如何才能避免“大企业病”？

四、作业、考核与拓展训练

作业：寻找商机（头脑风暴训练）。

考核：课堂考核（客观题），雨课堂投稿，书面作业。

拓展训练：情商训练。

本章思维导图

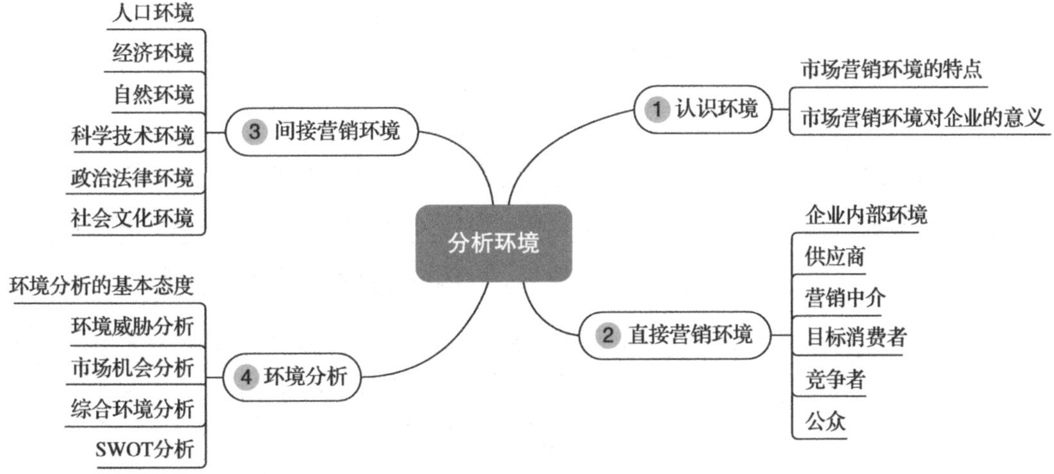

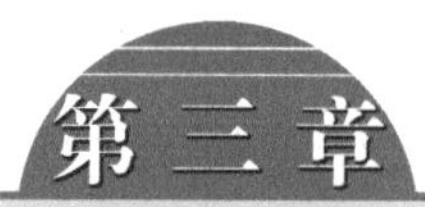

第三章 研究市场

本章进阶图谱

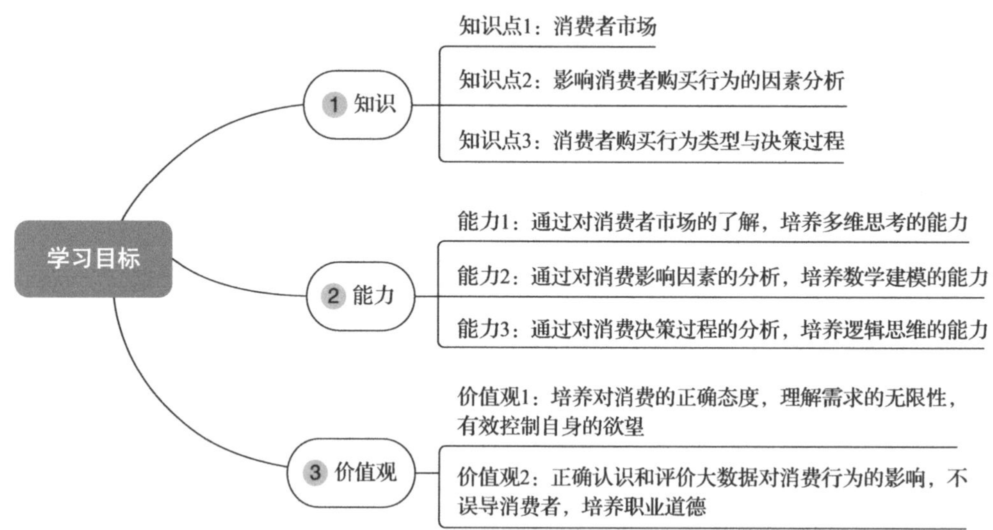

拼多多的“基因”

拼多多为什么只用短短3年，就在一个巨头林立的市场里成长为一家大公司？

拼多多团队设计的购物场景赋予了拼多多独特的“基因”。购物过程中的场景化以及场景下的随机性是能够给消费者带来价值的。什么价值呢？更多的是一种惊喜和伴随着惊喜的娱乐价值。用户从产品功能感受到的是最低层次的体验，他们还期待服务的体验以及场景化的购物体验。

超级市场在某种程度上提供的是复合式的购物体验。据统计，消费者在宜家的随机购买率高达63%。

买东西本身是一件挺有意思的事情，尤其是买到便宜的并且还不错的东西，还有与好朋友一起分享，这个过程本身就很有趣。

说得极端一点，拼多多真正出售的是买到便宜东西的惊喜感和满足感。

我们可以把购物拆解成“捕鱼”和“吃鱼”两部分。“捕鱼”是你在商店或电商平台“斗智斗勇”，发现各种各样的惊喜，“吃鱼”就是享受买到的商品。

游戏感、娱乐感、体验感已经在整个消费体验中占据了较大的比例。如果你能让用户在购物中获得“捕鱼”的快乐，那么用户会更积极地加入进来。

拼多多能从腾讯的生态里长出来，而没有在阿里巴巴的生态里长出来，关键在于腾讯的产品充满了游戏精神。

逐渐成熟的消费者也造就了拼多多。很多上班的年轻人也在用拼多多。

为什么？因为他们已经洞悉了品牌的谎言。过去我们想把大牌的Logo贴在身上，某种程度上是在用品牌形成自我认同。但现在人们变得更理性，不会把所有钱都用在买“大牌”、获取身份认同上。

资料来源：《冬吴同学会》，2018－10－05。经整理加工。

课前讨论：

(1) 为什么拼多多是中国电子商务市场不断演化、专业化的产物？

(2) 哪几项关键因素造就了今天的拼多多？

(3) 为什么说拼多多真正出售的是买到便宜东西的惊喜感和满足感？

企业在制定营销策略时，首先要对消费者购买行为有一个准确的把握。消费者需要怎样的产品？企业采取哪些措施才能使消费者的购物满意？企业应该如何系统、全面地对消费者市场进行分析？针对上述问题，本章将给出答案。

一、消费者市场

消费者市场又称消费品市场、最终产品市场或生活资料市场，其主体是指为满足生活需要而购买产品和服务的一切个人和家庭。由于生活消费是产品和服务流通的终点，因而消费者市场是市场体系的基础，是起决定性作用的部分。

1. 消费者市场的特点

现代市场营销理论的核心是满足消费者的需求，其出发点是市场，企业要在营销中出其不意，以期在竞争中获得有利地位，一个重要方面就是要掌握市场的特点，从而制定相应的策略。消费者市场与生产者市场相比，具有以下特点：

(1) 复杂性

从交易的商品看，由于它是供人们最终消费的产品，而消费者是个人或家庭，因而它更多地受到消费者个人人为因素如文化修养、欣赏习惯、收入水平等方面的影响；产品的花色多样、品种复杂、生命周期短；商品的专业技术性不强，替代品较多，因而商品的价格需求弹性较大，即价格变动对需求量的影响较大。这样，企业在营销过程中需要不断开发新产品，增加商品的花色、品种，降低商品的销售价格，从而刺激和影响消费者的购买欲望，达到扩大销售的目的。

(2) 分散性

从交易的规模和方式看，消费者市场广阔，消费者人数众多而且分散，凡是有人群的地方就需要消费品，同时，交易次数频繁，但交易数量不多。因此，绝大多数商品都是通过中间商销售产品，以方便消费者购买。

(3) 可诱导性

从购买行为和动机看，消费者的购买行为具有很大程度的可诱导性。一是消费者在决定购买行为时，不像生产者市场的购买决策那样常常受到生产特征的限制及国家政策和计划的影响，而是具有自发性、情感冲动性；二是消费者市场的消费者大多缺乏专门的商品知识和市场知识，其购买行为属于非专业性购买，他们对产品的购买容易受广告宣传、商品的包装和装潢、推销方式、服务质量的影响。因此，企业在推销商品时，更应注意研究和运用各种策略和促销手段，改进包装和装潢，提高服务质量，以引起消费者的购买欲望。

(4) 动态性

从市场动态看，由于消费者的需求复杂多变，使商品供需之间的矛盾频繁而明显，城乡之间、地区之间的往来日益增多，人口的流动性越来越大，购买力的流动也随之加强。因此，企业要密切注视市场动态，提供适销对路的产品，同时要注意增设购物网点和在交通枢纽地区创建规模较大的购物中心，以适应流动购买力的需求。

消费者市场的经营范围十分广泛，它涉及人们的物质生活和文化生活的需求，包括吃、穿、住、用、行等方面。这就要求企业必须认真研究消费品市场，对消费品进行进一步的分类，以便根据所经营产品的特点和消费者的购买习惯采取适当的营销策略。

2. 消费者市场分类

对消费者市场的购买对象主要有两种划分方法。

(1) 按消费者的购买习惯和购买特点划分

消费者的购买对象一般可分为三类，即日用品、选购品和特殊品。

1）日用品。日用品也称便利品，是指消费者日常生活所需、需重复购买的商品，如油盐酱醋、牙膏、洗衣粉等。消费者在购买这类商品时，一般不愿花很多的时间比较价格和质量，愿意接受其他任何替代品。因此，日用品的生产者应注意分销的广泛性和经销网点的合理分布，以便消费者能随时随地购买到自己所需商品。

2）选购品。选购品是指消费者一般要经过挑选、比较后才购买的那些价格较高、使用时间较长的消费品，如家电、家具、服装等。这类消费品的特点是购买频率较低，没有固定的消费习惯。有的消费者喜欢式样新颖的商品，而不太注重考虑商品的价格；有的消费者特别注重商品的品牌；有的消费者注重物美价廉。消费者购买商品时，除了内在的质量要求外，对外观质量的需求也很高。

3）特殊品。特殊品是指消费者对其有特殊偏好并且价格高、使用时间长的高档消费品，如计算机、汽车等。这类商品的特点是：由于使用寿命较长，价格又高，因此消费者的购买频率一般较低；并且，消费者对这类商品一般事先熟悉一定的产品常识，进行过分析比较，形成一定的偏好，特别重视商标，甚至坚持特定的品牌，因为名牌产品有更大的吸引力。

(2) 按消费品的耐用程度和使用频率划分

消费者的购买对象可分为耐用品和非耐用品。

1）耐用品。耐用品是指那些多次使用、更换周期较长的商品，如电视机、冰箱、计算机等。由于这类商品使用寿命较长，因此一般把它看作家庭的固定资产，消费者在购买时较为慎重。这就要求生产耐用品的企业在生产和营销过程中，一方面要注重技术创新，不断开发新产品，提高产品质量；另一方面要加强售后服务，以满足消费者的购后使用需要。

2）非耐用品。非耐用品是指使用次数较少，甚至只使用一次就需要更换，消费者需要经常购买的商品，如食品和其他日常生活用品。生产这类商品的企业，除了保证产品质量外，还要不断增加供应，通过满足供应来占领更大的市场。

3. 消费者市场的发展趋势

(1) 消费需求差异化日趋明显

随着科学技术的进步和企业创新意识及创新水平的不断提高，市场上的商品和服务更加丰富，商品和服务的科技含量、功能和娱乐性不断提高，面对丰富多彩的商品和服务，消费者能够以个人心理愿望为基础挑选和购买，更加注重商品的多元化、个性化。他们不仅注重商品的品牌和质量，更希望享受到高水平的特色服务。这就要求企业必须牢牢把握消费者的多元化、个性化的需求状况，根据目标消费者的需要开发、生产、销售新产品，不断缩短新产品开发周期，需要更加注重以特色服务来吸引、维持和扩大客户群。

(2) 消费者需求和购买行为日趋理性

随着买方市场格局的形成，尤其是各项国家政策的不断成熟，宏观经济发展态势良好。消费者的购买心理与短缺经济时期相比，日益稳定与成熟，呈现出求实、求新、求健康的态势。与此相适应，盲目、轻率的购买行为已经越来越少，呈现出日趋理性的特征，表现为理智型购买增多，情绪型购买减少；计划型购买增多，随机型购买减少；购买动机受复合因素驱动增加，受单一因素驱动减少；绿色、环保、健康的商品和服务更加受到消费者的重视等。

(3) 消费者权利意识日益增强

消费者权益包括商品知情权、诉讼索赔、评价和监督企业产品与服务质量等方面的权益。由于买卖双方信息不对称，且消费者处于弱势一方，导致损害消费者利益的事件层出不穷。随着《消费者权益保护法》的颁布和各地消费者协会的相继成立，消费者维权有了法律保障，消费者的维权意识日益觉醒，已经开始运用舆论、行政和司法手段来维护自身权益。消费者不仅要求对产品质量和服务享受知情权和公平交易权，还要求对产品质量和服务以及保护消费者权益工作享有监督的权利。在此背景下，企业在生产中必须把维护消费者权益作为基本要求，尊重和保护消费者权益，切实履行义务。

(4) 消费方式和购买渠道日趋多样

消费者随着知识文化水平和受教育程度的提高，会更加重视生活质量的提高和精神需求的满足，对服务的需求无论是数量、质量还是丰富程度都会不断提高，新的服务行业和服务种类会不断出现，极大地提升人们的生活质量。

随着互联网和数字技术的广泛应用，以及现代物流水平的提高和分销渠道的革命性变化，消费者购买商品的渠道和途径有了更多的选择。随着网络技术和交易制度的逐步规范，越来越多的人接受“网上购物”的观念，许多消费者已经可以在互联网上购买书籍、服装、数码产品等易于邮寄的商品，出现了淘宝、京东等一大批专业网上交易商店。网络的在线服务更是种类繁多，极大地方便了消费者的生活。

KOL 成熟：网红“带货”高端品牌

随着品牌营销投入逐渐向线上转移，品牌和网络红人们的合作越发密切，在中国市场，很多品牌不惜削减传统媒体广告投放，而在 KOL（Key Opinion Leader，关键意见领袖）推广费用上一掷千金。粉丝数量和浏览次数高的博主不一定能为品牌带来更高的回报，KOL 在社交媒体上的深度参与才是衡量其潜力的更好方式。

这是一个对销量来说，网红作用堪比明星的时代。相比明星的单一代言模式，时尚博主的盈利和推广模式又有创新，直接带货能力也让人侧目。

因为千禧一代消费者和互联网移动端的发展，品牌营销的方式已经有了很大转变。如何触及消费者、与他们进行对话，是品牌在推广时的头等大事。而品牌们希望接触到的消费群体，正好是众多 KOL 在社交媒体上的粉丝，随着 KOL 们人设的不同，这些粉丝也有鲜明的特征，让品牌可以借助 KOL 来实现目标营销。

品牌和 KOL 们的合作逐渐走向成熟，经历过盲目投放之后，品牌们的线上营销策略更加成熟，也开始逐渐调整投放策略，更看重转化率这一关键指标。

品牌在选择 KOL 上面，不能只去选择头部内容博主，小众但是精准度高的博主粉丝数量相对没那么多，但粉丝质量却很好，更为关键的是，与消费者互动更频繁的博主，最终的转化率也更高。

安迪·沃霍尔说过，这是一个“每个人都能当上 15 分钟的名人”的时代。网红经济是社交网络社会发展的必然结果，随着一代代 KOL 的涌现，商业模式不断创新，变现规模也越来越大。品牌和 KOL 合作的方式还会不断进化，因为消费者的喜好本身就是不断改变、不断进化的。

资料来源：《成功营销》，2017－09－07。

二、影响消费者购买行为的因素分析

消费者确立了购买意向后，其购买行为的指向仍然是不确定的，因为在众多内外因素的影响下，消费者的购买行为会发生很大的变化。而这些内外因素主要可概括为四大类：文化因素、社会因素、个人因素、心理因素。

1. 文化因素

文化因素是影响消费者需求和购买行为的最基本因素之一。文化因素的影响包括消费者的文化、亚文化和社会阶层对购买行为所起的作用。

（1）文化

被称为“人类学之父”的爱德华·伯内特·泰勒 1971 年在其代表作《原始文化》中给

“文化”下的定义是：“文化是一个复合的整体，其中包括知识、信仰、艺术、道德、法律、风俗以及作为社会成员而获得的其他方面的能力和习惯。”文化是人类欲望和行为最基本的决定因素。每一个社会和群体都有自己的文化，人们通过家庭、学校、组织等其他社会组织学习、模仿和接受本社会最基本的价值观、社会规范、宗教信仰、风俗习惯等一系列的行为准则。这些都会影响人们对产品的评价和选择。不同的文化造就了不同的消费者购买观念，能满足文化需求的产品较易获得消费者的认可，反之会导致企业营销活动的失败。因此，企业营销人员应该关注自己的产品是否符合目标消费者的文化需求。

文化与创新

当年的日本，有两种骄人的生产方式：一种是精益生产方式，例如丰田汽车；另一种是袖珍化生产方式，例如索尼（Sony）的随身听（walkman）。

日本做 walkman，源自其人口密度大、喜欢把极简美学发挥到极致的文化背景。

有一种创新，叫作“维持性创新”。它是在原有的基础上进行改良，把一种已经存在的技术做到更精细，做到更好，做到极致。日本和德国是代表“维持性创新”的两个国家，同样的物品，他们做得更好。

另外一种创新，叫作“颠覆式创新”。它是从 0 到 1、从无到有的创新，最能做到颠覆式创新的是美国人，这种创新同样源自美国固有的文化背景。

还有一种创新，叫作“山寨式创新”。它是针对已有的东西，降低品质以最低的成本进行模仿，提供给消费者一个价廉物也相对有点美的产品。它常常对“维持性创新”造成一定的冲击。

表面上看，它们是三种不同方式的工业创新，实际上它们是由各自特有的文化背景所决定的，有着各自不同的文化源头。

资料来源：《冬吴同学会》，2018 - 05 - 01。经整理加工。

（2）亚文化

每种文化又可细分为不同的亚文化，包括种族亚文化、宗教亚文化、民族亚文化以及地域亚文化。同一种亚文化的成员具有更明确的认同感和集体感，许多亚文化构成了重要的细分市场，营销人员就根据这些亚文化成员的需要设计产品、制定营销策略。

（3）社会阶层

人们根据职业、收入、教育、财产等因素，把社会划分为不同的社会阶层。社会阶层是指一个社会中具有相对同质性和持久性的群体。在每一个社会阶层中，其成员的价值观、生活方式、行为方式有相似性。处于不同社会阶层的消费者，由于其收入水平、职业特点的不同，造成他们在消费观念、审美标准、消费内容和消费方式上存在明显差异。不同社会阶层的消费者所选择和使用的产品是存在差异的。例如，20 世纪 80 年代美国出现了一个“雅皮士”阶层，他们收入较高，追求高档消费品及生活享受。一些著名企业的营销人员根据这个目标市场，树立名贵、高档的品牌形象，并运用适当的促销手段，取得了在这个市场的成功。因此，营销人员可针对不同的社会阶层细分市场，采取具有针对性的营销策略。

2. 社会因素

社会因素是指消费者周围的人对他所产生的影响，其中以相关群体、家庭以及身份与地位对消费者行为的影响最为重要。

（1）相关群体

相关群体是指影响一个消费者的价值观，并影响他对商品和服务看法的个人或集团。相关群体不一定是一种组织，只是消费者之间的相互影响或社会联系。相关群体一般主要有三种形式：①首要群体，包括家庭成员、亲朋好友、邻居和同事等，这一群体尽管不是正式组织，但与消费者发生面对面的关系，因而对消费者的行为影响也最直接。②次要群体，即消费者所参加的工会、职业协会等社会团体和业余组织，这些团体对消费者购买行为产生间接的影响。③期望群体，消费者虽不属于这一群体，但这一群体成员的态度、行为对消费者有着很大影响，消费者期望成为这一群体的一员，由于他们有着共同的兴趣爱好，因此，人们常常把他们称为有共同兴趣的群体。例如，影星、歌星、球星和其他一些名人有大批追随者和崇拜者，因而明星的一举一动对“追星族”会产生很大影响，以至于明星的穿着打扮、兴趣爱好均会成为“追星族”模仿的样板，这就是许多企业高价聘请明星做广告的主要原因。

相关群体对消费者购买行为的影响主要有三个方面：①相关群体为每个人提供各种可供选择的消费行为或生活方式的模式，使消费者改变原有的购买行为或产生新的购买行为；②相关群体引起人们的仿效欲望，从而改变人们对某种商品或事物的态度；③相关群体促使人们的行为趋于某种一致，如某体育明星穿了一件很时髦的运动衫，许多青年人也跟着穿，出现一致化倾向。相关群体的存在，影响了消费者对某种商品品种、商标、花色的选择。因此，在市场营销中，企业不仅要具体地满足某一消费者购买时的要求，还要十分重视相关群体购买行为的影响，同时，要充分利用这一影响，选择同目标市场关系密切、传递信息迅速的相关群体，了解其爱好，做好产品推销工作，以扩大销售。

应当指出的是，相关群体对消费者购买不同商品的影响是有所区别的。一般来说，当消费者购买引人注目的产品（如汽车、服装等）时受相关群体的影响较大，而购买使用不太引人注目的产品（如牙刷、牙膏等）时则不受相关群体的影响。

追星族到底在追啥？

“快乐追星的一天，第一次现场，六首歌，两首新歌，还有聊天即兴，11 月 2 日演唱会见。”这是高考结束后小胡发的第一条朋友圈。小胡是个学霸，她已经收到清华大学的录取通知书。她同时还是一名“追星少女”，她的偶像是华晨宇。谈到偶像，小胡难掩兴奋，“高考结束了，我终于可以去看一场他的演唱会，高三最艰难的时候，看看他就撑过去了”。

追星，古已有之。左思一篇《三都赋》，引得洛阳纸贵；韩娥一曲，余韵绕梁，三日不绝；潘安出行，妇女结伴城墙相看，投掷水果以表爱慕之情。

随着追星现象的不断发展，一些新名词涌现出来，以解释不同类型的粉丝。根据明星在粉丝眼中的角色，可以将粉丝分为“妈妈粉”“女友粉”“姐姐粉”等。

“追星这件事情自古以来就有。我觉得是和人性有关的。人们有时候需要借由虚拟的、遥远的形象，将自己的渴望、情感投射在对方身上，来帮助自己度过一些困难的或者成长的阶段。”简单心理平台创始人兼CEO、国家二级心理咨询师简里里解释道。

“首先，人们的追星行为反映了人们对自我价值的追求以及整个社会价值观的多样化，这符合社会发展的规律；其次，因为人们追星过程包括较多个人情感和情绪，甚至具有过度狂热的反映，从这个角度社会和媒体应该做出进一步的规范和引导，使人们的追星行为在表达自我时，表现得更理性。”中央民族大学副教授吴莹在接受采访时表示。

资料来源：人民网，2019-07-22。经整理加工。

（2）家庭

家庭是指以婚姻、血缘或收养关系为基础，经济上互相依赖而共同生活在一起的若干人所组成的社会群体。在消费者购买行为中，家庭成员对消费者的购买行为起着直接和潜意识的影响。据调查，一般家庭几乎控制了60%的消费行为，大凡吃、穿、住、用的基本生活用品，文化娱乐、社交、旅游等享受与发展需要用品，都是以家庭为消费单位的。同时，家庭及其成员的需要不是静止不变的，随着生老病死生命周期的变化，子女成长、学习、就业和婚嫁等，都影响其需要的变化。随着社会生产的发展，消费方式和生活方式的变化，也会使家庭成员产生新的需要与消费行为。

（3）身份与地位

作为重要的社会因素，身份与地位也会对消费者的购买行为产生影响。一个人在一生中会属于许多群体，如家庭、俱乐部或其他组织等，他在每一个群体中的位置可用角色和地位来确定。如一个男人，在父母眼里他是儿子，在妻子眼里他是丈夫，在孩子眼里他是父亲，在公司里他是总经理。每一个角色都将在某种程度上影响其购买行为。他扮演的每个角色都附着一种地位，地位能够反映出这一角色在社会中受尊重的程度。一般来说，消费者的购买行为与其社会、经济地位相一致，产品与品牌往往成为地位的象征。

3. 个人因素

消费者的购买决策会受个人因素的影响，这些因素主要包括年龄与家庭生命周期、职业、经济状况、生活方式。

（1）年龄与家庭生命周期

消费者处在不同的年龄阶段，消费的欲望和偏爱都会有所不同。例如年轻人和中老年人的消费观念、消费习惯、消费方式等很多方面都表现出较大的差异性。人的生命周期阶段是指家庭生命周期的各个阶段，西方学者根据家庭特点把人的生命周期划分为九个阶段，营销人员经常把产品定位在某个特定的阶段上。

1）单身阶段：处于单身阶段的消费者一般比较年轻，几乎没有经济负担，消费观念紧跟潮流，注重娱乐产品和基本的生活必需品的消费。

2）新婚夫妇：经济状况较好，具有比较大的需求量和比较强的购买力，耐用消费品的购买量高于处于家庭生命周期其他阶段的消费者。

3）满巢期Ⅰ：指最小的孩子在6岁以下的家庭。处于这一阶段的消费者往往需要购买住房和大量的生活必需品，常常感到购买力不足，对新产品感兴趣并且倾向于购买有广告的产品。

4）满巢期Ⅱ：指最小的孩子在6岁以上的家庭。处于这一阶段的消费者一般经济状况较好但消费慎重，已经形成比较稳定的购买习惯，极少受广告的影响，倾向于购买大规格包装的产品。

5）满巢期Ⅲ：指夫妇已经上了年纪但是有未成年的子女需要抚养的家庭。处于这一阶段的消费者经济状况尚可，消费习惯稳定，可能购买富余的耐用消费品。

6）空巢期Ⅰ：指子女已经成年并且独立生活，但是家长还在工作的家庭。处于这一阶段的消费者经济状况最好，可能购买娱乐品和奢侈品，对新产品不感兴趣，也很少受到广告的影响。

7）空巢期Ⅱ：指子女独立生活、家长退休的家庭。处于这一阶段的消费者收入大幅减少，消费更趋谨慎，倾向于购买有益健康的产品。

8）鳏寡就业期：尚有收入，但是经济状况不好，消费量减少，集中于生活必需品的消费。

9）鳏寡退休期：收入很少，消费量很小，主要需要医疗产品。

（2）职业

个人职业也影响消费模式。例如，不同职业的稳定性会影响一个人对未来收入的判断，根据未来预期而做出激进或保守的消费决策。市场营销人员应能找出对自己的产品或服务有超出常规需要的职业群体。

（3）经济状况

商品的选购在很大程度上取决于个人的经济状况。经济状况主要包括收入、存款、资产和筹款能力的大小。经济状况直接影响消费者的购买力和兴趣爱好，因此，营销人员在产品设计和市场定位时应充分考虑不同群体的经济状况。

（4）生活方式

生活方式通过人的行为、兴趣、观念等表现出来，即使属于同一种文化背景、同一社会阶层，相同职业的人也会因生活方式的不同而产生不同的购买行为方式。例如同一企业同一部门的员工，老员工的消费习惯与刚毕业的大学生有很大不同。

4. 心理因素

影响消费者购买行为的心理因素，是指消费者的自身心理活动因素，所以也可称为个别因素。由于消费者的个性千差万别，因而影响消费者的心理因素也很复杂，主要有以下五个方面：

（1）需求

需求是购买行为的起点，也是市场营销的出发点。所谓需求，是指客观刺激物通过人体感观作用于人的大脑而引起的某种缺乏状态。当这种状态达到一定程度时，便产生需求，而需求又引起动机，动机又是引起人的行为、支配人的行为的直接原因和动力。因此，企业营销要想达到自己的目标，应设法通过一定的刺激物来引发消费者的需求及动机，进而促使消费者采取购买行为。

消费者的需求是多种多样、复杂多变的，恩格斯曾经把消费资料分为生存资料、享受资料和发展资料。相应地，人们的需求也分为生存的需求、享受的需求和发展的需求三个方面。根据消费者不同的需求特点，企业在营销中可把市场细分为若干市场，生产和出售不同品种的商品。

消费者的需求不仅是多样的，而且是分层次的。美国著名心理学家马斯洛提出的“需求层次理论”主要有以下观点：

1）每个人的需求按其重要性不同，可以分为以下五个层次（见图3－1）：

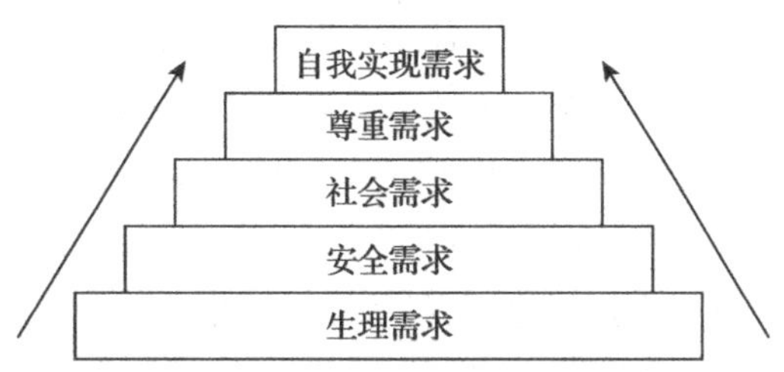

图3－1 马斯洛需求层次示意图

①生理需求。生理需求是指人们为了生存所必需的最低限度的需求。它涉及最基本的生活资料的满足，如衣、食、住、行等方面的需求。

②安全需求。安全需求是指确保人身安全与健康、财产安全和防备失业的需求，如保险、医疗等需要。

③社会需求。社会需求是指人们为了获得友谊和受到重视而参加工会、政党等社会团体的需求。

④尊重需求。尊重需求是指人们期望获得承认、具有地位，进而得到他人尊重的需求。

⑤自我实现需求。自我实现需求是指人们希望成就事业、实现理想的需求。这是人类需求的最高层次。

2）马斯洛认为，需求是从低级到高级发展的，人们只有在低一级需求得到相对满足时，才会引起对高一级的需求。例如，人们在未解决温饱之前，不会去购买高档的耐用消费品。

3）马斯洛认为未满足的需求是消费者购买动机与行为的源泉。当一种需求获得满足以后，它就失去了对行为的刺激作用。实践证明，马斯洛的需求层次理论对于研究和认识消费者的动机和行为是有用的。设计市场营销组合，进行国内市场和国际市场营销决策时要善于运用和借鉴这种理论。

（2）感觉

当消费者有了购买动机之后，可能产生行动，但采取怎样的行为，则视其对客观情境的感觉而定。所谓感觉，是指人们通过感觉器官包括视觉、听觉、嗅觉、触觉等对客观刺激物和情境的反映或印象。消费者对不同的刺激物或情境不仅会产生不同的感觉，即使对于相同的刺激物或情境，也会产生不同的感觉，出现这种现象的主要原因是感觉过程的特殊性。心理学家认为，感觉过程是一个有选择性的心理过程，这种有选择性的心理过程主要包括以下三个方面：

1）有选择的注意。注意是心理活动对一定事物的指向和集中。由于这种指向和集中，人们才能够清晰地反映周围现实中的一定事物，其注意的特征之一是其对对象的选择性，即人们每时每刻都面对着许多刺激物，如人们每天见到很多商业广告，但是不可能注意所有的刺激物，只能有选择地注意某些刺激物，即只注意那些与自己的主观需要有关系的事物和期望的事物。例如，想购买空调的消费者，当他走进琳琅满目的大商场时，尽管呈现在他面前的有电视机、冰箱、洗衣机等多种家用电器，但他真正关心、注意的只有空调广告和有关展销的产品，而其他产品的广告和样品对他不会留下太深刻的印象。从心理学的角度分析，能引起人们注意的有以下两种情况：①与目前需求相关的信息或刺激物；②预期将出现或等待其出现的信息或刺激物。因此，在激烈的市场竞争中，企业营销者不仅要分析、了解消费者的需求，而且要根据“注意”的特征采取相应的措施引起消费者对自己产品的关注，其中包括积极设法突破选择性注意设下的屏障。

2）有选择的曲解。这就是说，消费者对感觉到的事物，并不能如实地反映客观事物的本性，而是往往按照自己的先入之见，或根据自己的兴趣、爱好来说明、解释感觉到的事物。这种按个人意愿来解释客观事物或信息的倾向叫作选择性曲解。例如，现在国内很多家用电器的质量已赶上国外水平，但部分消费者由于先入为主，原来对一些国外家用电器品牌印象较好，就一直认为国外的要比国内的好，这就是有选择的曲解。

3）有选择的记忆。记忆是人们在感知过程中形成的对客观事物的反映，在其神经组织中留下一定的痕迹。尽管人们的记忆能量很强大，但在生活实践中，人们不可能将其所感知的东西全部记下来，而是记住那些支持其看法和信念的信息。对于消费者来说，他们往往记住自己喜爱的品牌商品的优点，而忘掉其他竞争品牌商品的优点，这就是选择性记忆。例如，某一消费者只记住某一品牌的电视机的优点，而没记住或忘掉了另一品牌电视机的优点，并且在购买电视机时，就只会购买他记住了优点的那种品牌的电视机。

正因为人们的感觉具有上述特殊性，这就要求营销人员在促销过程中以简明、有吸引力的广告词句，反复多次做广告宣传，这样才能引起广大消费者的注意，并使之记住自己产品的优点，产生对自己产品的特殊偏好，使他们对本企业的产品有深刻的好印象。现在很多企业不惜重金大做广告，一个重要原因就在于此。

（3）学习

人类的行为虽然是多种多样的，但从其行为产生的原因分析，则可归结为两个方面：①人类本能的、与生俱来的；②通过实践经验得来的。例如消费者去商场买东西，售货员说这个商品质量很好，但消费者在使用过程中发现该商品质量并不好，那么以后该消费者就不会再去这家商场买该类商品了。由于经验而引起个人行为的改变就是学习。现代市场营销学理论认为，从心理学角度看，绝大多数的购买行为是受后天经验影响的。

人类的学习过程是由驱策力、刺激物、诱因、反应和强化等要素组成的。驱策力是一种驱使人们行动的强烈内在刺激，当驱策力被引向某种刺激物时，驱策力就变为动机。例如，人们在寒冷时要购买衣服，寒冷则成为购买衣服的驱策力。刺激物是一种能减缓或消除驱策力紧张程度的物体，如为御寒而购买的衣服。诱因又称提示刺激物，它决定着动机的程度和方向。如某消费者产生了购买一台计算机的动机，但他何时买、何处买、买什么品牌，则受其周围的一些较小或较次要的刺激物的影响。例如，看到单位同事购买的某品牌的计算机很好，或在广告中看到了对某品牌计算机的宣传等。反应是对诱因和刺激物的反作用或反射行为。强化则是对刺激物、反应的加强。如某消费者由于某种刺激物使其购买某一品牌的计算机，如果使用时他感到满意，那么他就会认为自己的反应是正确的，于是他就会加强对这种品牌计算机的反应，以后在相同诱因的诱导下，他还会做出同样的反应。可见，强化与满意的程度是紧密相关的。根据消费者的这种刺激反应强化的规律，企业要想扩大销售，就必须不仅要了解自己的产品（刺激物）与潜在消费者的驱策力的关系，而且还要善于向消费者提供诱发需求的提示物——适当的广告宣传手段，并且要积极进行反复宣传的强化工作，以加强消费者的印象。

（4）个性

个性是个人的性格特征，如自信或自卑、内向或外向、活泼或沉稳、倔强或顺从等。个性会直接或间接地影响消费者的购买行为，如性格内向的人其购买动机的产生不易受外界的影响，而性格冲动的人则容易受外在刺激的影响；自信心很强的人购买过程较短，而缺乏自信心的人其购买过程则较长。消费者的个性千差万别，因而影响消费者购买行为的个性因素很多，在分析个性对消费者购买行为的影响时，企业应特别注意对消费者自我形象的分析，这不仅仅因为自我形象是影响消费者行为的重要个性因素，而且还因为自我形象直接影响消费者的行为。但自我形象又是一个十分复杂的图像：一个实际的自我形象；一个理想的自我形象，即希望怎样看自己；还有社会自我形象，即认为别人如何看待自己。通常认为，人们总希望保持或增强自我形象，并把购买行为作为表现自我形象的重要方式，因此，消费者一般倾向于选择符合或能改善其自我形象的产品或服务。如果与自己的形象不相称，就不会购买。例如大学教授通常不会购买所谓的“奇装异服”，而是选择既端庄又有品质的服装。同时，消费者的自我形象感与相关群体的关系也很密切，对于符合相关群体标准的商品会乐意购买，不符合的就不会购买。

消费者的这种追求产品与自我形象相符合的购买心理，会提醒企业在产品设计时要仔细分析目标市场消费者的自我形象的特征，并提供符合其自我形象特征的产品。

（5）信念和态度

通过行为和学习，可使人们产生一定的信念和态度，而信念和态度反过来又会影响人们的购买行为。

信念，是人们对某种事物比较固定的看法。如相信某种洗衣机省电，噪声小，洗涤效果好。有些信念建立在科学的基础上，而有些信念却可能建立在偏见的基础上。企业应关心消费者对其产品的信念，因为信念会形成产品和品牌形象，会影响消费者的购买选择。

消费者在长期的学习过程中和社会交往过程中形成了态度。态度是人们长期保持的关于某种事物或观念的是非观、好恶观。从心理学角度讲，消费者对某一种产品的态度，一般由三个因素组成，即认识因素、感情因素、行动因素。认识因素，是指消费者对某种产品的信念，包括对产品特点和评价上的信念，如认为某种产品是好还是坏，是需要还是不需要；感情因素，是指消费者对产品情感上的反应，如对某种产品是喜爱还是反感；行动因素，是指由不同态度所引起不同的行动意向。

消费者一旦形成对某种产品或品牌的态度，以后就倾向于根据态度做出重复的购买决策，不愿费心去进行比较、分析、判断。企业在一般情况下应使产品迎合人们现有的态度，而不是设法改变这种态度，因为改变产品设计和推荐方法要比改变消费者的态度容易得多。

人设的焦虑

正如《月光男孩》其实讲的是一种对爱情的压抑，《水形物语》其实讲的是一种对孤独的救赎，《绿皮书》其实讲的是一种对人设的焦虑。

这种焦虑无处不在。

这种焦虑来自社会对一个人身份复杂性的忽略，而简单地抽取某一种特定人设来肯定或否定某人。

“人设”文化是“95后”虚拟社交的核心：“95后”非常热衷于社交性角色扮演，例如“语C”（语言Cosplay）、Pia戏（声音扮演）、PARO（同人创作）……他们乐意接受“虚拟人设”，它脱离了平淡乏味的现实，得到了自己内心的认同。

基于虚拟人设的社交娱乐，可以将用户内心的真实兴趣释放并得到回应：互动场景是虚构的，但需求和想法是真实的。在现实世界，年轻人无处安放的灵魂和表达欲，可以在这里得到轻松的满足。

社交货币源自社交媒体中经济学（Social Media Economy）的概念，它是用来衡量用户分享品牌相关内容的倾向性问题。简单地说就是利用人们乐于与他人分享的特质塑造自己的产品或思想，从而达到口碑传播的目的。社交货币的观点认为，我们在微信和微博上讨论的东西就是代表并定义了我们自己，所以我们会比较倾向于分享那些可以使我们的形象看起来“高富帅”或“白富美”的内容。

所谓社交货币，其实就是人设，每个人一生都会陷入一个“绑架案”里，就是你的人设。“95后”对人设的追求，本质上是身份认同的问题，不同的人设代表着不同的兴趣价值取向。

资料来源：腾讯网，2019-03-10。经整理加工。

三、消费者购买行为类型与决策过程

消费者购买决策过程，是指消费者购买行为或购买活动的具体内容、步骤、程度、阶段等。由于影响消费者购买行为的文化因素、心理因素、社会因素在不同消费者之间的程度不同，因此消费者的购买决策过程也大有差异，但总的来说，还是有规律可循的。本部分将着重探讨消费者购买行为类型和消费者购买决策过程。

1. 消费者购买行为类型

在购买不同商品时，消费者决策过程的复杂程度有很大区别。一些商品的购买过程很简单，另一些则比较复杂。在考察消费者购买决策过程之前，要先对消费者购买行为进行分类。主要根据以下两个标准来划分消费者购买行为：

(1) 消费者介入购买的程度

它包括以下两个方面:

1) 消费者购买的谨慎程度以及在购买过程中花费的时间和精力。如消费者购买耐用消费品时比购买日用品时更谨慎,花费的时间和精力更多,因为前者一般单价高,购买之后要使用多年,风险较大。

2) 参与购买过程的人数。一些商品的购买过程通常由一人完成,而另一些商品的购买过程则是由充当发起者、影响者、决定者、购买者和使用者各种不同角色的家庭成员、朋友等多人组成的决策单位完成的。根据消费者介入购买的程度,可以把消费者的购买行为分为高介入的购买行为和低介入的购买行为。

(2) 所购商品不同品牌之间的差别程度

品牌差别小的商品大多是同质或相似的商品,而品牌差别大的商品大多是在花色、品种、式样、型号等方面差异较大的异质商品。根据品牌差别的程度,无论是高介入的购买行为,还是低介入的购买行为,都可以再分为两种购买行为。因此,通常情况下,根据消费者介入程度的高低和所购商品本身的差异性大小,可将消费者购买行为分为复杂型、和谐型、习惯型和多变型四种。

1) 复杂型购买行为。复杂型购买行为通常是指消费者初次购买差异性很大的、单价较高的商品时所发生的购买行为。由于多数消费者不太了解这些商品的品种、规格、性能等技术细节,因此,购买时需要经历一个认识学习的过程。他们往往广泛收集各种有关信息,对供选择品牌的重要特性进行评价,先建立对每种品牌的各种特性水平的信念,然后形成对品牌的态度,再慎重地做出购买选择。

2) 和谐型购买行为。和谐型购买行为发生在介入程度虽高但所购商品品牌差别不大的场合,比复杂型购买行为要简单。由于品牌差别不明显,消费者一般不会花很多时间收集不同品牌的各种信息并进行评价,而主要关心价格是否优惠和购买时间与地点是否便利,因此,从引起需要和动机到决定购买所用的时间是比较短的。但同复杂的购买行为相比,消费者购买后最容易出现因发现产品缺陷或其他品牌更优而使心理不和谐的现象。为追求心理平衡,消费者这时才注意寻找与有关已购品牌的有利信息,争取他人支持,设法获得新的信念,以证明自己的购买选择是正确的。

3) 习惯型购买行为。习惯型购买行为是指消费者购买品牌差别很小、价格较低、购买频率较高的商品的低介入购买行为。这是一种常规的反应行为。消费者通常已熟知商品特性和各主要品牌特点,并已形成品牌偏好,因而不需要寻找、收集有关信息,通常是根据习惯或经验来购买这类商品。

4) 多变型购买行为。这是为了使消费多样化而常常变换品牌的一种购买行为,一般是指购买品牌差别虽大但易于选择的商品,如饮料等。消费者为了使消费种类多样化,常常变换所购商品的品牌。

习惯型和多变型都属于简单的购买行为。在这两种购买行为中,消费者一般不主动地寻找信息,只是在看电视或报刊广告时被动地接受信息,购买前也不认真评价不同品牌商品的优缺点，一般不会真正形成对品牌的态度。由于这些特点，经营这两类商品的企业应运用适当的促销策略和价格策略，有效地吸引人们购买这些商品。企业应多采用电视广告，广告中突出少数要点，每次持续时间短，重复次数多（但不应引起观众的反感），采取容易记忆、能与品牌相联系的视觉象征和比喻手法。对品牌差别大的商品，主要供应厂商和次要供应厂商可制定不同的营销策略。前者应保持一定的产品、服务质量和库存水平，避免缺货，并常做提示性广告，鼓励消费者重复购买；后者则可以通过增加花色品种、适当降价以及在广告中鼓励试用新品种等方式，促使消费者为寻求多样化而购买。

应当指出，消费者的购买行为模式不是固定不变的，随着社会经济的发展，人们的消费习惯和购买行为也必然随之变化。

2. 消费者购买决策过程

消费者购买决策过程由一系列相互关联的活动构成，它们早在实际购买发生以前就已经开始，并且一直延续到实际购买之后。研究消费者购买决策过程的阶段，目的在于使市场营销者针对决策过程不同阶段的主要矛盾，采取不同的市场营销策略。

一个完整的购买决策过程一般包括五个阶段：引起需要、搜集信息、评估选择、购买决策、购后评价（见图 3-2）。

图 3-2 消费者购买决策过程

（1）引起需要

引起需要或叫动机形成，是决策过程的起点。当消费者感到一种需要并准备购买某种商品以满足这种需要时，购买决策过程就开始了。这种需要，可能是由内在的生理活动引起的，也可能是受外界的某种刺激引起的，或者是由内外两方面因素共同作用的结果。营销者在此阶段应注意的是，不失时机地采取适当措施，唤起和强化消费者的需要。

（2）搜集信息

消费者形成了购买某种商品的动机后，如果不熟悉这种商品的情况，往往就要先搜集信息。这时，他增加了对有关广告、谈话等的注意，比以往更容易接受这种商品的信息，有时还通过查阅资料、向亲友和熟人询问情况等方式，更积极主动地搜集信息。消费者搜集信息的多少，取决于他的驱策力的强度、已知信息的数量和质量以及进一步搜集信息的难易程度。

为了向目标市场有效地传递信息，企业需了解消费者获得信息的主要来源及其作用。消费者一般从以下四种来源获得信息：①个人来源，即从家庭、朋友、邻居和其他熟人处得到信息；②商业来源，即从广告、推销员介绍、商品展览与陈列、商品包装、商品说明书等处得到信息；③公众来源，即从报刊、电视等大众宣传媒介的客观报道和消费者团体的评论中得到信息；④经验来源，即通过触摸、试验和使用商品得到信息。

在这一阶段，市场营销者既要做好商品广告宣传，吸引消费者的注意，又要努力搞好商品陈列和说明，使消费者迅速获得对企业有利的信息。

(3) 评估选择

消费者得到的各种有关信息，可能是重复的甚至是相互矛盾的，因此还要进行分析、评估和比较，这是决策过程中具有决定性的一环。

一般而言，消费者的评估行为涉及以下三个方面：

1）产品属性。产品属性是指产品中所具有的能够满足消费者需要的特性。产品在消费者心目中表现为一系列基本属性的集合。例如，下列产品应具备的属性有：

照相机：照片清晰度，摄影速度，照相机大小，价格。

旅馆：位置，服务，清洁度，气氛，费用。

牙膏：颜色，效果，杀菌能力，价格，味道。

轮胎：安全，耐磨寿命，行驶质量，价格。

产品的各项不同属性可以满足消费者的多方位需求。然而，并不是产品属性越丰富，消费者越满意。消费者更看重产品的性价比，即产品的各项性能组合与产品价格的比例关系。消费者对某些产品的性价比并不看好，如各种手机，在一定价格水平上，有相当比例的功能在整个产品生命周期内几乎不发挥作用。因此，企业开发的产品属性，越是符合消费者的实际需要，消费者越是满意。

2）品牌信念。品牌信念是指消费者对某品牌产品的属性和利益所形成的认识。每一品牌都有一些属性，消费者对每一属性实际达到了何种标准给予评价，然后将这些评价连贯起来，就构成他对该品牌优劣程度的总的看法，即他对该品牌的信念。

3）效用要求。效用要求是指消费者对某品牌每一属性的效用功能应达到何种标准的要求。或者说，该品牌每一属性的效用功能必须达到何种标准他才接受。

(4) 购买决策

购买决策是消费者购买行为过程中的关键性阶段，因为只有在做出购买决策后，才会产生实际的购买行动。消费者经过分析比较和评价后，便产生了购买意图。但消费者购买决策的最后确定，除了消费者自身的喜好外，还受其他因素的影响，如他人态度、预期环境因素、非预期环境因素。

1）他人态度。这是影响购买决策的因素之一，如丈夫想买一台大屏幕的彩色电视机，但妻子坚决反对，丈夫极有可能改变或放弃购买意向。他人态度对消费者购买决策的影响程度，取决于他人反对态度的强度以及他人劝告可接受性的强度。

2）预期环境因素。消费者购买决策受产品价格、产品预期利益、本人收入等因素的影响，这些影响是消费者可以预测到的，所以称为预期环境因素。

3）非预期环境因素。消费者在购买决策过程中除了受上述因素影响外，还会受推销态度、广告促销、购买条件等因素的影响，这些影响消费者是不大可能预测到的，所以称为非预期环境因素。例如消费者在购买化妆品过程中，她原来准备购买某一品牌的化妆品，后受到各种大众传播媒介的影响，而改变了原来的决策。

因此，在消费者的购买决策阶段，营销人员一方面要向消费者提供更多详细的有关产品的情报，便于消费者比较优缺点；另一方面则应通过各种销售服务，创造方便消费者的条件，加深其对企业及商品的良好印象，促使消费者做出购买本企业商品的决策。

(5) 购后评价

购后评价是消费者对已购买的商品通过自己使用或者通过他人评估，对其购买选择进行检验。把他所觉察的产品实际性能与以前对产品的期望进行比较。消费者发现产品性能与期望大体相同，就会感觉基本满意；若发现产品性能超出了期望，就会感到非常满意；若发现产品性能达不到期望，不能给他以预期的满足，就会感到失望和不满。消费者是否满意，会直接影响他购买后的行为。如果感到满意，他下次就很可能购买同一品牌的产品，而且这种称赞往往比广告宣传更有效。如果感到不满意，他除了可能要求退货或寻找能证实产品优点的信息来减少心理不和谐外，还通常采取公开或私下的行动来发泄不满。这势必会给企业的市场营销工作带来障碍，所以市场营销者对其产品的广告宣传必须实事求是、符合实际，以便使消费者感到满意。有些营销者对产品性能的宣传甚至故意留有余地，以增加消费者购买的满意感。总之，企业要经常征求消费者意见，加强售后服务，同消费者保持密切的联系，建立有效的信息反馈系统，进一步改善消费者购后的满意程度和提高产品的适销程度。

消费者决策过程中的每一阶段，都会影响其购买决策。市场营销者应针对每一阶段的特点采取相应的措施，积极有效地诱导消费者行为，更好地满足消费者多方面需要。过去，一些营销人员认为，只要有消费者购买商品，就意味着有市场，对于消费者购买商品以后的情况没有引起足够重视。而现代市场营销学则十分注重消费者购买以后的行为，因为消费者购买后对产品的评价，具有巨大的反馈作用，关系到这个产品在市场中的命运。消费者一般在购买商品后，往往会通过亲身使用，以及家庭成员及亲友、同事的评判，对自己的购买选择进行检查和反省，以确定购买这种商品是否明智、效用是否理想等，从中产生满意或不满意的购后感受。这种购买后的感受不仅影响到消费者自己会不会重复购买，而且还会影响他人购买，从而对企业能否扩大市场销售带来重大影响。因为，消费者往往会对朋友、同事谈及这种购买后的感受，如果不满意，甚至会通过大众媒介公之于社会；而满意的购后感受，则会在客观上鼓动、引导其他人购买该商品，这就是西方企业家所信奉的格言：“一个满意的消费者就是我们最好的广告。”此格言形象地反映了消费者购后评价的重要性。因此，企业的管理者和市场营销人员一定要注意加强与用户的联系，把质量视为生命，不断做好销售服务工作，力争获得消费者对产品最好的购后评价。

课后拓展训练

一、辩论练习

该不该刷爆卡买包包？

二、策划实训

如何推动螺蛳粉出圈？

螺蛳粉一直是柳州的地方小吃，在2012年播出的《舌尖上的中国》中，就浓墨重彩地描述过这样一种带着奇怪味道的地方小吃。从那之后，这种极具争议的地方美食开始出现在更多人的视野中。根据淘宝数据，2016—2018 年，螺蛳粉日销售量从 30 万件增长到 100 万件，成为淘宝销售第一的米粉类商品。到 2019 年，淘宝袋装螺蛳粉一年卖出了 2840 万件，击败烤冷面、热干面、擀面皮等名小吃，成为最受欢迎的美食。

根据阿里巴巴大数据，螺蛳粉的消费群体以“90 后”和公司职员为主，美味、方便、便宜、仪式感、社交性等是年轻人热衷螺蛳粉的很大原因。

请你利用这种食品在年轻群体中自带的话题效应，策划一场螺蛳粉营销或与螺蛳粉合作的品牌跨界营销。

三、案例分析讨论

论烧钱，女人根本不是男人的对手

1. 唱跳、说唱（Rap）、打篮球，缺了它就都不行

如果对于女生来说“包能治百病”的话，那么鞋之于男生就是能解千愁的“良药”。

2019 年 6 月，第一财经商业数据中心（CBNData）发布《2019 潮流消费洞察报告之潮鞋篇》，显示 2018 年在淘宝上搜索潮鞋的热度达到了 3 亿次。该报告还指出，在潮鞋消费市场，社交型、中国元素和出圈成为三大关键词。

不论是坦然面对“日常不中签”的心态，积极重温历史高光时刻的情怀，为偶像战靴助威的球迷修养，还是为个人兴趣埋头钻研成“控”的架势，现在朋友圈里随处可见以各种理由“晒”鞋的潮男。

今天，全世界的年轻人都在追潮鞋。

北京贵士信息科技有限公司（QuestMobile）2019 年 7 月的研究发现，运动品牌的潮鞋设计与限量款的销售模式，催生了球鞋投资、收藏，球鞋线上买卖、鉴定平台的崛起。

2019 年 5 月数据表示，球鞋平台“毒”（2020 年 1 月 1 日更名为“得物”）、nice、识货、Yoho！Buy 有货的月度活跃用户在快速攀升，均在 300 万量级以上，“毒”App 的月活跃用户将近 800 万。

在英国、美国、日本、中国的潮鞋品牌店前经常能看到长长的队列。这些彻夜排队的人们可能来自不同的国家和地区，说着不同的语言，怀有不同的信仰，然而他们都有一个相同点——喜欢同一款鞋子。

2. 论剁手，男生狂起来连自己都怕

在深受男生喜爱的社区“虎扑”，有段这样的顺口溜：“苹果穷三年，文玩毁一生，摩托是个坑，摄影不能碰，一朝学会狗撵兔，从此踏上不归路。万一恋上鹰，俩眼含泪望天空，玩上鸽子就得疯，改车改船加改脸，改到全家都急眼，放下以上这些坑，唯独烧烤伴终生。”

虽然顺口溜里有着许多人们听不太懂的名词，但也不难发现，男生的消费特点往往可以用“烧”这个词来概括。

在摄影圈流行这样一句话：“摄影穷三代，单反毁一生。”

许多男生一旦开始“烧”一个领域，就会把这个领域里面的好东西买个遍。而游戏、体育和电子设备，堪称锁定男生的三大法宝。

根据中国音数协游戏工委和伽马数据联合发布的《2018年中国游戏产业报告》，2018年中国游戏市场实际销售收入为2144.4亿元，游戏用户规模达6.26亿人。其中，男性用户消费达1654亿元，男性用户规模为3.36亿人。

就算不玩游戏的男生不需要游戏设备，也会“败”在各类硬件设备上。男生对电子产品总有着狂热的迷恋。有多狂热，请参考女生为什么需要各式各样的口红套装。

知乎上也有与此相关的一个问题：“为什么我那个当程序员的男朋友，一直特别想要一个机械键盘？”有人答：“男人的浪漫。”

不管是花钱买电子产品，还是充值玩游戏，对于大部分男生而言，只要这钱来得合理、花得舒适，那么就没有任何问题。为自己的爱好花钱，这根本没什么过分。

3. 我只是不喜欢逛街，不是不喜欢消费

在过去，男性消费能力长期被忽视。在大多数人的印象中，男性多是不在意自己的穿着打扮，在消费中保持着极度理性和克制。

表面看来，男性的钱确实难赚。曾经有一幅图刷爆了朋友圈，揭示零售专家心目中的消费者价值排行榜：少女 > 儿童 > 少妇 > 老人 > 宠物 > 男人，在消费价值上男人连宠物都不如？

可实际情况并非如此，那些盲目相信男人消费力不高的人，只是不懂男性经济学。

根据波士顿咨询公司发布的研究报告，中国男性消费的种类和额度都在增加，其中线上消费方面，男性每年的平均开支已经超过了女性。

同时，IAB的调查结果显示，通过PC端[一]网购的中国民众中，男性占57%；通过移动端网购的中国民众中，男性占53%。当前网购群体中男性规模超过女性。

可见，支撑起电商半边天的，不一定是“败家娘们儿”，还可能有一群“败家老爷们儿”。

电影《春娇救志明》中，志明一边毫不犹豫地用光分红、透支信用卡，买了心爱的艺术品，一边回到家中小心翼翼地应对春娇的盘问。虽然害怕女朋友的责备，但如果重来，他仍然会花9.5万元买这件“男人必须拥有一件达利”的摆设。

这个情节也从侧面说明了男性在消费时有一个重要的消费心理：他们希望消费行为能够更好地显示自己的独特性和稀缺性。而且不能简单粗暴地体现在商品的价格上，必须是一个精神理由。

小米的“为发烧而生”就给了男性一个购买理由：你是为了兴趣、为了热爱而购买小米的产品，购买的行为就是实现你内心精神追求的过程。

相较女性来说，男性不重视金钱数额，更注重商品品质，而且买东西的时候，理性思维占绝对上风，既不会多买也不会乱买。

以前，女性意识的苏醒是时代的变革，现在，男性意识的崛起是时代的进步。

他们将注意力集中在自己身上，希望花钱能够给自己的内在和外在加分，让自己成为显

[一] PC端是指可以连接到计算机主机的端口。

性的升值品，而不是隐性的潜力股。

"买就对了。"

卓别林的《当我真正开始爱自己》中有这么一段话："当我开始真正爱自己，我不再继续沉溺于过去，也不再为明天而忧虑，现在我只活在一切正在发生的当下。今天，我活在此时此地，如此日复一日。这就叫'完美'。"

资料来源：新周刊，2019-08-01。经整理加工。

问题：请对男性和女性的消费市场进行分析。

四、作业、考核与拓展训练

作业：什么是消费主义？（营销哲学思考）

考核：课堂考核（客观题），雨课堂投稿弹幕，学生匿名投票评选班级最优（前三名），发放雨课堂红包。

拓展训练：挫折环境中的情绪控制训练。

本章思维导图

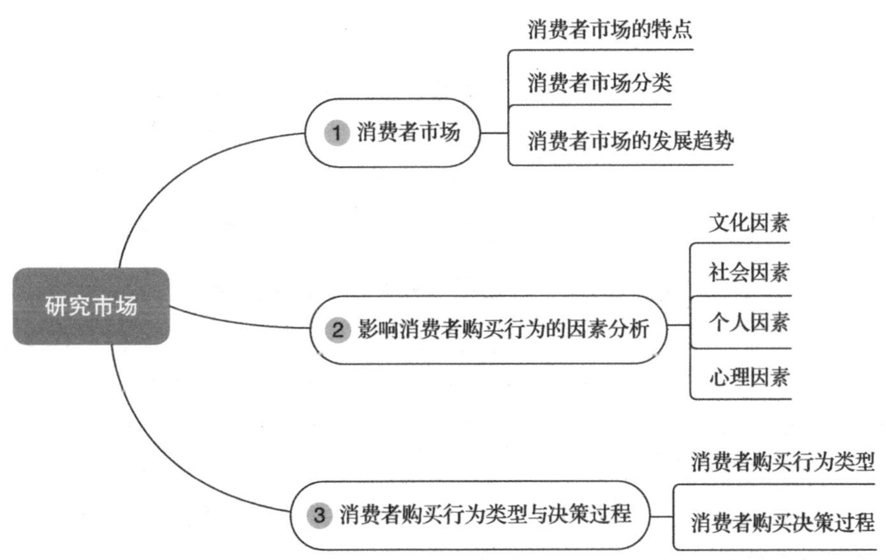

第四章 制定战略

本章进阶图谱

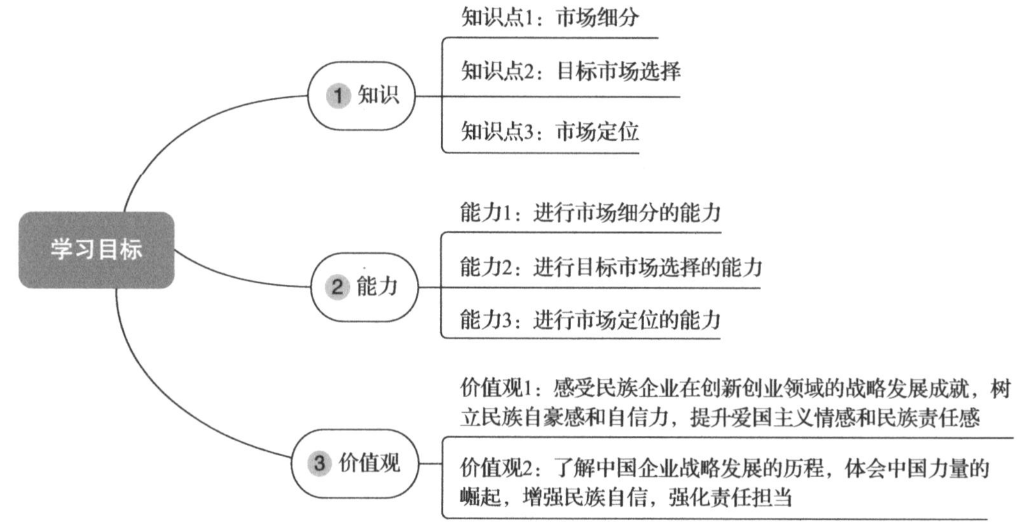

为什么 BAT 没能把 TMD 扼杀在摇篮中？

中国互联网界有六大巨头，分别是百度、阿里巴巴、腾讯（BAT）和今日头条、美团、滴滴出行（TMD），BAT 诞生于 1998—1999 年，而 TMD 则诞生于 2012 年。

2012 年，BAT 每家市值都已经超过了 500 亿美元，为什么还会让 TMD 从狭缝中成长起来呢？为什么没能把它们扼杀在摇篮中呢？

一个更加悲剧的事实是：那些颠覆了大企业的技术，有很多来自公司实验室；而小公司创业者，大部分是被大公司排挤出去的失意者。

柯达、诺基亚相继被三星、苹果等后来的巨头颠覆。

资料来源：《每天听见吴晓波》，2018-04-08。经整理加工。

课前讨论：为什么 TMD 成为继 BAT 之后互联网行业的新巨头？

哈佛大学教授克莱顿·克里斯坦森在《创新者的窘境》一书中提到，当新的技术或商业模式超出了既定而严格的价值主张时，管理效率越高的企业，越容易陷入破坏式创新的困境。准确地说，因为这些企业倾听了客户的声音和意见，积极投入了新技术的研发，以及向客户提供更多、更好的产品；因为他们认真研究了市场趋势，并将系统资本分配给了能够带来最佳收益率的创新领域，最终它们都丧失了市场领先地位。

克莱顿·克里斯坦森曾经告诉马化腾：腾讯的对手/敌人，在腾讯看不见的地方。今天的创新者，依旧面临着一个个 BAT 的大山，但是这些大山都处在创新者的窘境里。创新如一个个枷锁绑住了他们的手脚。只要能够拥有一套与众不同的创意或技术，就可能出人意料地引爆一场革命。

由此可见，企业的市场营销战略对于企业营销目标的实现有着非常重要的现实意义，随着经济的发展，企业市场营销也开始探索新的营销战略道路。

在现代市场营销理论中，市场细分（Market Segmentation）、目标市场（Market Targeting）、市场定位（Market Positioning）是构成公司营销战略的核心三要素，被称为 STP 营销。

一、市场细分

任何一种产品或服务的市场都包含着不可胜数的消费者，他们不仅分布非常分散，而且由于影响消费需求的因素错综复杂，消费者之间的购买要求差异很大，对于任何一个企业而言，它都没有能力也没有必要满足所有消费者的需求。因此，通过市场调研进行市场细分，结合企业自身的发展目标与资源条件，选择有效的细分市场，明确企业特定的服务对象，是制定企业营销战略的基本出发点。市场细分是企业选择目标市场的基础和前提，在现代企业营销活动中占有重要地位。

1. 市场细分的概念

市场细分的概念是美国市场学家温德尔·史密斯（Wendell R. Smith）于 1956 年提出的。所谓市场细分，是指企业根据消费者之间需求的差异性，把整体市场按照一定标准划分为若干个类似消费者群体的过程。每一个需求特点类似的消费者群称为一个细分市场，也称“子市场”或“亚市场”，每一个细分市场都是由具有类似需求倾向的消费者构成的群体。因此，同一细分市场的消费者，他们的需要和欲望极为相似。

计算机市场持续细分，英特尔瞄准设计师需求

2019 年 7 月 22 日，英特尔正式发布“创意设计 PC”计算机品类，距离其首次将设计师设为高端需求目标用户接近四年。

2015 年 10 月，英特尔重新提出“GDP”高端目标人群概念，将游戏玩家（Gamer）、设计师（Design Worker）和摄影师（Photographer）人群明确设为具有特殊需求的目标用户，其共同点是都对计算机性能有着较高的需求。

资料来源：《21 世纪经济报道》，2019－07－24。经整理加工。

2. 市场细分产生的客观基础

（1）消费需求的异质性

凡消费者或用户对某一产品的需要、欲望、购买行为以及对企业营销策略的反应等方面具有基本相同或极为相似的一致性，这种产品的市场就是同质市场。例如，所有消费者对普通食盐的消费需求、消费习惯和购买行为等都大体相同，普通食盐的市场就是同质市场。只有极少部分产品（主要是初级产品）的市场属于同质市场，绝大部分产品市场属于异质市场，即消费者或用户对某类产品的质量、特性、规格、档次、花色、款式、结构、价格、包装等方面的需要与欲望是有差异的（如消费者对运动服、休闲服和正装等的不同需求），或者在购买行为、购买习惯等方面存在差异性。正是这些差异，使市场细分成为可能。

(2) 消费需求的相似性

在同一地理条件、社会环境和文化背景下的人们形成了具有相对类似的人生观、价值观的亚文化群，他们的需求特点和消费习惯大致相同。正是因为消费需求在某些方面的相对同质性，市场上绝对差异的消费者才能按一定标准聚合成不同的群体。所以消费需求的绝对差异性造成了市场细分的必要性，消费需求的相对同质性则使市场细分有了实现的可能。

(3) 企业资源的有限性

任何一家企业，无论规模多大，都不可能为所有消费者提供某一种或几种商品和服务，同时也不可能为某一个或某一群消费者提供他们所需的所有商品和服务。因为要满足这些需求，需要庞大的资源——资金、技术、人力、信息、土地等，这些资源本身就是稀缺的，对于一家企业而言，其可获得程度更加受到限制，更何况，企业所面对的市场需求的增长又是相对无限的，因此，市场细分是一种必然。

3. 市场细分的意义

(1) 有利于企业发现新的市场机会

企业通过对营销环境的分析以及对市场的调研，可以发现没有得到满足的需求，从而发现市场机会。只有通过市场细分，企业才能把握各个不同的购买群体的需求及其满足程度，了解哪些细分市场中产品或服务的需求已经得到满足，哪些细分市场中产品或服务的需求未得到满足或未完全得到满足，从而可以发现市场营销机会。

(2) 有利于提高企业的竞争能力

市场细分对企业竞争能力的提高表现在两个方面：一方面，市场细分可以提高企业的应变能力，使企业经营适应需求的变化，从而提高企业的竞争力；另一方面，市场细分可以使企业扬长避短，发挥优势，即集中使用企业的人力、物力、财力，使有限的资源集中使用在“刀刃”上，使企业以最少的经营费用取得最大的经营效益，从而提高企业的竞争能力。

(3) 有利于制定市场营销组合策略

市场营销组合是企业综合考虑产品、价格、促销形式和销售渠道等各种因素而制定的市场营销方案，就每一特定市场而言，只有一种最佳组合形式，这种最佳组合只能是市场细分的结果。例如我国曾向欧美市场出口真丝花绸，目标消费者是上流社会的女性。由于我国外贸出口企业没有认真进行市场细分，没有掌握目标市场的需求特点，因而营销策略发生了较大失误：产品配色不协调、不柔和，未能赢得消费者的喜爱；低价策略与目标消费者的社会地位不相适应；销售渠道又选择了街角商店、杂货店，甚至跳蚤市场，大大降低了真丝花绸产品的“华贵”品位；广告宣传也流于一般。这个失败的营销个案，从反面说明了市场细分对于制定营销组合策略具有非常重要的作用。

4. 市场有效细分的标志

对于不同行业、不同类型的企业来说，实行市场细分必须具备一定条件。否则，不一定能够形成有效的细分市场，很可能徒劳无功，得不偿失。市场有效细分的标志有以下五个：

1）可衡量性。可衡量性表明该细分市场特征的有关数据资料必须能够加以衡量和推算。例如冰箱市场，在重视产品质量的前提下，有多少人更注重价格，有多少人更注重耗电量，有多少人更注重外观，或者兼顾几种特性。当然，将这些资料进行量化是比较复杂的过程，必须运用科学的市场调研方法。

2）可进入性。可进入性即企业所选择的目标市场是否易于进入，根据企业目前的人、财、物和技术等资源条件能否通过适当的营销组合策略占领目标市场。

3）可盈利性。可盈利性即所选择的细分市场应有足够的需求量且有一定的发展潜力，使企业赢得长期稳定的利润。应当注意的是，需求量是相对于本企业的产品而言，并不是泛指一般的人口和购买力。例如，汽车制造企业不值得为身高两米以上的人专门设计合适的汽车，尽管他们也有买车的需求。

4）可区分性。可区分性是指不同的细分市场的特征可清楚地加以区分。例如女性化妆品市场可依据年龄层次和肌肤类型等变量加以区分。

5）可操作性。可操作性是指企业必须能够设计有效的方案吸引并服务于细分市场。例如，一家小型航空公司虽然找出了七个细分市场，但由于员工太少，不可能针对每个细分市场开发专门的营销计划。

5. 市场细分的标准

一种产品的整体市场之所以可以细分，是因为消费者的需求存在差异性。市场细分的标准，对于消费者和产业市场，存在很大的差异。

（1）地理因素

地理因素是指按照消费者的地理位置和自然环境来进行市场细分。这是一个相对静态因素，也是首先考虑的因素。地理因素主要包括消费者所处的地理区域以及这些地区的自然特点，如人口密度、气候、城乡差别等。我国一般分为东北、华北、西南、华南、华东、华中、西北七大区域。不同的区域，由于其自然条件、风俗习惯、文化传统、经济发展水平存在明显差异，因而对产品的需求存在差异。我国地域大，气候差异较大，有热带气候、亚热带气候、温带气候、寒带气候四大类，同时还有许多小气候带。气候的不同对消费者的需求影响极大，尤其表现在服装和饮食方面。城乡差别也导致了城乡消费者对产品需求的差异性。按此细分有利于开拓不同区域市场，扩大市场份额。按地理因素细分市场，相较于其他因素，方法简便，标准稳定，比较容易分析。但地理因素多是静态因素，不一定能充分反映消费者的特征。因此，企业在选择目标市场时，还需要结合其他细分因素综合考虑。

（2）人口因素

人口因素是指按各种人口统计变量来进行市场细分，人口变量主要包括年龄、性别、收入、职业、教育程度、家庭生命周期、宗教、国籍、社会阶层等。由于以人口变量来细分市场比其他变量更容易衡量，且适应范围比较广泛，许多消费者市场都可按这一方法进行细分。

依据人口变量细分市场，可以是单变量细分，例如仅以“性别”这一个变量来细分化妆品市场；但多数企业通常采用多变量细分，即依据两个及以上人口统计变量来细分市场，例如可以以“性别”“年龄”“收入”等变量来细分化妆品市场，即供中年女士用的高档化妆品、供青年男士用的中档化妆品等。因为人口因素比较稳定，取得各种变量的资料比较容易，所以常常成为企业进行市场细分的重要标准。

喝枸杞咖啡，熬最养生的夜

养生安眠的枸杞和提神醒脑的咖啡相结合，不得不让人觉得这个创意十分大胆，也有人会认为这只是咖啡名头上的噱头而已。不过，同仁堂对待这次跨界咖啡却很认真，不仅与全球TOP5的咖啡品牌Gloria Jeans合作，保证咖啡的口味，还在北京开了两家咖啡体验店，店内的装潢和布置更新了老字号药堂在消费者心目中的形象，变得时尚大气，俨然一个正经的时尚“网红”咖啡馆。

年轻人对新晋的咖啡品牌抱有好感，一是源于对味道的肯定；二是对线下门店的喜爱促使他们进行“网红”社交打卡，帮助品牌形成社交口碑裂变。同仁堂咖啡这次能受到大批年轻消费者的关注，除了以上两个方面，更加得益于国潮之下，老字号品牌跨界的反转魅力。

资料来源：《成功营销》，2020－08－04。经整理加工。

(3) 心理因素

心理因素是指按消费者的生活方式和个性来进行市场细分。消费者需求受个人生活方式及其个性等心理因素的影响，往往比其他因素更直接。生活方式是指一个人想怎样生活的模式。人们追求的生活方式各不相同，如有的追求新潮时髦，有的追求简朴恬静，有的追求刺激冒险，有的则追求稳定安逸。这样，就可根据消费者不同的生活理念进行市场细分，例如，妇女时装生产商为“朴素妇女”“时髦妇女”“男性化妇女”设计不同款式的服装。

消费者的个性千差万别，这对其需求和购买特点都有不同程度的影响。例如，妇女由于个性的差别，在购买化妆品时各有所好，化妆品公司一般将其分为随意型、科学型、时髦型、本色型、唯美型、生态型六种类型，分别对待，投其所好。正是基于消费者个性差异，市场营销者往往根据消费者的个性差异赋予其产品以与某类消费者个性相投的品牌个性。

(4) 行为因素

消费者行为是一种能觉察到的外在结果，比人们内在心理活动更容易判断，因此，行为因素是更为重要的市场细分标准。它主要包括购买时机、追求利益、使用者状况、品牌忠诚度等。

许多商品的市场可以按照使用状况来对消费者进行细分，如经常使用者、初次使用者、潜在使用者、非使用者。原则上，实力雄厚的大企业应着重吸引潜在使用者，以扩大市场；

中小企业相对而言力量较弱，应注意吸引经常使用者，以巩固市场。近年来，随着我国经济的发展和居民收入水平的提高，许多市场上都存在着大量的潜在使用者，如旅游、娱乐、高技术电器、信息、通信、家庭护理服务等市场尤为突出。企业应密切注意需求动态，抓住机遇，迅速成长。

企业还可以按照消费者对品牌的忠诚度来对市场进行细分，因为消费者对很多商品都存在“品牌偏好”。一般地，可以分为四种类型的消费者：①单一品牌忠诚者，他们坚定地忠诚于某一种品牌商品，在任何时候都只购买一种特定的品牌商品；②几种品牌忠诚者，他们同时忠诚于两三个品牌，交替购买自己偏好的几个固定品牌的商品；③转移的忠诚者，这类消费者经常由偏好一种品牌商品转变为喜欢另一种品牌商品；④非忠诚者，这种消费者在购买某类商品时，并无一定的品牌偏好，购买行为常有很大的随意性。前两类消费者占市场的比例较大，其他企业很难进入，即使进入，也很难提高市场占有率。在转移的忠诚者比例较大的市场，企业应深入分析消费者品牌忠诚转移的原因，及时找出营销工作中的缺陷，采取适当措施，加强消费者的品牌忠诚程度。

星巴克：从第三空间到第四空间

一直以来，星巴克都非常坚持自己的“第三空间”理念，这也是星巴克品牌最大的卖点和特点。

按照美国社会学家雷·欧登伯格对第三空间的定义，家庭居住空间为第一空间，职场为第二空间，而城市的酒吧、咖啡店、博物馆、图书馆、公园等公共空间为第三空间。在宽松、便利的环境中可以自由地释放自我是第三空间的主要特征。

20 世纪 90 年代，星巴克率先将“第三空间”概念引入咖啡店中，即“一个介于居家与工作之间的过渡空间，通过温馨舒适的空间来连接与营造社区”。人们在门店聊天、听音乐、工作或发呆，哪怕是待上一整天也不会有任何压力。星巴克的初衷，是希望通过鼓励那些喜欢并且能够消费得起星巴克产品的高消费力人群到星巴克消磨时间，从而提升用户黏性和转化。

不过，随着消费环境的不断变化，消费者对空间体验的要求也在不断变化。曾经被人津津乐道的家庭和工作场所之外的“第三空间”也面临着巨大的考验。2019 年年初，星巴克发布了史上最差的财报，作为星巴克最大的海外市场，被星巴克寄予厚望的中国市场同期表现也令人失望。很多人认为，在中国这个新兴的咖啡市场中，瑞幸等一批新零售咖啡品牌的出现，极大地挑战了星巴克的地位，并且冲击了星巴克的市场份额，这也让更多人对它引以为傲的第三空间战略产生了怀疑。

内忧外患之下，2019 年年中，星巴克中国管理团队“大换血”，并将全部业务并入“零售”和“数字创新”两大单元。“数字化”被提到前所未有的战略高度。在此战略之下，很多基于消费场景的变革也开始逐渐实施。例如 2019 年星巴克在北京金融街推出全球首家“啡快”概念店。

资料来源：《成功营销》，2020－06－18。经整理加工。

二、目标市场选择

市场细分之后，就要考虑决定具体进入哪一个或哪几个细分市场并为之提供服务，这就是目标市场的选择。

1. 目标市场选择的标准

目标市场是企业营销活动所要满足的市场，是企业决定要进入的那个市场，也就是企业拟投其所好为之服务的那个消费者群。在市场细分的基础上，企业必须对不同的细分市场进行评估。评估时要考虑各细分市场的规模、发展潜力、成长性、获利能力等，之后要结合企业的目标和资源从中选择一定数目的细分市场作为目标市场。

（1）市场的规模和发展潜力

企业进入一个市场的目的是为这个市场提供产品或服务的同时获得一定的利润。如果所选择的细分市场过于狭窄，那么公司就可能达不到它所期望的销售额和利润；如果所选择的细分市场过于广阔，那么由于受企业资源的限制，很可能不能充分满足其需要而且会增加营销费用，达不到预期利润。所以应根据企业实际情况量力而行。市场规模是动态因素，有的市场虽然现在规模不大，但未来可能会迅速增长或预计会有所增长，即具有较大的发展潜力，则也可以考虑进入。

（2）市场因素

选择目标市场不仅要考虑一个细分市场在规模和增长程度方面所具有的吸引力，还要考虑可能使细分市场失去利润吸引力的其他因素。

1）行业竞争和细分市场内竞争的威胁。

2）潜在进入者的威胁。

3）替代品的威胁。

4）供应商的威胁。

（3）符合企业的目标和能力

有些细分市场虽然有很大的吸引力，但是进入这个市场同企业的发展目标及资源条件可能并不相符，此时则不应进入这些细分市场。此外，选择目标市场时，还要考虑企业的资源状况，即企业是否有能力进入这些细分市场。

2. 目标市场战略类型

在选择目标市场的基础上，企业可以对不同目标市场制定相应的营销战略。目标市场战略有三种，分别是无差异营销战略、差异性营销战略、集中性营销战略。

（1）无差异营销战略

无差异营销战略是指企业把整个市场看作一个大的目标市场，不进行市场细分，用一种产品、统一的市场营销组合去满足所有用户的需求。这种战略最大的优点是成本的经济性。由于产品的品种、规格、款式简单，有利于标准化与大规模生产，有利于降低生产、存货、运输、市场调研、促销等成本费用。其主要缺点是单一产品要以同样的方式销售并受到所有消费者的欢迎，这几乎是不可能的。即使一时能赢得市场，如果竞争企业都如此仿照，就会造成某一较大市场上竞争激烈，而较小市场又未得到满足。

一般来说，无差异营销战略适用于市场同质性高并且消费者广泛需要的，生产能够大规模进行并大量销售的产品市场。对于绝大多数产品而言，无差异营销战略并不适用，对于已采用此战略的企业也不宜长期采用。

（2）差异性营销战略

差异性营销战略是指把整个市场划分为若干个需求与愿望大致相同的细分市场，针对每个细分市场的需求特点，设计、生产和销售不同的产品，制定与之相适应的市场营销组合。

差异性营销的优点主要是企业通过提供差异性的产品，可以更好地满足各类消费者的不同需要，增强消费者对企业的信任感和认同感，扩大销售；同时，由于针对不同的细分市场组织实施不同的营销组合方案，有利于提高企业营销活动的效果。但由于产品种类、销售渠道、广告宣传的扩大化与多样化，市场、营销费用大幅增加，有时很难预测这种策略的效益如何。有些企业曾实行了“超细分战略”，即许多市场被过分地细分而导致产品价格不断上涨，影响产销数量和利润。于是，一种被称为“反市场细分”的战略应运而生。反细分战略并不是反对进行市场细分，而是将许多过于狭小的子市场组合起来，以便以较低的价格去满足这一市场的需求。例如，美国的强生公司推出了一款婴儿洗发液，除面向基本的婴儿细分市场外，还向成年人宣传介绍这款产品，努力使成年人也使用这款洗发液，以扩大销售，降低成本。

（3）集中性营销战略

集中性营销战略是指企业以一个或少数几个细分市场为目标市场，集中企业营销力量，实行专门化生产和销售。前两个战略都是以整个市场为目标市场，为整个市场服务，而集中性营销战略则是把目标市场确定为一个或少数几个细分市场。实行这种战略的企业，集中力量追求在较少的市场上占有较多份额，甚至是取得支配地位的市场份额；在局部取得成功，赢得信誉，壮大实力后，再依据条件逐渐扩展市场范围。日本企业就是运用这种战略在汽车、电子等行业的全球市场上取得了惊人的成就。但是，实行集中性营销战略也有较大的风险，因为目标市场范围比较狭窄，一旦市场情况发生变化，企业可能陷入困境，甚至难以为继。

只放一只羊，阿尔迪战胜沃尔玛的秘诀

20 世纪初，德国出现了一家叫阿尔迪（Aldi）的小型食品杂货店，现在这家杂货店已经席卷整个欧洲，成为欧洲最大的杂货连锁店，并在美国开了 1700 多家门店，计划到 2022 年再开超过 900 家门店，成为继沃尔玛和克罗格之后的第三大连锁超市。作为全球最著名的零售品牌之一，阿尔迪从德国边远城市的一家名不见经传的食品杂货店一步步成长为世界排名第八的跨国零售巨头。

沃尔玛是世界零售业的标杆，其创始人山姆·沃尔顿还多次成为世界首富，为何在与阿尔迪的竞争中显得力不从心？阿尔迪又有什么秘诀呢？沃尔玛曾经快速扩张的秘诀是“天天低价”，阿尔迪却以其人之道还治其人之身，以极致的性价比青出于蓝，它又是如何做到的呢？当媒体采访其创始人经营秘诀时，得到的答案只有两个字——简单，另外其创始人补充道“一生只放一只羊”。

一招鲜：让“人—货—场”简单。

阿尔迪是极简策略的代表，典型的低成本战略，夺取市场就靠一招鲜——价格，用一切手段全方位、无死角地降低价格。手段就是控制成本，用“简单”来降低成本，让“人—货—场”极致简单。

首先，精准定位让目标消费者简单。创立之初就将服务对象即目标消费者定位为中低收入的工薪阶层、无固定收入居民及退休的老年人，另外还关注大学生和外籍工人。这类群体购物需求极其简单，就是要低价，如果质量有保障那就更完美了，总的来说就是追求性价比。这样定位以来，“人”的简单也让经营策略和企业管理变得简单，那就是想方设法确保低价。

其次，精细化选品让销售商品简单。相对以“天天低价”而著称的沃尔玛，阿尔迪的定价比它还低。其最主要的竞争手段就是在约660平方米的空间内，只经营约700种商品，全是少得不能再少的生活必需品。在商场里，同一类商品不会给你许多选择，经营的都是销售最快的品牌。这样做的优势就是加快了商品的流转，降低了采购成本，提高了资金周转率，并使得阿尔迪在与供货商谈判时处于绝对优势。这是阿尔迪经营模式的核心，也是其在低价销售商品的同时还能获取丰厚利润的根本原因。

再次，简单的商场。阿尔迪的打法和其他超市不一样：不设在繁华地段，而是在居民、学校附近或城郊，这些地方租金比较便宜，客源也足够；店面极为朴素，店铺面积仅有300～1100平方米，各店样式统一。这样可以保证开设分店时简单快速，费用降到最低。

资料来源：销售与市场网，2018－10－09。经整理加工。

3. 选择目标市场战略的条件

上述三种市场战略各有利弊，企业在选择时需要全面考虑以下各种条件：

（1）企业资源

如果企业资源雄厚，可选择差异性或无差异营销战略。反之，对于资源有限、能力不足的中小企业，宜采用集中性营销战略。

（2）产品同质性

一般的初级产品，如粮、棉、食盐、钢铁、煤炭、水泥等产品，在性能、特点等方面差异不大，变异性较小，而且消费者对这些产品的差别一般也不太重视或不加区分，通常可视为同质产品。对于同质产品或需求上共性较大的产品，宜采用无差异营销战略。许多加工制造产品，如服装、化妆品、家用电器、食品等，不仅产品本身可以开发出不同的性能、款式、花色与型号，具有较大的差异性，而且消费者对这些产品的需求也是多样化的，选择性较强。生产这类性质产品的企业则一般宜选择差异性或集中性营销战略。

（3）市场的类同性

如果市场上消费者和用户的需求、偏好大致相同，购买的数量以及对市场营销刺激的反应比较一致，就可视为同质或相似的市场。对于这些类同市场，宜采用无差异营销战略；反之，应采用差异性或集中性营销战略。

（4）产品生命周期

处于投入期和成长期的新产品，市场营销的重点是启发和巩固消费者的偏好，最好实行无差异营销战略或针对某一特定子市场实行集中性营销战略；当产品进入成熟期后，市场竞争激烈，消费者需求日益多样化，可改用差异性营销战略以开拓新市场，满足新需求，延长产品生命周期。

（5）竞争者的战略

如果竞争对手采用无差异营销战略，则企业应选择差异性营销战略，利用差别优势争取主动；如果竞争对手采用了差异性营销战略，则企业采用无差异营销战略将很难与之抗衡，而应在对市场进一步细分的基础上，采用差异性更大的营销战略或集中性营销战略进行竞争。当然，如果企业在实力上优于对手，可采用与之相同的战略，凭借实力击败对手，如果企业弱于竞争对手，应反其道而行之。

下沉新用户——小镇青年和银发老人

经济学家何帆认为，大趋势由小趋势演变而来，而小趋势往往来自三个地方：底层社会、边缘地带、年轻人群。

下沉市场是相对于一二线市场而言，确切地说是中国三线以下城市及农村地区的市场。其人口大约有10亿人，分布在中国97%的土地上，以小镇青年和银发老人为主。

有些人也将其比喻为“一二线没有韭菜了，只能去三四线割了”。无论如何，下沉市场明显比一二线更像是蓝海，从下沉市场做起，通过农村包围城市战略，避开一二线BAT的竞争，何尝不是一条路？史玉柱就曾表示，真正的最大市场是在下面，而不是在上面；中国的市场是金字塔形的，越往下越大。

资料来源：销售与市场网，2020－07－31。经整理加工。

三、市场定位

1. 市场定位的概念

市场定位也被称为产品定位或竞争性定位，是根据竞争者现有产品在细分市场上所处的地位和消费者对产品某些属性的重视程度，塑造出本企业产品与众不同的鲜明个性或形象并传递给目标消费者，使该产品在细分市场上占有强有力的竞争位置。也就是说，市场定位是塑造一种产品在细分市场上的位置。产品的特色或个性可以从产品实体上表现出来，如形状、成分、构造、性能等；也可以从消费者心理上反映出来，如豪华、朴素、时髦、典雅等；还可以表现为价格水平、质量水准等。

企业在市场定位过程中，一方面要了解竞争者的产品的市场地位；另一方面要研究目标消费者对该产品的各种属性的重视程度，然后选定本企业产品的特色和独特形象，从而完成产品的市场定位。

2. 市场定位的方式

(1) 避强定位

避强定位是指企业回避与目标市场上的竞争者直接对抗，将其位置确定于市场“空白点”，开发并销售市场上还没有的某种特色产品，开拓新的市场领域。由于这种定位方式风险小、成功率较高，常常为多数企业所采用。

(2) 重新定位

重新定位是指企业变动产品特色，改变目标消费者对其原有的印象，使目标消费者对其产品新形象有一个全新的认识过程。当企业产品在市场上的定位出现偏差，产品在消费者心目中的位置和企业的定位期望发生偏离时，企业往往需要重新定位。市场重新定位对于企业适应市场环境、调整市场营销战略是必不可少的。一般在出现下列情况时需考虑重新定位：①竞争者推出产品的市场定位于本企业产品的附近，侵占了本企业品牌的部分市场，使本企业品牌的市场占有率有所下降；②消费者偏好发生变化，从喜爱本企业品牌转向喜爱竞争对手的品牌。

这种重新定位旨在摆脱困境，重新获得增长与活力。这种困境可能是企业决策失误引起的，也可能是对手有力反击或出现新的强有力竞争对手而造成的。不过，也有重新定位并非因为已经陷入困境，而是因为产品意外地扩大了销售范围引起的。

(3) 对峙定位

对峙定位是指企业选择靠近现有竞争者或与现有竞争者重合的市场位置，争夺同样的消费者。这种定位是一种危险的挑战，但一旦成功就会获得巨大的市场优势。实行对峙定位，必须知己知彼，尤其应清醒地估计自己的实力，不一定试图压垮对方，只要能够平分秋色就已是巨大的成功。

(4) 竞争对抗定位

竞争对抗定位是指一个有竞争实力但知名度不高、在市场上尚未取得一个稳定地位的产品，与一个已在市场上建立起领导者地位的产品直接对抗，以引起消费者的关注，从而在市场上取得有利位置的定位方法。

3. 市场定位的步骤

市场定位的关键是企业要设法在其产品上找出比竞争者更具有竞争优势的特性。竞争优势通常表现在两个方面：①价格优势，即能够以比竞争者低廉的价格销售相同质量的产品，或以相同的价格水平销售更高质量水平的产品；②偏好竞争优势，即企业能向市场提供的产品在质量、功能、品种、规格、外观等方面比竞争者能更好地满足消费者需求。企业要进行市场定位，一般需经过以下三大步骤：

(1) 确认本企业的竞争优势

这是市场定位的基础。企业首先必须进行规范的市场研究，切实了解目标市场需求特点及这些需求被满足的程度。一般要回答以下三个问题：①竞争对手的产品如何定位？②目标市场上消费者的需求满足程度如何？还有哪些方面未满足？③针对竞争者的市场定位和潜在消费者的真正需要的利益，要求企业应该和能够做什么？要回答这三个问题，企业市场营销人员必须通过一切调研手段，系统地设计、搜索、分析并报告有关上述问题的资料和研究成果。通过回答上述三个问题，企业就能确定自己的潜在竞争优势在何处。

（2）选择相对竞争优势

相对竞争优势表明企业能够胜过竞争者的能力。这种能力既可以是现有的，也可以是潜在的。准确地选择相对竞争优势就是一个企业各方面实力与竞争者的实力相比较的过程。比较的指标应是一个完整的体系，只有这样，才能准确地选择相对竞争优势。通常的方法是分析、比较企业与竞争者在以下七个方面究竟哪些是强项、哪些是弱项：

1）经营管理方面，主要考察领导能力、决策水平、计划能力、组织能力以及个人应变的经验等指标。

2）技术开发方面，主要分析技术资源（如专利、技术诀窍等）、技术手段、技术人员能力和资金来源是否充足等指标。

3）采购方面，主要分析采购方法、存储及运输系统、供应商合作以及采购人员能力等指标。

4）生产方面，主要分析生产能力、技术装备、生产过程控制以及职工素质等指标。

5）市场营销方面，主要分析销售能力、分销网络、市场研究、服务与销售战略、广告、资金来源等是否充足以及市场营销人员的能力等指标。

6）财务方面，主要考察长期资金和短期资金的来源及资金成本、支付能力、现金流量以及财务制度与人员素质等指标。

7）产品方面，主要考察可利用的特色、价格、质量、支付条件、包装、服务、市场占有率、信誉等指标。

通过对上述指标体系的分析与比较，选出最适合本企业的优势项目。

（3）显示独特的竞争优势

企业的相对优势不会自动地在市场上得到充分体现。因此，企业必须通过一系列的促销活动，将其独特的竞争优势准确传递给潜在消费者，并在消费者心目中留下深刻的印象，使本企业的市场地位与消费者心目中的形象相一致。为此，企业首先应使目标消费者了解、知道、熟悉、认同、喜欢和偏爱本企业的市场定位，在消费者心目中建立与该定位相一致的形象。其次，企业通过一切努力强化目标消费者形象，保持目标消费者的了解，稳定目标消费者的态度和加深目标消费者的感情来巩固与市场相一致的形象。最后，企业应注意目标消费者对其市场定位理解出现的偏差或由于企业市场定位宣传上的失误而造成的目标消费者模糊、混乱和误会，及时纠正与市场定位不一致的形象。

4. 市场定位战略

（1）产品差异化战略

产品差异化战略是指企业使自己的产品区别于其他产品，可以从产品的特色、产品的性能、一致性、耐用性、可靠性、可维修性、风格和设计等方面实现。

产品特色是产品差别化的一个有效工具，对汽车、服装、房屋等产品尤为重要。日本汽车行业中流传着这样一种说法："丰田的安装，本田的外形，日产的价格，三菱的发动机"。这体现了日本四家主要汽车公司的核心专长，说明"本田"外形设计优美入时，颇受年轻消费者的喜爱。

产品性能是指产品主要特点在实际操作运用中的水平。在全球通信产品市场上，华为、三星、飞利浦等全球化竞争对手，通过实行强有力的技术领先战略，在手机等领域不断地为自己的产品注入新的特性，走在市场的前列，吸引消费者，赢得竞争优势。实践证明，某些产业特别是高新技术产业，如果某一企业掌握了尖端技术，率先推出了具有较高价值的创新产品，那么就能够发展成为一种十分有效的竞争优势。

(2) 服务差异化战略

服务差异化战略是指向目标市场提供与竞争者不同的优异服务。服务差异化主要表现在送货、安装、用户培训、咨询服务及修理等方面。服务战略在很多市场状况下都有用武之地，尤其在饱和的市场上或实体产品较难差异化的市场上，如对于精密仪器、汽车、计算机、复印机等更为有效。

服务差异化战略能够提高消费者总价值，保持牢固的消费者关系，从而击败竞争对手。一些企业靠速度、便利或及时、安全的运输来取得竞争优势，安装服务也能使企业区别于其他企业。一些企业靠提供培训服务或咨询服务来区别于其他企业。企业还可以找到许多其他方法来通过差异化服务增加自己产品的价值。

(3) 人员差异化战略

人员差异化战略是指通过聘用和培训比竞争者更为优秀的人员以获取差别优势。市场竞争归根结底是人才的竞争，人员素质的培养和提高对扩大企业差异化的质量起着越来越重要的作用。

通常情况下，一个受过良好训练的员工应具有以下基本的素质和能力：①能力。具有产品知识和技能。②礼貌。友好地对待消费者，尊重和善于体谅他人。③诚实。使人感到坦诚和可以信赖。④可靠。强烈的责任心，保证准确无误地完成工作。⑤反应敏锐。对消费者的要求和困难能迅速反应。⑥善于交流。尽力了解消费者，并将有关信息准确地传达给消费者。

(4) 形象差异化战略

形象差异化战略是指在产品的核心部分与竞争者类同的情况下塑造不同的产品形象以获取差别优势，主要通过标志、文字和视听媒体、气氛、事件等方面实现。具有优秀创意的标志要能够融入某一文化的气氛，进而实现形象差别化的战略。

小众变大众，泡泡玛特是如何让盲盒"出圈"的？

盲盒为什么能从一个小众爱好，到现在引发整个社会的关注？在众多盲盒生产商中，为什么偏偏只有泡泡玛特冲出重围了呢？

1. 定位成年人的潮流玩具

泡泡玛特进入市场时，就将自己定义为“潮流玩具品牌”，而非传统意义上的玩具商家。泡泡玛特表示：潮流玩具，是融入了艺术、设计、潮流、绘画、雕塑等多元素理念的偏成人类型玩具。

2. 女性群体的强势“入坑”

如果说潮玩市场的独特定位为泡泡玛特找到了方向，那么抓住女性用户，则是为产品找到了强有力的消费群体。

尽管在对潮流玩具受众的定义上，泡泡玛特并没有对性别做严格的区隔，但有官方统计，其用户75%都是女性，年龄上也非常年轻化，30岁以下的占比为60%。就拿玩具形象茉莉（Molly）来说，嘟嘟嘴、黄头发、可爱的造型和精致的包装，自然很招年轻女孩喜欢。

3. 成为情感连接的社交货币

通过联动著名的IP，泡泡玛特也许可以做到一时的“出圈”，但是怎样才能让圈子一直维持讨论度呢？——把自己打造成为社交货币。

利用消费未知心态，盲盒让人上瘾，而且盲盒行为还特别具有“围观”和“经验交流”的性质。有些玩家在拆盲盒时甚至会制造“仪式感”，某受访者表示，自己会在店里买完之后带回家，洗手、许愿，然后拆开。在一些视频网站上，也有不少拆盲盒的视频。

4. 消费者童心不减，潮玩依旧向前

截至2020年，泡泡玛特的线下直营门店已经突破140家，拥有超800台机器人门店，覆盖了全国63个城市，并入驻欧美、东南亚和澳大利亚等22个国家和地区，不断扩展全球布局。

资料来源：销售与市场网，2020－07－27。经整理加工。

课后拓展训练

一、辩论练习

如果终其一生是一个平凡的人，你会后悔吗？

二、策划实训

华为没有退路

2020年5月16日，美国宣布制裁升级的第二天，华为中国在新浪微博上表态：“除了胜利，我们已经无路可走。”

军人出身的任正非始终认为，市场不相信眼泪，华为想要生存，必须自己杀出一条血路。

请你为华为策划一条未来之路。

三、案例分析讨论

中国商界定位实践案例——长城汽车

长城汽车作为定位理论在中国的首批受益者，从10年前就开始实践定位理论，运用品类战略一手缔造了SUV商业帝国，打造了中国汽车第一品牌“哈弗”和中国豪华SUV“WEY”，使长城汽车的年销售额从80亿元增长到1000亿元，从一个乡镇小厂发展成了现代化大型企业。

长城汽车董事长魏建军回顾了最初抓住汽车领域品类分化机会的时刻，在中国轿车市场飞速发展时，毅然决然地“砍掉”了轿车生产线，尽管当时已经投入了数十亿元进行生产线建设和产品研发。

在一片质疑声中，长城汽车最终还是坚持了聚焦SUV的差异化战略决策。借助聚焦的力量，使得哈弗成为SUV领域的领军企业，连续14年销量始终排在SUV第一位，成为中国专业的SUV品牌。

随着哈弗品牌的成功，魏建军意识到迈出第二步的时机已经来临：伴随着消费升级，15万~20万元的SUV品类机会逐渐显现。但长期以来，这个市场始终被合资品牌所垄断。

面对市场的机遇和挑战，魏建军在“定位之父”艾·里斯的建议下，将自己的姓氏作为品牌名称——WEY。由此开创了中国豪华SUV品类，终结了合资品牌长期以来在中国市场的“暴利时代”。

一直以来，很多企业家都对聚焦存在误解，认为聚焦等于只做一个品牌，企业似乎永远都做不大。实际上，这恰恰是因为他们不懂得什么是真正的聚焦。

魏建军认为，聚焦和开展新业务并不矛盾，新品类需要使用新品牌，多品牌布局是企业开展业务的重要准则之一。回顾长城多年来的发展历程，魏建军认为做的最重要的一件事情就是打造品类和品牌，用不同的专业品牌构建企业的品类大树，如哈弗、WEY、欧拉等，在不久的将来，长城汽车将坚持把每个品牌打造成为全球品牌，进一步提升品牌的全球竞争力。

资料来源：《创业家》，2019-01-03。经整理加工。

问题：

（1）在过去的几十年里，市场营销发生了很多变化，世界也发生了很多变化。这些变化对定位理论产生了怎样的影响？

（2）进入21世纪，互联网和移动互联以超乎人们想象的速度飞速发展，诞生于工业时代背景下的定位理论开始备受质疑。如今在互联网时代，定位理论是否依然有效？

四、作业、考核与拓展训练

作业：一瓶水可以卖多少钱？（营销模型设计）

考核：课堂考核（客观题），雨课堂投稿，学生匿名投票评选班级最优（前三名），发放雨课堂红包。

拓展训练：创意思维能力训练——头脑风暴（奥斯本激励训练）。

本章思维导图

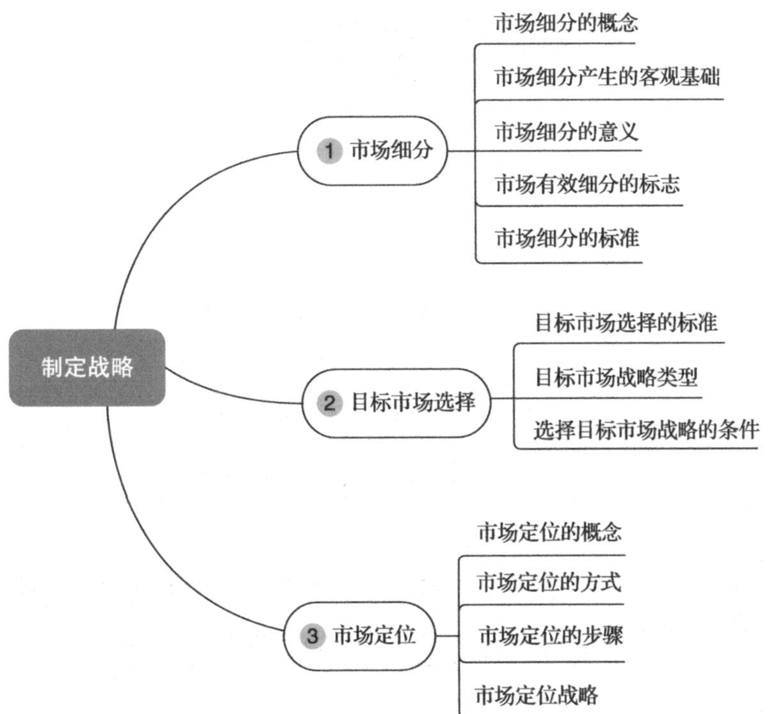
制定战略
1 市场细分
市场细分的概念
市场细分产生的客观基础
市场细分的意义
市场有效细分的标志
市场细分的标准
2 目标市场选择
目标市场选择的标准
目标市场战略类型
选择目标市场战略的条件
3 市场定位
市场定位的概念
市场定位的方式
市场定位的步骤
市场定位战略

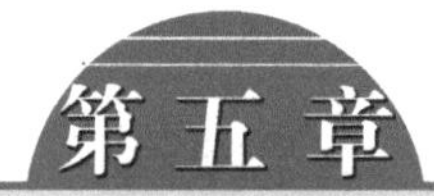

第五章 产品策略

 本章进阶图谱

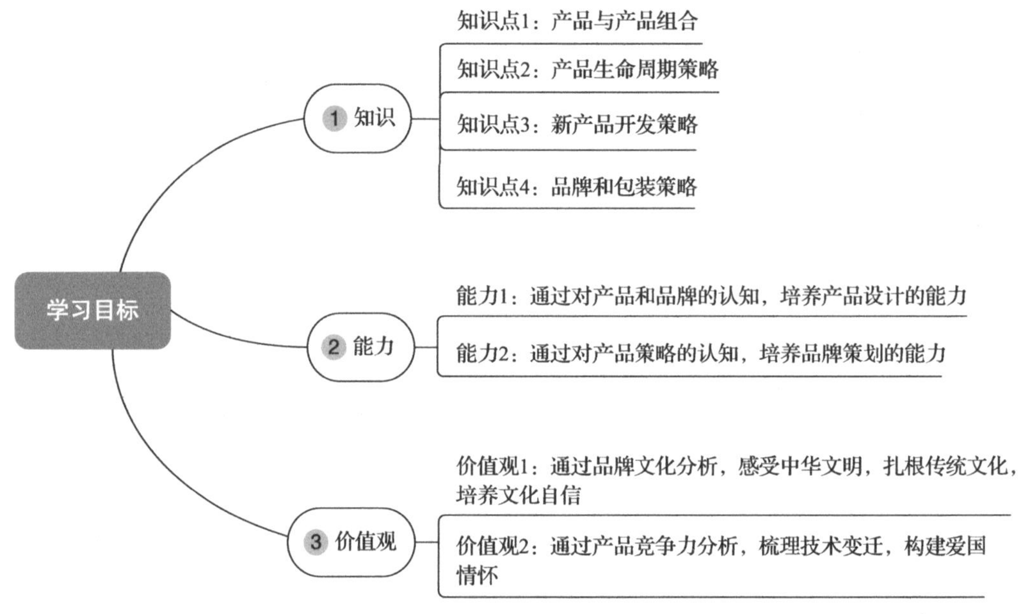

饮料的本质是一种场景道具

在写字间里，一杯星巴克能衬托出白领专业干练的形象；甲乙双方分别坐在会议桌两侧，桌上摆放着瓶装水；驾车行驶在午后的高速公路上，手边的红牛使你没有“鸡啄米”；人潮涌动的步行街，鲜果茶“制衡”了铁板鱿鱼的油腻；篮球场边，几个大汗淋漓的小伙，人手一支北冰洋……

本质化思考对于建立有效的商业模型有决胜的战略意义，假如你手头正有一款新品准备推向市场，或者正准备研发一款新品，有没有思考过，对于消费者而言，他的 24 小时里，哪一个瞬间能够属于你？

资料来源：中国营销传播网，2020－07－08。经整理加工。

课前讨论：产品的本质是什么？

一、产品与产品组合

1. 产品整体概念

人们对产品的理解，传统上常常仅是指实物产品或物质产品，如服装、汽车、电器，其实这只是狭义的理解。市场营销学中，关于产品的概念无论是内涵还是外延都要丰富、宽广得多。产品整体概念是指企业向市场提供的所有能满足消费者需要和欲望的有形产品和无形服务的总和。有形产品主要包括产品的实体及其质量、外观、包装等；无形服务包括可以给消费者带来附加利益和心理上的满足感及信任感的一系列售后服务，如免费送货、安装、融资信贷等。其实，消费者购买某种产品，并不只是为了得到该产品的物质实体，而是要通过购买该产品来获得某方面利益的满足，甚至只是一种纯粹的欲望满足。

产品整体概念由四个基本层次组成：核心产品、基础产品、附加产品、潜在产品，如图5－1所示。

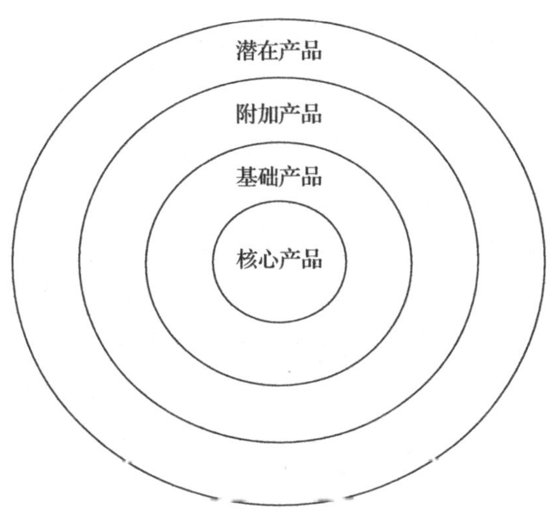

图5－1 产品整体概念

(1) 核心产品

每一种产品实质上是为解决问题而提供的服务。核心产品是产品整体概念最基本的层次，是满足消费者需求的核心内容。核心产品为消费者提供最基本的效用和利益。例如电视机的核心是满足人们文化、娱乐的需求，在产品中最完整、全面地体现消费者所需要的核心利益和服务。

(2) 基础产品

核心产品只是一个抽象的概念，产品设计者必须把它转化为一定的具体形式，即目标市场对某一需求的特定满足形式，在这个层次上的产品就是基础产品。基础产品应具有以下五个方面的特征：质量、功能、款式、品牌、包装。消费者购买某种产品，除了要求该产品具备某些基本功能，能提供某种核心利益外，还要考虑产品的品质、造型、款式、颜色以及品牌声誉等多种因素。由此可见，基础产品向人们展示的是核心产品的外部特征，它能够满足同类消费者的不同要求。

(3) 附加产品

附加产品即产品的各种附加利益的总和，通常是指各种售后服务，例如提供产品使用说明书、保证、安装、维修、送货、技术培训等。国内外许多企业的成功，在一定程度上应归功于它们更好地认识了服务在产品整体概念中所占的重要地位。它们除了提供特定的产品实体之外，还根据需要提供了多种服务。在现代市场营销环境下，企业销售的绝不只是特定的使用价值，而必须是反映产品整体概念的一个系统。在日益激烈的竞争环境中，附加产品给消费者带来的附加利益已成为竞争的重要手段。许多情况表明，新的竞争并非在于各公司在其工厂中所生产的部分，而在于附加产品，如包装、服务、广告、咨询、资金融通、运送、仓储及具有其他价值的形式。因此，能够正确发展附加产品的公司必将在竞争中获胜。

(4) 潜在产品

潜在产品即现有产品在未来可能成为最终产品的潜在状态的产品。它体现了产品的动态性、战略性的性质，指出了现有产品的可能演变趋势和前景，如手机可发展为掌上电脑、信息处理器等。

商品化的艺人偶像们

首先必须承认的是，艺人和偶像一直都是娱乐经纪公司一手设计和打造之后再向外兜售的商品。在偶像选秀层出不穷的娱乐环境下，偶像经济变得空前火热，成千上万的选秀艺人们前赴后继，如果没有一个流水线式的商品速成体系，的确无法支撑旺盛的市场需求。在这种前提下，艺人偶像商品化趋势成为娱乐行业心照不宣的潜规则，并且愈演愈烈。

如果从消费主义的角度来看，这种商品论的实质，其实还是年轻用户的偶像和娱乐消费习惯的变化。作为娱乐消费品的艺人偶像已经不仅仅是商品，更是快速消费品。在精确的投资回报率（ROI）公式计算之下，“出道即巅峰”，艺人偶像被经纪公司和用户抛弃的速度也如他们被制造的速度一般迅速，除了极少数，从前艺人偶像的精英化特质以及作为精英的无限商品长尾效应，在如今的流水线艺人偶像中很难见到了。

资料来源：搜狐网，2020-03-27。经整理加工。

2. 产品分类

在研究产品和服务营销战略时，营销人员建立了以下几种产品分类标准：

(1) 以产品存在的形式为基础分类

产品可分为有形产品和无形产品。

1）有形产品。有形产品又可分为耐用品和非耐用品。

①耐用品。耐用品可以多次使用，并使用较长时间，然后才需要更新，如电器、汽车、住房等。对于耐用品来说，企业应更注重其附加产品，如售后服务、送货服务及分期付款等。由于企业投资较大，通常可以获得较高的利润。

②非耐用品。非耐用品是指正常情况下使用一次或几次就被消费掉的有形物品，如食

物、文具、洗发水等。这类产品很快就会被消费掉，消费者购买频率高。企业应广设销售网点，薄利多销，使消费者随时随地能买到物美价廉的非耐用品。此外，企业还应通过广告等促销手段吸引消费者，使其形成偏好。

2）无形产品。无形产品又可分为服务和数字化产品。

①服务。服务是为出售而提供的活动、利益或满足感等，如金融服务、旅行、修理等。服务具有无形性、不可分离性、可变性和不可储存性。因此，它需要更多的质量控制、供应商信用以及适用性。

②数字化产品。数字化产品是指信息、计算机软件、视听娱乐产品等可数字化表示并可用计算机网络转输的产品或服务。在数字经济时代，这些产品（服务）可不必再通过实物载体形式提供，可通过计算机网络传送给消费者，如多媒体产品等。由于数字化产品的价值和质量很难进行直观界定，因此，企业应更注重提升自身信誉，并给消费者提供完善的服务保障。

（2）以产品的用户为基础分类

产品可分为消费品和工业品。

1）消费品。消费品是指那些由最终消费者购买并用于个人消费的产品。营销人员根据消费者的购买习惯，将消费品进一步细分为便利品、选购品、特殊品和非渴求品。消费者购买这些产品的方式不同，因此营销人员对它们进行营销的方法也应有所不同。

①便利品。便利品是指消费者频繁购买或需要随时购买，并很少需要做购买比较和购买努力的产品，如烟草制品、香皂、卫生纸等。它们的价格通常很低，并且被置于很多营销点，随时等待消费者的购买。便利品可以进一步分成日用品、冲动品和救急品。

日用品是指消费者经常购买的产品，如蔬菜、牙膏等。

冲动品是消费者没有经过计划或寻找而购买的产品。如放在超市结账台旁边，可供消费者随时选购的口香糖、电池等。

救急品是当消费者的需求十分紧迫时购买的产品。如下雨时购买雨伞，受伤时购买创可贴等。

②选购品。选购品是指消费者会仔细比较其适用性、质量、价格和式样，购买频率较低的消费品。在购买选购品时，消费者通常会花大量的时间和精力收集信息并进行比较，如汽车、服装、电器等。营销人员通常在较少的几个营销点销售产品，但却加深了销售程度以帮助消费者进行对比挑选。

选购品可以分为同质品和异质品。消费者认为同质品的质量相似，但价格却明显不同，所以有选购的必要。销售者必须与消费者“商谈价格”。但对于消费者来说，在选购异质品时，产品的特色通常比产品的价格更为重要。

③特殊品。特殊品是指一个重要的消费者群愿意花特殊的精力去购买的有特殊性质或品牌识别的消费品，如特殊品牌和型号的汽车、名牌香水等。一般情况下，消费者并不比较特殊品。他们只是花必要的时间到出售所需产品的经销商处购买。

④非渴求品。非渴求品是指消费者不了解或即便了解也不想购买的产品。绝大多数新产

品都是非渴求品，直到消费者通过广告认识了它们为止。典型的例子是保险、百科全书等。根据其性质，非渴求品需要做大量的广告、直销和其他营销努力。

2）工业品。工业品是指那些为进一步用于工业生产而购买的产品。因此，消费品和工业品的不同之处在于购买产品的目的不同。按照产品参加生产过程的方式和产品价值，可分为完全进入产品的工业品、部分进入产品的工业品和不进入产品的工业品。

①完全进入产品的工业品。完全进入产品的工业品是指经过加工制造，其价值完全进入新产品的工业品，包括原材料（铁矿、棉花）和零部件（钢材、棉纱）等。

②部分进入产品的工业品。部分进入产品的工业品是指在生产过程中逐渐磨损，其价值分期分批进入新产品的资本设备，包括设施（土地、厂房）和附属设备（发电机、车床）等。

③不进入产品的工业品。不进入产品的工业品是指不会在生产过程中变为实际产品，但其价值要计入新产品成本，维持企业经营管理所必需的工业品，包括供应品（纸、笔）和企业服务（设备维修、法律咨询）等。

3. 产品组合

(1) 产品组合的有关概念

1）产品组合。产品组合是指一个企业提供给市场的全部产品线和产品项目的组合，即企业的生产经营范围和产品结构。产品组合一般是由若干条产品线组成的，每条产品线又是由若干个产品项目构成的。

2）产品线。产品线是指密切相关的满足同类需求的一组产品。同属一条产品线的各种产品在功能、用户、分销渠道等方面有密切关联性。

3）产品项目。产品项目是指产品线中不同品种、规格、质量和价格的特定产品。在企业名录中列出的每种产品都是一个产品项目。

4）产品组合的宽度、长度、深度和关联性。

①产品组合的宽度。产品组合的宽度是指一个企业生产经营的产品大类有多少，也就是说拥有多少条产品线。拥有的产品线越多，产品组合就越宽；否则就越窄。某企业产品组合情况见表 5－1，其产品组合宽度是 4，拥有 4 条产品线。

②产品组合的长度。产品组合的长度是指一个企业所有产品线中产品项目的总和。表 5－1中，产品组合的长度是 19。

③产品组合的深度。产品组合的深度是指一条产品线中平均具有的产品项目数。表5－1中，产品组合的深度是 $19 \div 4 = 4.75$。

④产品组合的关联性。产品组合的关联性是指各个产品线在最终用途、生产技术、分销渠道和其他方面的关联程度。表 5－1 中，企业拥有四条产品线，既有彩电、冰箱、洗衣机，又有药品，前三个有一定的关联性，但与药品产品线的关联性就较小。

表 5－1 某企业产品组合情况

	彩电	冰箱	洗衣机	药品
产品线的长度	29 英寸	双王子	小神童	感冒药
	32 英寸	金王子	小神螺	止痛药
	40 英寸	单开门	双动力	止咳药
	42 英寸	双开门		消炎药
	等离子电视			补钙药
	液晶电视			补血药

（2） 产品组合策略的类型

1） 全面化组合。全面化组合是指向市场提供本行业的各种类型的产品，尽可能地增加产品组合的宽度和深度。

2） 市场专业化组合。市场专业化组合是指增加产品线深度，生产某大类中的各种型号规格的产品来满足不同消费者的需求。

3） 有限产品组合。有限产品组合是指企业集中力量只生产某类产品中的部分产品，以提高其专业化水平，满足有限市场的需求。

4） 特殊产品专业组合。特殊产品专业组合是指一个企业只生产某种特殊产品，以满足市场上某种特殊需求。

（3） 产品组合策略的调整

1） 扩大产品组合。扩大产品组合包括两方面的内容：①增加产品组合的宽度，扩大经营范围。当企业预测现有产品线的销售额和利润等在未来几年要下降时，就应考虑在产品组合中增加新的产品线或重点发展具有发展潜力的产品线，弥补原有产品线的不足。②增加现有产品线的深度，即增加新的产品项目。这样可以充分利用过剩的生产能力，填补市场空隙，防止竞争者的侵入。但同时也应注意，防止企业新旧产品之间的过度竞争，合理调配企业的各种资源。新增的产品线可以与原有产品线有一定的联系，也可以没有联系。一般来说，扩大产品组合，可使企业充分利用人、财、物资源，分散风险，增强竞争能力。

2） 缩减产品组合。缩减产品组合是指减少企业产品组合的宽度、深度，把有限的资源投入利润较高的产品线上，以增加产品的获利能力和竞争力。当市场环境不景气或原材料、能源供应较为紧张时，企业可考虑缩减产品组合，因为产品线的不断延长，使企业用于调研、设计、促销、运输、仓储等方面的费用不断增加，造成企业利润的减少。适当地缩减产品组合，剔除那些获利很小甚至无利可图的产品线或产品项目，使企业集中资源生产获利较高的产品，反而会使总利润上升。

3） 产品线延伸。全部改变或部分改变现有产品的市场定位称为产品线延伸。产品线可以向下延伸、向上延伸或者双向延伸。

①向下延伸。向下延伸是指原来定位于高档市场的企业逐渐增加一些中低档次的产品。利用高档名牌产品声誉，吸引购买力较低的消费者购买此生产线的低廉产品。决定向下延伸

的原因主要有以下几方面：企业的高档产品受到攻击，于是决定以低档产品进行反击；高档市场发展缓慢，影响企业效益；企业所采取的是通过高档产品树立质量形象化然后再向下扩展的策略；低档产品为市场空缺，企业如不占领，就会被竞争对手乘虚而入，形成对企业的冲击。向下延伸经常会遇到竞争对手的反击和来自经销商的阻力。日本汽车企业之所以能赶超美国，就在于美国汽车企业当初放弃了小型汽车市场，而使日本汽车企业占领了市场。但实行这种策略也会给企业带来一定的风险，如处理不慎，很可能影响企业原有产品的市场形象及名牌产品的市场声誉。同时，这种策略必须辅之以一套相应的营销策略，如对销售系统的重新设置等。所有这些将大大增加企业的营销费用开支。

②向上延伸。市场定位低的企业将其产品线向上延伸，发展高档产品。其主要原因是：被高档产品的高增长率和高利润率所吸引；形成自己完整的产品线；提高企业产品的质量形象。向上延伸对企业来说风险很大，因为高档产品的竞争对手不仅会稳守自己的阵地，而且还可能伺机向低档市场进犯；消费者对企业能否生产出优质产品缺乏信心；企业的销售代表和经销商可能因为缺乏能力和必要的训练而不能很好地为高档市场服务。

③双向延伸。双向延伸是指原定位于中档产品市场的企业掌握了市场优势以后，决定向产品线的上下两个方向延伸，一方面增加高档产品，另一方面增加低档产品，扩大市场阵地。双向延伸是企业寻求市场领导地位的重要途径。但企业会受到来自各方面的挑战，对企业的各方面能力都是极大的考验。

4）产品线现代化。在某些情况下，虽然产品组合的宽度、长度都很恰当，但产品线的生产形式却可能已经过时，这就必须对产品线实施现代化改造。例如，某企业生产还停留在20世纪六七十年代的水平，技术性能及操作方式都比较落后，这必然使产品缺乏竞争力。如果企业决定对现有产品线进行改造，产品线现代化战略首先面临这样的问题：是逐步实现技术改造，还是以最快的速度用全新设备更换原有产品线？逐步现代化战略可以节省资金耗费，但缺点是竞争者很快就会察觉，并有充足的时间重新设计它们的产品线；而快速现代化战略虽然在短时期内耗费资金较多，却可以出其不意，击败竞争对手。

藤蔓式创新

创新型公司有两类：一类是专注做一个东西，顶多在产品形态上发生一些变化；另一类也很有创新性，但是逐渐与原来的产品形态、产业方向不一样，最典型的是明尼苏达矿务及制造业公司（Minnesota Mining and Manufacturing Corporation，简称3M公司）。

“三米之内必有3M”是说三米之内一定有3M公司的产品，例如汽车玻璃上的贴膜等。3M公司是典型的藤蔓式创新，这类公司的产品线特别多，但是公司产品和产业的发展逻辑实际上是有章可循的。

雅马哈也是这样一个公司。靠修钢琴起家的雅马哈，是怎样发展成一个能生产乐器、家具、汽车、电器、机器人等的大集团的呢？雅马哈最开始是一家修钢琴的公司，后来开始做钢琴，进而开始做木匠，进军家具行业，正好那个时候飞机的螺旋桨是木制的，于是就开始做螺旋桨，进入工业领域后做发动机等。

资料来源：《冬吴同学会》，2019-06-12。经整理加工。

二、产品生命周期策略

1. 产品生命周期的概念

产品生命周期是指产品从投入市场开始，直到被市场淘汰所经历的全部时间。典型的产品生命周期一般可分为四个阶段，即投入期（介绍期）、成长期、成熟期和衰退期，如图5－2所示。

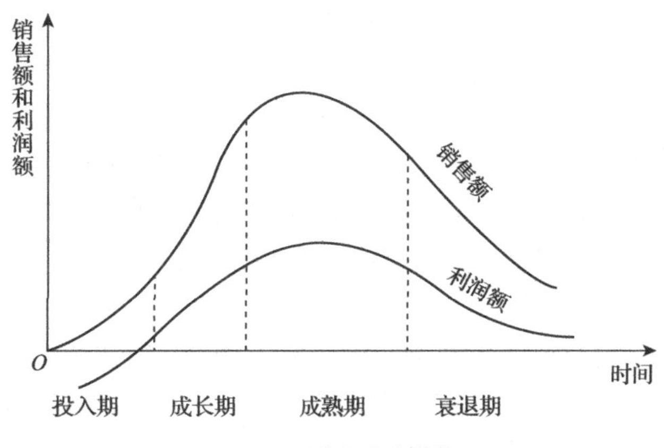

图5－2　产品生命周期

产品生命周期曲线是营销学家以统计规律为基础进行理论推导的结果。在现实经济生活中，并不是所有产品的生命历程都完全符合这种理论形态，即销售额随时间推移呈正态分布曲线，各阶段的周期间隔基本相同。如一些产品刚投入市场就迅速进入成长期，可能跳过销售额缓慢增长的投入期；另一些产品可能持续缓慢增长，即由投入期直接进入成熟期；还有一些产品经过成熟期以后，再次进入成长期。

2. 产品生命周期各阶段的特点和营销策略

（1）投入期的特点和营销策略

1）投入期的特点。投入期是新产品上市的最初时期，其特点主要有：消费者对产品还不了解，只有少数追求新奇的消费者可能购买，销售量很低；生产工艺尚不完善，工人劳动熟练程度差，废品率高，因而成本高；分销网络不广、渠道不畅，销售增长缓慢，销售额和利润都很少，甚至可能亏损；为了扩展销路，需要大量的促销费用，对产品进行宣传。在这一阶段，促销费用很高，支付费用的目的是要建立完善的分销渠道。促销活动的主要目的是介绍产品，吸引消费者试用。

2）投入期的营销策略。根据以上特点，投入期营销策略要突出一个“快”字，即尽量以最短的时间、最快的速度使产品进入成长期。如果只考虑价格和促销费用这两个因素，在投入期可供企业选择的策略有以下几种：

①快速撇脂战略。这一策略也叫双高策略，是指企业以高价格和高促销费用推出新产品。高价格是为了企业尽可能在销售中获得高额利润。高促销费用的目的是，使市场上的消

费者相信即使以高价购买该产品也并非得不偿失。高促销费用可以加速产品进入市场的速度。在下列条件下，这种策略较适用：潜在市场上的大部分人还不知道该产品；了解该产品的人急于购买并能照价付款；企业面临潜在竞争，期望通过该策略促使消费者对该品牌产生偏好。

②缓慢撇脂战略。这一策略也叫选择渗透策略，是指企业以高价格和低促销费用将新产品推入市场。企业高价格销售的目的是要在销售中尽可能多地获取利润；低促销费用则可以减少营销费用。采用此种策略可以从市场上获取大量利润。在下列条件下，这种策略是适用的：市场规模有限；市场上大部分人了解这种产品；消费者愿意出高价；没有激烈的潜在竞争。

③快速渗透战略。这一策略也叫密集式渗透策略，是指企业以低价格和高促销费用推出新产品。这种策略可以以最快速度渗透市场，并达到最大市场占有率。如符合下列条件，就可使用这种策略：市场规模大；市场上的消费者不了解该产品；大部分消费者对价格敏感；存在强大的潜在竞争力量；随着生产规模的扩大和生产经验的积累，企业的单位生产成本下降。

④缓慢渗透战略。这一策略也叫双低策略，是指企业以低价格和低促销费用推出新产品。低价格会刺激市场尽快接受该产品，企业保持低水平的促销费用是为了实现更多利润。企业认为市场需求的价格弹性很大，而促销的价格弹性很小。在下列情况下，可采用这种策略：市场庞大；市场上的消费者非常了解该产品；消费者对价格敏感；存在潜在竞争对手。

投入期是产品成长的关键阶段，决定着产品的市场前景，在以上四种策略中，企业不可轻率做选择，尤其是市场开拓者，切不可因选择“赚大钱”的策略而牺牲长远利益。

投入期：用户口碑是决定性因素

产品上线之初，用户并不会因为产品的功能很多而来，恰恰是因为能持续解决其问题而来。

所以，在产品上线后半年左右，找到产品的气质至关重要，用户的留存率、活跃率和用户反馈是营造产品气质的关键。

用户群精准了，需求就会相对明确，产品的策略也就比较简单，就是围绕核心需求进行打磨，克制欲望，少加功能，在关键路径上去满足现有用户的需求。

而投入期的运营策略也应该围绕核心用户引入，重质量而非数量。例如“快手”围绕视频转换成 GIF 的速度和上传速度进行迭代，而“极简汇率”几乎在产品的整个周期里都围绕汇率转换这个功能点进行迭代，这些都为积累用户口碑打下了坚实的基础。

资料来源：《独角兽之路：20 款快速爆发且极具潜力的互联网产品深度剖析》，2020－10－20。经整理加工。

（2）成长期的特点和营销策略

1）成长期的特点。这一阶段的特点是产品销售量迅速增长。由于消费者对产品已经熟悉，大量的新消费者已经购买，市场逐步扩大；产品设计已经基本定型，生产工艺已基本确定，工装设备已经齐全，具备大批量生产的条件，因此，产品成本大幅下降，随着销售额的快速增长，利润也迅速提高。其他企业见有利可图，纷纷生产同类产品，竞争开始加剧。

2）成长期的营销策略。成长期企业营销的目标是扩大市场占有率，掌握市场竞争的主动权。营销策略要突出一个“好”字，企业可采用以下几种策略：

①产品策略。狠抓产品质量，并赋予产品新的特性，同时改进产品的包装、款式和服务；由开发速度的竞争转变为质量的竞争，竞争者的介入迫使企业寻求差异化；增加新样式和侧翼产品，避免单一品种孤军作战，以多产品形式捕捉机会和抵制竞争产品。

②价格策略。此阶段一般保持原价或适当调整价格。有些大众化产品为了吸引更低层次的、对价格敏感的消费者，可采取招徕策略；如果企业产品有垄断性，可以采用高价策略。

③渠道策略。进入新的细分市场以扩大市场面，谋求更大发展；增设新的分销网络。多渠道进入市场，争取最大销售量。

④促销策略。改变广告内容，要从提高产品知名度转变为说服人们购买其产品。市场由产品拓展转变为品牌竞争，宣传品牌，树立企业形象，强化消费者的购买信心。

企业如果采用上述策略，就会巩固其竞争地位。但企业会面临“高市场占有率”和“高利润率”之间的选择。如欲获得领导地位，企业就必须在产品改进、促销宣传和分销开拓方面大量开支。企业要想在下一个阶段获得更高利润和竞争优势，就要放弃最高当期利润，从长期利润获取看，这有利于企业的发展。

成长期：拉新转化和留存是关键

产品在上线一段时间后，若只靠用户口碑进行传播，则用户量的增长会遇到瓶颈，因为要获取新的用户群，还要保证老用户不流失，产品发展策略主要有以下三种：

1）扩用户群。例如“网易花田”在早期以IT行业为突破口，在成长期开始面向高收入、高学历的白领人群。

2）扩品类。例如“洋葱学院”从最早的数学教学扩至物理教学等，以此增加新的用户群。

3）做外延。当产品引入大量的新用户时，老用户就会开始有所疲惫，这时需要对产品功能进行扩展，把用户留住，例如“懂球帝”新增的“圈子”功能。

资料来源：《独角兽之路：20款快速爆发且极具潜力的互联网产品深度剖析》，2020-10-20。经整理加工。

（3）成熟期的特点和营销策略

1）成熟期的特点。在产品生命周期各阶段中，此时期持续时间最长，其特点是：销售额增长缓慢已趋于稳定并在达到峰值后开始缓慢下降；此时市场已接近饱和，新的需求不多，市场竞争逐渐加剧；产品完全定型，生产技术已完全成熟，产品生产批量大，成本进一步降低，总利润水平达到峰值。但到后期，由于产品售价降低，促销费用增加，企业利润开始下降。

2）成熟期的营销策略。成熟期营销策略的主要目的是维持甚至扩大原有的市场份额，尽量延长产品的市场寿命，因此成熟期营销策略要突出一个“改”字，即对原有的产品和市场进行改进。主要策略有以下几种：

①改进市场。主要途径有：进入新的细分市场，寻求新用户；刺激现有消费者，增加使用频率；重新定位产品，寻求新的买主。

②改进产品。提高质量，目的是提高产品的使用性能；改进特性，目的是增加产品新的特性，扩大产品多方面的适用性，提高安全性，使之使用方便；改进款式，目的是提高产品的美观性。

③改进市场营销组合。改进市场营销组合是提高销售额的重要途径。主要有：通过降价促销或提价显示质量提高来提高销售额；通过提高现有渠道的分销能力和开拓新的分销渠道来提高销售额；通过增加广告开支或重新设计广告策略，提高广告效果，刺激销售；通过增加新的销售促进措施来提高销售额；通过加大人员推销力量，提高推销人员素质，重新设计推销人员布局分工，以及改善对推销人员的奖励办法来提高销售额；通过增加服务项目和提高服务质量来促进销售。

成熟期：关键点是做大收入

当产品度过投入期和成长期后，就会进入成熟期，这一阶段的关键点是做大收入。

很多产品在早期没有找到盈利模式，但是用户口碑不错，在用户量高速增长之后，盈利模式自然会打开，例如“下厨房”找到了市集的模式，以一个垂直产品切入电商，而“小恩爱”这样的产品也找到了类似会员的模式作为盈利点。

对于好产品，用户会为其说话，也会心甘情愿地付费。

成熟期的典型特点为：以收入为主导的产品策略，以用户活跃为运营目标。

资料来源：《独角兽之路：20 款快速爆发且极具潜力的互联网产品深度剖析》，2020－10－20。经整理加工。

（4）衰退期的特点和营销策略

1）衰退期的特点。这一时期的主要特点是：产品的销售量和利润都迅速下降；产品在技术上、经济上已趋于老化，降价已成为竞争的主要手段，因此，企业竭力要求职工努力降低生产成本。在该阶段，市场上已经有同类产品来代替老产品，老产品逐渐无人问津；一些产品纷纷退出市场，新产品已经上市。

2）衰退期的营销策略。衰退期营销策略要突出一个“转”字，即转向研制开发新产品或转入新市场，如由国内市场转向国际市场，由城市市场转向农村市场。但由于会有很多企业退出该市场，留下来的企业也会有利可图，因此，对待进入衰退期的产品，淘汰并非唯一策略。衰退期的主要策略有以下几种：

①保持企业的投资水平，直到该产业前景明朗为止。对于前景难测、尚有希望，而对企业整个业务又无大影响的衰退产品，企业要保持投资水平，期望出现希望。

②有选择地降低企业投资水平，放弃前景不佳的消费者群，同时加强有持久消费者需求的小的细分市场的投资势头。

③尽可能在有利的情况下处理资产，以便尽快放弃此项业务。此为从利润角度考虑的较

为稳妥的收割策略。

④为了尽快收回现金，从投资中榨取利润，企业不顾及投资势头会产生什么结果，即时收割，减少销售网点，降低价格扩大销售；降低销售费用，节约开支。

三、新产品开发策略

1. 新产品的概念

从企业营销角度来看的“新产品”与因科学技术在某一领域的重大突破所推出的“新产品”在概念上不同。这里的新产品是指和企业原有产品相比较，具有吸引消费者新价值的产品。因此，企业的产品只要在功能或形态上发生改变，与原产品产生差异，即可视为新产品。新产品可划分为以下几类：

（1）全新产品

全新产品是指用新原理、新技术和新材料研制出市场上从未有过的产品。如首次推出的汽车、照相机、计算机等。全新产品具有其他类型新产品所不具备的优越性。它可以取得发明专利权，受国家法律的保护，发明者享有独占权利。它具有明显的新特征和新用途，能促使传统的生产、生活方式改变。另外，全新产品的研制是一件相当困难的事情，不但要花费巨大的人力、物力和财力，失败率高，风险大，而且从理论到实践、从实验到生产所花的时间也比较长。因此，企业为了实现战略目标，不失时机地重视研制全新产品的更新换代、改进和革新。

（2）换代产品

换代产品是指采用新材料、新原理、新技术，使原有产品的性能有飞跃性提高的产品，如计算机的更新换代。现代科学技术的进步，技术市场的建立和发展，消费者日益多变的需求，是企业对产品更新换代的良好条件。

（3）改进产品

改进产品是指对原有产品从不同侧面进行改进创新所生产的产品。下列情况同属这种类型：

1）原有产品用途不变，通过采用新设计、新材料改变其品质；或通过采用新式样、新包装、新品牌改变其外观。

2）在原有产品所具有的功能的基础上，把原有产品与其他产品或原材料加以组合，使其增加新功能；或通过采用新设计、新结构、新零件使其增加新用途。

3）在原有单一种类产品的基础上，研制设计出多品种、多型号、多规格、多款式的产品，加深产品线的深度，使其适应不同消费者的不同需求。所有这些都属于改进产品。企业根据市场的变化和产品的不同生命周期阶段不断推出各种不同的改进产品，可以增强产品竞争能力，延长产品生命周期，减少研制风险，提高经济效益。

（4）仿制产品

仿制产品是指企业完全模仿市场上已有的产品，而对企业来说是第一次生产的或在本地区第一次上市的一种新产品。开发此类新产品，企业无须技术上大变化或改动，但在掌握需求潜量、市场竞争潜力等方面却有较高的要求，否则难免遇到风险。

2. 新产品开发的程序

新产品开发是一个从寻求新产品构思开始，一直到把某个构思转变为商业上取得成功的新产品为止的全过程。开发新产品存在成功与失败的矛盾，成功意味着获利，失败则意味着风险。国外有关资料表明，新产品失败率高达 80% 以上。有些新产品虽构思颇佳，但无法拓展；有些虽已上市，但无人问津；有些虽被接受，但寿命太短，不久便销声匿迹。特别是对于中小企业来说，成功固然可以从中谋求发展，失败则可能使企业一蹶不振，直至破产。正因为开发新产品会有这样大的风险，所以发展新产品必须严格遵循一定的科学程序进行，以尽量避免或减少风险，使开发新产品工作能顺利达到预期目的。

开发新产品的程序，大致经过七个阶段，即新产品构思、筛选、初拟营销规划、商业分析、新产品研制、市场试销、正式上市。

（1）新产品构思

构思，也称创意、设想，俗称点子，是指提出新产品的设想方案。虽然并不是所有的构思都可变成产品，但寻求尽可能多的构思可为开发新产品提供较多的机会。所以，现代企业都非常重视创意的开发。新产品构思的主要来源有消费者、科学家、竞争对手、企业推销人员和经销商、企业高层管理人员、市场研究公司、广告代理商等。此外，企业还可从大学、咨询公司、同行业的团体协会、有关报刊媒体处寻求有用的新产品构思。一般说来，企业应当主要靠激发内部人员的热情来寻求构思。这就要求建立各种激励制度，对提出创意的职工给予奖励，而且高层管理人员应对这种活动表现出充分的重视和关心。

（2）筛选

筛选是指对所有构思方案“去粗取精”的过程。企业所取得的构思方案既不可能全部实施，也不可能完全符合企业目标，因此需通过筛选大量地淘汰那些不可行或可行性低的构思方案。筛选一般要考虑两个因素：①该构思是否与企业的战略相适应，表现为利润目标、销售目标、销售增长目标、形象目标等几个方面；②企业有无足够的能力开发这种构思，表现为资金能力、技术能力、人力资源、销售能力等。

（3）初拟营销规划

新产品构思确定之后，需要初步拟定一个把这种产品引入市场的市场营销规划，并在未来的发展过程中不断完善。初拟营销规划由以下三个部分组成：

1）描述目标市场的规模、结构、行为；新产品在目标市场上的定位；前几年的销售额、市场占有率、利润目标等。

2）简述新产品的计划价格、分销战略以及第一年的市场营销预算。

3）阐述计划期销售额和目标利润以及不同时期的市场营销组合。

（4）商业分析

新产品构思的商业分析，其主要目的在于确定新产品的长期经济效益。商业分析的焦点主要在利润上，但其他因素如对社会、市场所承担的责任也不容忽视。这种分析大致分为需求分析、成本分析、盈利分析三大部分，可采用多种具体方法进行分析。其中最常使用的一种方法，就是所谓的“产品会审法”，即在对新产品构思分析时，把本企业的市场销售人员、生产人员、工程技术人员召集到一起，共同对拟将推出的产品提出意见。

企业对产品的这种“会审”，主要弄清以下问题：新产品有什么特点，是否比市场上现有的同类产品好？新产品的目标市场在哪里，其潜在购买力如何？企业的资金和设备如何，是否适应新产品的发展？新产品发展上市成功的可能性有多大？新产品的竞争能力如何？新产品的预期利润如何？有没有其他发展及生产上的问题？

(5) 新产品研制

如果新产品开发过程中通过了商业分析，研究与开发部门及工程部门就可以把这种构思转化为产品，进入研制阶段。只有在这一阶段，以文字、图表及模型等描述的产品设计才变为实体产品。这一阶段应当弄清楚的问题是，产品构思能否变为技术上和商业上可行的产品。如果不能，除在全过程中取得一些有用副产品即信息情报外，所耗费的资金则全部付诸东流。

(6) 市场试销

如果企业的高层管理者对某种新产品开发试验结果感到满意，就着手用品牌名称、包装和初步市场营销方案把这种新产品装扮起来，把产品推上真正的消费者舞台进行试验。这是新产品开发的第六阶段。其目的在于了解消费者和经销商对于经营、使用和再购买这种新产品的实际情况以及市场大小，然后再酌情采取适当对策。市场试验的规模取决于两个方面：①投资费用和风险大小；②市场试验费用和时间。投资费用和风险较高的新产品，试验规模应大一些；投资费用和风险较低的新产品，试验规模就可小一些。从市场试验费用和时间来看，所需市场试验费用越多、时间越长的新产品，市场试验规模应越小一些；反之，则可大一些。不过，总的来说，市场试验费用不宜在新产品开发投资总额中占太大比例。

(7) 正式上市

经市场试销成功的新产品，即可正式上市。在正式上市之前，企业还要做出四项决策。

1）推出时机。新产品上市要选择最佳时机，最好是应季上市，以便立即引起消费者的兴趣。同时要考虑新老产品的交替，新产品上市过早，会加速原有产品的老化；新产品上市太迟会因新老产品都不盈利，给企业造成损失。一般来说，当老产品由成熟期进入衰退期时，新产品大量投放市场，力争既能满足消费者需要，又能使企业提高或保持原有的市场占有率，获得较好的经济效益。

2）推出地点。一般来说，新产品开始上市的地点，中小企业可选择一个中心城市推出新产品，迅速占领市场，站稳后再逐步扩展到其他地区；大企业可先在一个地区推出，然后再逐步扩展，如有把握，也可在全国各地同时上市，迅速占领全国市场。

3）目标消费者。企业推出新产品时，应针对最佳消费者群制定营销方案。新产品的目标消费者有早期试用者中的经常使用者、用户中有影响力者、潜在消费者等。对此，企业要做到心中有数，针对不同类型的消费者采取相应的策略。

4）营销策略。营销策略是指针对产品特点和不同的消费者做出相应的营销组合，如产品定价、确定分销渠道、广告和用户调查等。

3. 新产品市场扩散

所谓新产品扩散，是指新产品上市后随着时间的推移不断地被越来越多的消费者所采用的过程。新产品的市场扩散强调的是产品生命周期中的投入期和成长期。企业的策略要点是根据不同产品及不同目标市场消费者在这两个阶段的市场特性，以及消费者接受新产品的规律，有效地运用市场营销组合，采取有力的对策，加快新产品的市场扩散。

（1）新产品采用者的类型

在新产品的市场扩散过程中，由于个人性格、文化背景、受教育程度和社会地位等因素的影响，不同的消费者对新产品接受的快慢程度不同。埃弗雷特·罗杰斯根据这种接受程度快慢的差异，将采用者划分为五种类型，即创新采用者、早期采用者、早期大众、晚期大众和落后采用者（见图5－3）。尽管这种划分并非精确，但它对于研究扩散过程有着重要意义。

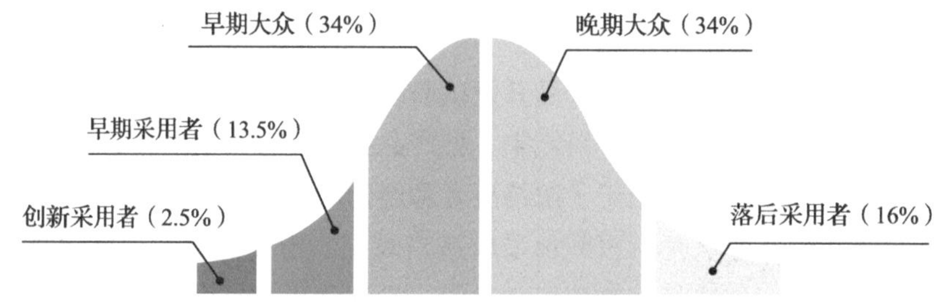

图5－3　新产品市场扩散图

1）创新采用者。创新采用者也称“消费先驱”。通常他们富有个性，受过高等教育，勇于革新冒险，性格非常活泼，消费行为很少听取他人意见，经济宽裕，社会地位较高。广告等促销手段对他们有很大的影响力。这类消费者是企业投放新产品时的极好目标，占全部潜在采用者的2.5%。

企业市场营销人员在向市场推出新产品时，应把促销手段和传播工具集中于创新采用者身上。如果他们的采用效果较好，就会大力宣传，带动后面的使用者。不过，找出创新采用者并非易事，因为很多创新采用者在某些方面倾向于创新，而在其他方面是落后采用者。

2）早期采用者。早期采用者一般也接受过较高的教育，年轻，勇于探索，对新事物、新环境比较敏感，并且有较高的适应性，经济状况良好，他们对早期采用新产品具有一种自豪感。对周围的人具有“舆论领袖”的地位。这类消费者对广告及其他渠道传播的新产品信息很少有成见，促销媒体对他们有较大的影响力。但与创新采用者比较，他们一般持较为谨慎的态度。这类消费者是企业推广新产品极好的目标，占全部潜在采用者的13.5%。

3）早期大众。这部分消费者一般保守思想较少，受过一定教育，有较好的工作环境和固定的收入；对社会中有影响力的人物，特别是“舆论领袖”的消费行为具有较强的模仿心理；他们不甘落后于潮流，但由于他们特定的经济地位所限，在购买高档产品时，一般持非常谨慎的态度。他们经常是在征询了早期采用者的意见之后才采纳新产品。但早期大众和晚期大众构成了产品的大部分市场，因此，研究他们的心理状态和消费习惯对提高产品的市场份额具有很大的意义。此类消费者占全部潜在采用者的 34%。

4）晚期大众。这部分消费者的采用时间较平均采用时间稍晚，其基本特征是多疑。他们的信息多来自周围的同事或朋友，很少借助宣传媒体收集所需要的信息，其受教育程度和收入状况相对较差，所以，他们从不主动采用或接受新产品，直到多数人都采用且反映良好时才行动。显然，对这类采用者进行市场扩散是极为困难的。此类消费者占全部潜在采用者的 34%。

5）落后采用者。这部分消费者是采用创新的落伍者，他们思想保守，拘泥于传统的消费行为模式。他们与其他的落后采用者关系密切，极少借助宣传媒体，其社会地位和收入水平最低。因此，他们在产品进入成熟期后乃至进入衰退期时才会采用。在社会经济地位、个人因素和沟通行为等方面与一般人相比存在差异。此类消费者占全部潜在采用者的 16%。

创新采用者和早期采用者同早期大众和晚期大众相比虽然居于少数，但是认识他们对待新产品的行为以及对新产品的反映，对新产品的市场营销极为重要。因为，作为新产品的试销对象，他们对新产品的反映对修正新产品的市场营销战略具有很大的参考价值；他们具有很高的社会地位或舆论影响力，他们的评价，特别是较高的评价，对今后早期大众和晚期大众的购买行为将产生很大的影响。

当然，认识创新采用者和早期采用者并非易事，因为一种产品的创新采用者不一定是其他产品的创新采用者，他们的购买可能具有专业化性质，他们的影响可能仅局限在某一特定的领域。因此，任何企业都必须具体情况具体分析，区别对待。

（2）新产品扩散过程管理

新产品扩散过程管理，是指在新产品上市后，企业通过采取措施使新产品扩散达到既定市场营销目标的一系列活动。企业在新产品扩散过程中不仅要受到外部不可控制因素（如竞争者行为、消费者行为、社会环境等）的影响，更重要的是，还会受到企业市场营销活动（如产品质量、价格战略、人员推销、广告水平等）的制约。因此，企业必须对新产品的扩散过程进行管理。企业新产品扩散管理体制的目标主要有：在投入期尽快打开局面；在成长期实现销售额快速增长；在成熟期产品全面占领市场；尽可能长时间维持一定水平的销售额。

然而，从产品生命周期曲线上我们可以看到，新产品扩散的实际过程却不是这样的。典型的产品扩散过程通常是投入期销售额增长缓慢，成长期的增长率也较低，而且，产品进入成熟期不久后，销售额就开始下降。为了使产品扩散过程达到其管理目标，要求企业市场营销管理部门采取一些措施和战略。

1）在投入期尽快打开局面，应派出大量销售队伍，积极开展推销活动，开展强大的广告攻势，使目标市场尽快了解新产品，积极开展促销活动，鼓励消费者试用新产品。

2）在成长期实现销售额快速增长，应保证产品质量，加强和消费者的沟通，继续加强广告攻势，推动后期采用者加入购买行列，推销人员向中间商提供全面的销售支持，运用多种促销手段使消费者重复购买。

3）在成熟期产品全面占领市场，应继续采用快速增长的各种战略，更新产品设计和广告战略，以适应后期采用者的需要。

4）要想长时间维持一定水平的销售额，应使处于衰退期的产品继续满足市场需要，扩展分销渠道，加强广告推销。

四、品牌和包装策略

1. 品牌策略

（1）品牌的含义

品牌俗称牌子，是用以识别卖主的产品的某一名词、术语、标记、符号、设计或它们的组合。其基本功能是把不同企业之间的同类产品区别开来，使竞争者之间的产品不致发生混淆。品牌是一个集合概念，它包括品牌名称、品牌标志、商标。

1）品牌名称。品牌名称是指品牌中可以用语言称谓表达的部分。例如“可口可乐”“海尔”都属于可以用语言称谓表达的品牌名称。

2）品牌标志。品牌标志是指品牌中可以识别但不能读出声的部分，如符号、图案、特殊颜色或字母。例如李宁的图案及字母组合等，都是品牌标志。

3）商标。商标是一个法律术语。一个品牌或品牌的一部分，经过必要的法律注册程序后，就称为“商标”。商标具有专用权，并受法律保护，商标保护其所有者使用品牌名称或品牌标志的专用权。

（2）品牌的内容

品牌实质上代表着卖者对交付给买者的产品特征、利益和服务的一贯性的承诺。但品牌还包括一些更复杂的内容，一个品牌能表达以下六层意思：

1）属性。一个品牌首先给人们带来它所具有的属性。例如，“海尔”品牌意味着质量可靠、服务上乘、技术领先等。多年来，海尔在我国家电市场上的成功奠定了“一流的产品，完善的服务”属性。

2）利益。一个品牌不仅仅限于一组属性。消费者不是购买属性，而是购买利益。属性需要转换为功能利益和情感利益。如“耐用”这一属性可以转化为功能利益——“这台冰箱可以连续使用多年并在多方面保持它的领先性”；“完善的服务”这一属性可以转化为情感利益——“一旦使用中出现质量问题，企业将提供完善的售后服务”。

3）价值。品牌体现了该制造商的价值感。例如“高标准、精细化、零缺陷”体现了海尔的服务价值。

4）文化。品牌代表着一种文化。如海尔体现了厚重的中国文化，对消费者真诚，效率高，品质高。

5）个性。品牌反映一定的个性。如海尔的广告词“真诚到永远”，让人会想到海尔真诚、积极向上的个性。

6）使用者。品牌暗示了购买或使用产品的消费者类型。如“追求卓越”的消费者是海尔所关注的。

以上这些都说明品牌是一个复杂的象征，如果企业只把品牌当作一种产品名字，那相应的品牌策略就显得太肤浅了。当品牌具备这六个方面时，称为深度品牌，否则只是一个肤浅品牌。

（3）品牌的作用

1）从消费者角度看。品牌可以帮助消费者识别产品的来源或产品的生产者，从而有利于保护消费者权益。面对品种繁多的商品，大多数消费者都会受到缺乏商品知识的困扰。这时可通过对品牌商标的信赖来选择商品，尤其是具有法律意义的商标，对消费者来说意味着一种产品标准。同一品牌的商品表明其质量水平和其他指标能达到一定的程度，这样消费者在选购商品时只要认清品牌，就能够获得性能适当的商品。这有助于消费者避免购买风险，降低购买成本，有利于消费者形成品牌偏好。

2）从销售者的角度看。品牌一旦拥有一定的知名度和美誉度后，企业就可利用品牌优势扩大市场，使消费者形成品牌忠诚，有助于企业抵御竞争者的攻击，保持竞争优势。同时，品牌有利于企业进行市场细分，企业可以在不同的细分市场上推出不同品牌以适应消费者的个性差异，更好地满足消费者需要。另外，品牌还有助于塑造和宣传企业文化，提高员工的凝聚力。好的品牌是企业宝贵的无形资产，具有极高价值。

（4）品牌设计的原则

品牌在营销中的作用日益明显，为产品设计一个好的品牌无疑至关重要。为此，品牌设计应遵循以下原则：

1）简洁醒目。品牌设计者首先应遵循简单醒目、清晰可辨、易于识别和记忆的原则。来自心理学家的一项调查分析结果表明：人们接收的外界信息中，83%的印象通过眼睛获得，11%借助听觉获得，3.5%依赖触摸获得，其余的源于味觉和嗅觉获得。基于此，为了便于消费者认知和记忆，品牌设计的首要原则就是简洁醒目、清晰可辨，使品牌能在一瞬间吸引消费者的注意。为适应这个要求，不宜把过长的和难以识别的字符串作为品牌名称（冗长、复杂、令消费者难以理解的品牌名称不容易记忆），也不宜将呆板、缺乏特色感的符号、颜色、图案作为品牌标志。

2）构思巧妙。品牌设计应力求构思新颖、造型美观，既要有鲜明的特点，又要有艺术性，力避庸俗繁复。可以暗示企业或产品的属性，便于消费者识别。

3）富蕴内涵。心理学研究表明：人们的注意力很容易为情意较为浓重、内涵较为深刻的字、句所吸引，因此品牌设计要力求富蕴内涵、情意浓重。

4）避免雷同。品牌要反映独特的文化背景，要与竞争品牌有明显的差别，切忌模仿，不可依样画葫芦。

5）配合风俗。在设计品牌时，要注重研究行销地区的文化，切忌与当地文化发生冲突。

（5）品牌策略

1）品牌有无策略。一般来说，使用品牌对大部分商品可以起到很好的促销和保护作用，但并非所有的商品都必须使用品牌。一般在下列情况下可以不考虑使用品牌：①大多数未经加工的原料产品，如棉花、大豆、矿砂等；②不会因生产商不同而形成不同特色的商品，如钢材、大米等；③某些生产比较简单、选择性不大的小商品或一次性生产的商品。无品牌营销的目的是节省广告和包装费用，以降低成本和售价，加强竞争力，扩大销售。尽管品牌化是市场发展的大趋势，但对个别企业而言，是否使用品牌还必须考虑产品的实际情况。

2）品牌归属策略。企业决定使用品牌后，就要涉及采用何种品牌，一般有三种选择：①采用本企业的品牌，这种品牌称为企业品牌、生产者品牌、全国性品牌；②中间商品牌，也称私人品牌，也就是说，企业可以决定将其产品大批量地卖给中间商，中间商再用自己的品牌将货物转卖出去；③一部分产品使用生产者品牌，另一部分产品使用中间商品牌。

企业究竟应该使用企业品牌还是中间商品牌，必须全面权衡利弊。如果企业具有良好的市场信誉，拥有较大的市场份额，产品技术复杂，要求有完善的售后服务等条件，那么大多数企业使用企业品牌。相反，在企业资金实力薄弱，市场开拓能力较弱，或者在市场上的信誉远不及中间商的情况下，则适宜采用中间商品牌。尤其是新进入某市场的中小企业，无力用自己的品牌将产品推向市场，而中间商在这一市场领域中却拥有良好的品牌信誉和完善的销售体系，在这种情况下利用中间商品牌往往是有利的。近年来，西方国家许多享有盛誉的百货公司、超级市场、服装商店等都使用自己的品牌，这样可以增强对价格、供货时间等方面的控制能力。

3）品牌统分策略。

①个别品牌名称。个别品牌名称策略即企业的每一种产品分别使用不同的品牌名称。这种品牌策略的优点是：企业不会因某一品牌信誉下降而承担较大的风险；个别品牌为新产品寻求最佳市场提供了条件，有利于新产品和优质产品的推广；新产品在市场上销路不畅时，不至影响原有品牌信誉；可以发展多种产品线和产品项目，开拓更广泛的市场。这种品牌策略的缺点是：加大了产品的促销费用，使企业在竞争中处于不利地位；同时，品牌过于繁多，不利于企业创立名牌。

②统一家族品牌名称。统一家族品牌名称策略即企业将所生产的全部产品都用统一的品牌名称。例如，“海尔”系列产品，单一的家族品牌一般运用在价格和目标市场大致相同的产品上。运用统一的家族品牌名称策略有以下优点：建立一个品牌信誉，可以带动许多产品，并可以显示企业的实力，提高企业的威望，在消费者心中更好地树立企业形象；有助于新产品进入目标市场，因为已有的品牌信誉有利于解除消费者对新产品的不信任感；统一的家族品牌名称下有许多产品，因而可以运用各种广告媒体，集中宣传一个品牌形象，节约广告费用，收到更大的推销效果。在统一的家族品牌名称下的各种产品可以互相支援，扩大销售。但企业采用统一的家族品牌名称策略是有条件的：这种品牌必须在市场上已获得了一定的信誉；采用统一的家族品牌名称的各种产品应具有相同的质量水平。如果各类产品的质量水平不同，那么使用统一的家族品牌名称就会影响品牌信誉，特别是有损较高质量产品的信誉。

③分类家族品牌名称。分类家族品牌名称策略即根据产品的不同类别使用不同的品牌名

称。例如沃尔玛主要有三个自有品牌：a. 惠宜。它主要覆盖食品和非食品。b. 明庭。它主要覆盖家居用品。c. 简适。它主要覆盖服装产品。分类家族品牌名称可以使需求具有显著差异的产品区别开来（如化妆品与农药），以免相互混淆，造成误解。

④企业名称与个别品牌并用。企业名称与个别品牌并用策略即在每一种个别品牌前面冠以公司名称。其好处是可以使新产品享受企业的声誉，节省广告促销费用，又可以使品牌保持自己的特色和相对独立性。

（6）品牌延伸策略

品牌延伸策略是指将一个现有的品牌名称使用到一个新类别的产品上的策略。品牌延伸策略是指将现有成功的品牌用于新产品或修正过的产品上的一种策略。例如海尔品牌在冰箱上获得成功之后，又利用这个品牌成功推出了洗衣机、电视机、热水器、计算机等新产品。

品牌延伸策略的优点是：可以加快新产品的定位，保证新产品投资决策的快捷、准确；有助于减少新产品的市场风险；有助于强化品牌效应，增加品牌这一无形资产的经济价值；能够增强核心品牌的形象，提高整体品牌组合的投资效益。

品牌延伸策略的缺点是：如果某一产品出现问题就会损害原有品牌形象，一损俱损；有悖消费心理，会影响原有强势品牌在消费者心目中的特定心理定位；容易形成此消彼长的“跷跷板”现象。

（7）品牌重新定位策略

某一个品牌在市场上的最初定位即使很好，随着时间的推移也必须重新定位。这主要是因为以下情况发生了变化：①竞争者推出一个品牌，把它定位于本企业品牌旁边，侵占了本企业品牌的一部分市场，使本企业品牌的市场占有率下降，这种情况要求企业进行品牌重新定位；②有些消费者的偏好发生了变化，他们原来喜欢本企业品牌，现在喜欢其他企业品牌，因而市场对本企业品牌的需求减少，这种市场情况变化也要求企业进行品牌重新定位。

企业在做品牌重新定位策略时，要考虑两方面的因素：一方面，要考虑把自己的品牌从一个市场转移到另一个市场的成本费用，一般来讲，重新定位距离越远，其成本费用就越高；另一方面，还要考虑把自己的品牌定位在新位置上的收入情况。

（8）多品牌策略

多品牌策略是指企业为同一种产品设计两种或两种以上相互竞争的品牌的策略。例如，宝洁公司为洗发水设计了多个品牌，如飘柔、潘婷、海飞丝、沙宣等。这种策略有助于壮大企业声势，适应消费者不同的需求，挤压竞争者产品；有利于提高市场占有率，分散企业风险。企业实施多品牌策略要考虑企业的盈利水平，因为品牌建立需要一定的资源投入，若不能获得相应的市场份额，就会影响企业的经济效益。同时，企业还要注意协调好多品牌之间的矛盾。

2020 年 BrandZ™最具价值的全球品牌 100 强

虽然新冠肺炎疫情在全球造成了经济、社会和个人健康方面的巨大冲击，但全球强大的100 个品牌的总价值仍然实现了 5.9% 的增长，中国品牌的增长更是领跑全球。2020 年有 17

个中国品牌创纪录地进入了 BrandZ™全球 100 强榜单，比 2019 年增加了两个。中国也成为上榜品牌数量第二多的国家：位于拥有 51 个上榜品牌的美国之后，高于拥有八个上榜品牌的德国。中国上榜品牌的合计价值增长了 16%，几乎是全球增速的三倍。

阿里巴巴的品牌价值增长了 16%，增至 1525 亿美元，排名较 2019 年上升一位，至全球第六名，是中国最具价值的品牌。腾讯（+15%，1510 亿美元）排名也上升一位，至第七名。抖音首次上榜，以 169 亿美元的品牌价值居第 79 名，是 2020 年五个新晋品牌中排名最高的。

亚马逊捍卫了自己全球最具价值品牌的宝座，其品牌价值上升了 32%，增至 4159 亿美元。亚马逊于 2006 年首次登上 BrandZ™全球 100 强榜单。在最近的一年里，亚马逊的品牌价值增长了近 1000 亿美元，相当于全球 100 强品牌总价值增长的 1/3。

资料来源：《成功营销》，2020－06－30。经整理加工。

2. 包装策略

(1) 包装的概念

包装是指盛放产品的包装物及其形象，或者是指企业设计、制造和包装产品的一系列活动。盛放产品的包装物及其形象是产品质量和形象的重要组成部分，包装在现代商品销售中具有十分重要的作用。

(2) 包装的作用

1）保护产品。这是包装最基本和最重要的作用之一，即包装具有保护产品不受损坏和防止风险的作用，如防止渗漏、浪费、偷盗、损耗、散落、掺杂、收缩和变色等。产品从生产出来到使用之前这段时间，保护措施是很重要的，包装如果不能保护好里面的产品，那么这种包装是失败的。

2）提供方便。包装既方便厂商进行产品销售，也方便消费者购买和使用。良好的包装是商业现代化的重要条件。例如，超级市场的自助销售，如果没有良好的包装做保证是很难做到的。

3）促进销售。包装可以吸引消费者的注意力，并能把注意力转化为兴趣。所以，有人认为“每一个包装都是一幅广告牌”。良好的包装能够提高产品的吸引力，包装本身的价值也能引起消费者购买某种产品的动机。

4）增加利润。包装具有增值作用，优秀的包装能使产品增值，提高产品价格。提高包装吸引力比在产品其他方面努力付出的代价要低，而且效果好。另外，包装在发挥保护产品作用的同时就是在增加利润。

5）便于储运。良好的包装对于产品的储存和运输是非常重要的。没有好的包装，产品在储存和运输中就会损坏，给企业造成不必要的损失。

(3) 包装设计

产品包装的设计应符合以下原则：

1）美观大方，突出特色。造型美观大方，图像生动形象，不落俗套，避免模仿、雷同。尽量采用新材料、新图案、新形状，引人注目。

2）包装应与商品的价值或质量水平相配合。贵重商品和艺术品、化妆品包装要烘托出商品的高雅和艺术性。

3）能显示商品的特点和风格。对于以外形和色彩表现其特点和风格的商品，如服装、装饰品、食物等，应考虑采用透明包装。

4）便于运输、保管、携带。包装的造型和结构应考虑销售、使用、保管和携带的方便。容易开启的包装结构便于密闭式包装商品的使用；喷射式包装适用于液体、粉末、胶状商品。包装的大小直接影响商品使用时的方便程度，在便于使用的前提下还要考虑储存、陈列、携带的方便。

5）符合法律规定，兼顾社会效益。包装上的文字应能增加消费者的信任感并指导消费。产品的性能、使用方法和效果常常不能直观显示，需要用文字来表达。包装上文字的设计应根据消费者心理突出重点。如食品包装上应说明用料、食用方法；药物类商品应说明成分、功效、用量、禁忌以及是否有不良反应，直接回答消费者所关心的问题，消除可能存在的疑虑。文字说明必须与商品性质相一致，有可靠的检验数据或使用效果证明。虚假不实的文字说明等于欺骗性广告，既损害消费者的利益，也损害企业的声誉。

6）尊重消费者的宗教信仰和风俗习惯。包装装潢的色彩、图案的含义对不同消费者来说是不一样的。例如，欧洲人认为大象呆头呆脑；法国人视孔雀为祸鸟；瑞士人以猫头鹰作为死亡的象征；乌龟的形象在很多地区都代表丑恶，而在日本表示长寿。有些色彩、图案或符号在特定地区有特定含义，如捷克人认为红三角是有毒的标记；土耳其人认为绿色三角是免费样品的标记。不同年龄的消费者有不同的偏好，老年人喜欢冷色，稳重沉着；青年人喜欢暖色，开朗活泼。

（4）包装策略

符合设计要求的包装固然是良好的包装，但良好的包装只有同包装策略结合起来才能发挥应有的作用。供企业选择的包装策略主要有以下几种：

1）相似包装策略。这是指企业将其所生产的各种不同产品，在包装外形上采用相同的图案、近似的色彩及其他共同的特征，使消费者或用户极易联想到这是同一家企业生产的产品的策略。其优点在于能节约设计和印刷成本，树立企业形象，有利于新产品的推销。但有时也会因为个别产品质量下降而影响到其他产品的销路。

2）差异包装策略。这是指企业的各种产品都有自己独特的包装，在设计上采用不同的风格、色调和材料的策略。这种策略能够避免由于某一商品推销失败而影响其他商品的声誉，但也会相应地增加包装设计费用和新产品促销费用。

3）相关包装策略。这是指将多种相关的产品配套放在同一包装物内出售的策略，如系列化妆品包装。这可以方便消费者购买和使用，有利于新产品的销售。

4）复用包装策略。这是指企业在进行产品包装时，要注意即使原包装的产品用完后，空的包装容器还可以作其他用途的策略。例如，糖果包装盒还可以用作文具盒等。这种包装策略一方面可以引起消费者购买兴趣；另一方面还能使带商标的容器发挥广告宣传作用，吸引消费者重复购买。这种策略的目的是通过给消费者额外利益而扩大产品销售。但是，这类包装成本一般较高，实际上包装已成为一种产品。

5）等级包装策略。这是指企业将产品分成若干等级，对高档优质产品采用优质包装，对一般产品则采用普通包装，使包装产品的价值和质量相称，表里一致，等级分明，以方便购买力不同的消费者或用户选购的策略。

6）附赠品包装策略。这是目前国外市场上比较流行的包装策略。如儿童市场上玩具、糖果等商品附赠贴画等；购买化妆品附赠小样试用品。这一策略对儿童和青少年比较有效。

7）改变包装策略。商品包装上的改变，正如产品本身的改进一样，对于扩展销路具有重要的意义。当企业的某种产品在同类产品中质量相近而销路不畅时，就应注意改进这种包装设计。如果一种产品的包装已采用较长时间，也应考虑推陈出新，变换花样。这可以使消费者产生新鲜感，从而扩大产品销售。当然，这种通过改变包装来达到扩大销路的策略是有条件的，即产品的内在质量必须达到使用要求。如果不具备这个条件，那么即使在包装上做了显著改进也无助于销售的增加。

课后拓展训练

一、辩论练习

如果有这样的按钮，可以一键定制孩子的完美人生，你会按下它吗？

二、策划实训

2018年以前的“李宁”，在八年多的时间里，一直给人一种“老夫”的感觉。随后，业绩急转直下，从“骄人”变成“焦人”。

消费者群落发生了变化。

当时有专家认为，更换标志后的李宁公司的产品价格定位不适合“90后”。

假设你现在是李宁公司营销策划总监，请为其进行品牌策划。

三、案例分析讨论

抖音和“七巨头”

抖音，是中国互联网乃至全球互联网的奇迹。

2016年9月，抖音内测上线；2017年5月，抖音日活跃用户（Daily Active User，DAU）为数百万量级；2017年8月，抖音DAU过千万；2018年6月，抖音DAU破1.5亿；2019年7月，抖音DAU超过3.2亿。

2018年，字节跳动完成了500亿元营收，抖音完成约200亿元营收。据界面新闻报道，2019年抖音的营收目标为500亿元。2018年，腾讯的《王者荣耀》营收为130亿元。

抖音已成为腾讯、百度、微博等“巨头”的强大的竞争对手。谁能够挑战抖音的短视频霸主地位，应该是接下来3~5年互联网行业一个不会停歇的话题。快手、趣头条、网易云、360、百度、分众传媒、腾讯“七巨头”如何抵御抖音？

第一招：快手—正面“硬刚”

在短视频平台，只有快手能和抖音平分秋色。

快手和抖音鲜明体现了互联网价值观的分野。区别于快手的普惠、轻运营，抖音通过中心化、强运营、沉浸式消费体验，把精致和爆款内容推向大众。高投入买量、高成本运营、高效率变现，抖音的爆款视频、洗脑音乐、明星网红迅速将用户卷入其中。不到两年时间，抖音像洪水一样，自上而下蔓延。

第二招：趣头条—网赚分钱

最好的商业模式就是分钱。

趣头条采用了独特的用户体系运营方法，基于社交关系以裂变式的传播方式触达传统推广模式下无法覆盖的海量用户群体，提升了获客效率，业界将之称为“网赚”。

例如注册、签到、阅读新闻、邀请朋友注册得金币（收徒）、分享新闻链接到朋友圈或者微信群等操作，都能获得一定数量的金币激励。金币和人民币的兑换比例是与趣头条的广告收益挂钩的，广告收益越高，金币就越值钱。收徒模式则进一步利用关系链升级网赚。

第三招：网易云—新沉浸式

不要低估网易的战斗力。

事实上，网易已经在短视频领域进行诸多试水和布局。

平台、扶持、分成、人工智能、表演、创作、版权、小程序、电商……这些关键词几乎集齐了与抖音竞争的一切元素。

网易尤其是网易云音乐团队，非常有可能成为下一个新沉浸式短视频产品的缔造者。

第四招：360—工具入口

工具是短视频的入口。

理论上讲，所有的工具类巨头都有机会尝试这个入口，包括但不限于WiFi万能钥匙、墨迹天气等。

短视频行业从来都不缺爆款，从微视明星跨年晚会到风靡一时的小咖秀，从美拍高清滤镜到刷屏朋友圈的创意小视频，只有抖音在常态化运营中保持非常稳定的优质内容输出。

第五招：百度—流量合纵

2018年百度总营收1023亿元，净利润276亿元。

抖音在内容分发上采用“连横策略”，包括安卓手机浏览器、工具等平台，不断扩大流量接入入口。同时，“巨量引擎”旗下“穿山甲”作为新一代媒体聚合视频化广告平台，用营收分成强化流量结盟。这两个策略，正在不知不觉中瓦解百度赖以生存的流量基础。

第六招：分众传媒—万屏合一

财报显示，截至2018年年底，分众自营电梯电视覆盖城市约150个，资源数量达到72.4万，同比增长135%；自营电梯海报覆盖城市约220个，资源数量达到193.8万，同比增长60%。2018年，分众传媒营收再创新高，同比增长21.12%，增至145.5亿元，净利润达到58.28亿元。

第七招：腾讯—微信出鞘

根据QuestMobile发布的《中国移动互联网2018年度大报告》，抖音、快手等短视频平台人均单日使用时长均超过1小时，这已经非常接近微信的85.8分钟。

资料来源：《成功营销》，2019－08－12。经整理加工。

问题：请对抖音进行产品分析，讨论抖音是靠什么“攻城略地”的？

四、作业、考核与拓展训练

作业1：如何打造品牌？（产品策略设计）

作业2：一家酒店的利润靠什么创造？（产品设计）

考核：课堂考核（客观题），雨课堂投稿，学生匿名投票评选班级最优（前三名），发放雨课堂红包。

拓展训练：团队合作与个人潜能训练。

本章思维导图

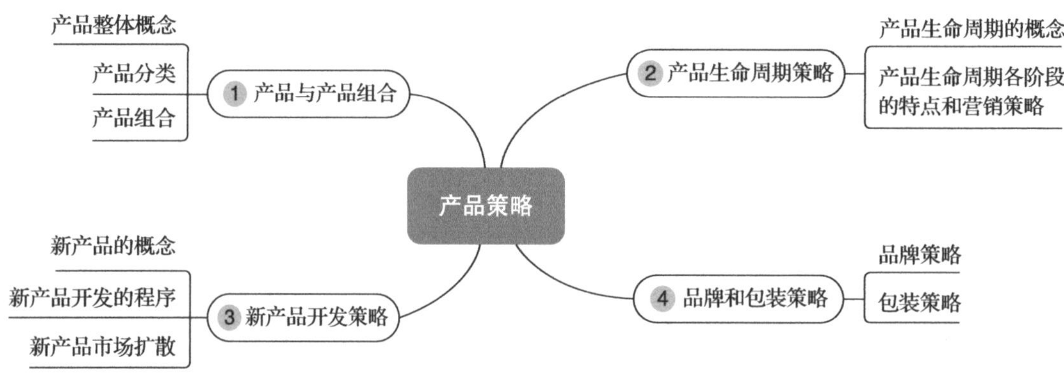

第六章 价格策略

本章进阶图谱

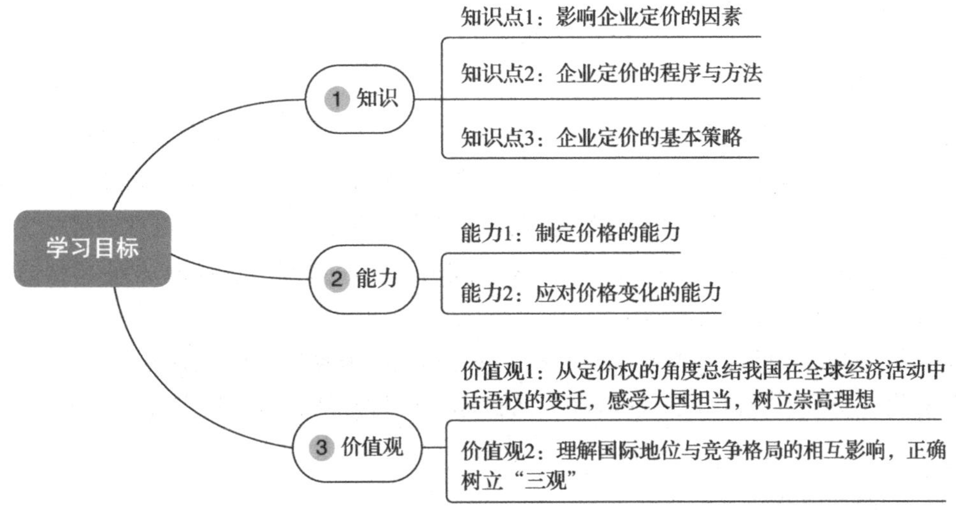

无印良品为何降价都卖不动？

日本品牌优衣库和无印良品先后进入中国市场，但为什么命运却大相径庭呢？

优衣库于2002年进入中国，到2005年在中国开的九家门店全部处于亏损状态。为扭转这一局面，优衣库采取了“快时尚”战略，利用供应链优势对产品进行快速迭代，同时保持价格适中和进行跨界合作，于是到2018年，中国成为优衣库除日本本土之外成长最快的市场。

无印良品于2005年进入中国，到2016年在中国的门店超过200家，营收达到3075亿日元，但随后增长放缓，2018年第二季度甚至出现了负增长。虽然无印良品试图通过降价策略来应对，从2016年开始，无印良品共降价11次，每次降价20%，但降价并没有拯救无印良品的销售额，反倒将十多年来在消费者心目中塑造的高端形象破坏了。随着新一轮的消费升级，中国已经形成了自己的品牌和审美主张，“新中产”并不愿意为此买单。

资料来源：《每天听见吴晓波》，2019-06-19。经整理加工。

课前讨论：无印良品为何降价都卖不动？

价格（Price）是市场营销组合中最为敏感而又难以控制的因素。从市场营销学的角度来讲，产品定价是一门艺术。所以，定价和价格竞争历来是企业高级营销人员所面临的重大问题。本章主要探讨这一问题。

在商品经济环境下，任何产品或服务都必须具有价格，供需双方才能进行交易。事实上，买卖双方交易是否成功，往往取决于价格的高低。价格策略是市场营销组合中非常重要的策略，是影响商品交易的关键因素，同时又是市场营销中较活跃的因素。因为企业定价是为了获得利润，扩大产品销售。这就要求企业的价格策略既要考虑产品成本的补偿，又要考虑能为消费者所接受。因此，制定合理的价格策略，对于增强企业竞争能力、提高市场占有率、增加盈利都有十分重要的意义。

一、影响企业定价的因素

1. 定价目标

定价目标是描述企业希望通过定价达到的总体目标。定价目标不同，其价格水平与价格策略就不同。定价目标会影响金融、财务、生产等许多基础领域的决策，因此，它必须与企业的总体使命和目标相吻合。营销者可同时使用短期和长期定价目标，也可采用一个或多个定价目标。例如，一家企业希望其市场份额比过去三年提高 15%，同时达到 20% 的投资利润率，并在市场上提升其质量形象。

企业的定价目标可分为利润导向目标（一定的利润率水平、利润最大化）、销售导向目标（销售增长率、市场占有率）、对等导向目标（应付价格竞争、稳定价格、非价格竞争）三种。

（1）利润导向目标

1）以一定的利润率水平为目标。它是将一种特定的利润水平作为目标。这种方法经常以一种销售百分比或投资百分比的形式出现。一家大的生产商可能瞄准 20% 的投资利润率，而便民超市或其他食品杂货连锁店的目标可能是 5% 的投资利润率。

2）以利润最大化为目标。利润最大化是指企业使用各种合法的经营手段将利润达到最大的一种方式。实现利润最大化是企业的最终目标，获取利润最大化的定价并不一定是高价，低价也可能扩展市场份额，并由此提高销售量和利润。这是因为利润 = 销售量 ×（单价 − 单位产品成本）。

（2）销售导向目标

1）以实现销售增长率为目标。销售增长率是衡量企业经营状况和市场占有能力、预测企业经营业务拓展趋势的重要指标，也是企业扩张增量资本和存量资本的重要前提。该指标越大，表明销售额增长速度越快，企业市场前景越好。

2）以提高市场占有率为目标。市场占有率也称市场份额，是指某企业某一产品（或某一品类）的销售量（或销售额）在市场同类产品（或品类）中所占比重。它在很大程度上反映了企业的竞争地位和盈利能力，是企业非常重视的一个指标。一般来说，市场份额越高，竞争力越强。

高的市场份额并不意味着高的利润，很多企业在市场份额数量扩大的过程中，虽然销售增长使生产成本下降，但用于扩大市场份额数量的费用增长远快于生产成本的下降，再加上竞争使价格下降，单位产品盈利快速下降，最后使企业产品的盈利能力下降。

（3）对等导向目标

1）以应付价格竞争为目标。价格竞争是市场竞争的重要方面。因此，企业在定价前，要广泛收集竞争者的有关资料并进行分析比较，然后根据自身实力确定价格。实力强就利用价格竞争排挤其他竞争者，实力弱则追随竞争者的价格。

2）以稳定价格为目标。这是以保持价格相对稳定、避免正面价格竞争为目标的定价。当企业准备在一个行业中长期经营时，或某行业经常发生市场供求变化与价格波动，需要有一个稳定的价格来稳定市场时，该行业中的大企业或占主导地位的企业率先制定一个较长期的稳定价格，其他企业的价格与之保持一定的比例。这样，对大企业是稳妥的，中小企业也避免遭受由于大企业的随时随意提价而带来的打击。

3）以非价格竞争为目标。非价格竞争即价值竞争，是为消费者提供更好、更有特色或者更能适合各自需求的产品和服务的一种竞争。通过产品差异，即通过提高产品的质量、效能以及改变产品的式样、包装等途径，企业力图将它的产品与其竞争对手的产品相区别，以适应消费者的需要。通过广告宣传和推销活动，企业可以招徕更多的消费者，增大其产品销售的市场份额。

非价格竞争在寡头垄断的工业部门中尤为突出，因为在这些部门中，一个企业企图通过价格竞争来增大其市场份额的可能性是很小的，而采取非价格竞争的手段往往更能奏效。

2. 成本因素

价格是产品价值的货币表现。以货币来表示产品或服务的价格称为该产品或服务的价格。产品成本是价格的最低限度。一般来说，产品价格必须能够补偿产品生产及市场营销的所有支出以及产品经营者为其所承担的风险支出，并有盈利。成本是影响定价的一个重要因素。根据定价策略的不同需要，对成本可以做以下分类：

1）固定成本（Fixed Cost）。相对于变动成本，固定成本是指成本总额在一定时期和一定业务量范围内不受业务量增减变动影响而能保持不变的成本。

固定成本所包括的费用有企业管理费用、销售费用、车间生产管理人员工资、职工福利费、办公费、固定资产折旧费、修理费等。

其特征在于，在一定时间范围和业务量范围内，其总额维持不变。但是，相对于单位业务量而言，单位业务量所分摊（负担）的固定成本与业务量的增减呈反向变动。值得注意的是，固定成本总额只有在一定时期和一定业务量范围内才是固定的。

2）变动成本（Variable Cost）。变动成本与固定成本相反，变动成本是指那些成本的总发生额在相关范围内随着业务量的变动而呈线性变动的成本。直接人工、直接材料都是典型的变动成本，在一定时期内它们的总发生额随着业务量的增减而呈正比例变动，但单位产品的耗费则保持不变。

3）边际成本（Margin Cost）。边际成本是指产品在原有数量基础上增加或减少一个单位所引起的总成本的变动量。如果是针对增加产品数量而言，边际成本又称新增成本。除非加以特殊说明，否则边际成本与平均变动成本在概念上和数值上都是不同的。例如，某企业生产某种产品的固定成本为9000元，生产一个单位产品的变动成本是1000元，生产两个单位产品时平均变动成本是900元，则第二个新增产品的边际成本不是900元，根据定义，它等于生产第二个产品的总成本的增加额：

$$(9000\text{元}+2\times900\text{元})-(9000\text{元}+1\times1000\text{元})=800\text{元}$$

4）机会成本（Opportunity Cost）。机会成本是指企业为从事某项经营活动而放弃另一项经营活动的机会，或利用一定资源获得某种收入时所放弃的另一种收入。另一项经营活动应取得的收益或另一种收入即为正在从事的经营活动的机会成本。通过对机会成本的分析，企业在经营中应正确选择经营项目，其依据是实际收益必须大于机会成本，从而使有限的资源得到最佳配置。

3. 需求因素

在价格与需求的关系方面，营销者需要了解需求的价格弹性（Price Elastic），即产品价格变动对市场需求量的影响，不同产品的市场需求量对价格变动的反应不同，也就是弹性大小不同。

一般情况下，企业每制定一种产品价格，该产品的需求量都会发生不同程度的变化。通常价格与需求量成反比，即价格越高，需求量越少。

$$\text{需求价格弹性系数}(E)=-\frac{\text{需求量变动的百分比}}{\text{价格变动的百分比}}$$

按上述公式计算出来的具体数值称为需求价格弹性系数。由于价格高时需求量小而价格低时需求量大，价格与需求量呈反方向变动，因此通常需求价格弹性系数 E 为负值。为应用方便，在上述公式中引入一个负号，使 E 成为正数。需求价格弹性的大小，一般以 E 的值大于1或小于1来表示。如果需求量变化的幅度大于价格变化的幅度，即 $E>1$，则称为需求价格弹性大或富有弹性；如果需求量变化的幅度小于价格变化的幅度，即 $E<1$，则称为价格需求弹性小或缺乏弹性。

需求价格弹性在企业决定某一产品是提价还是降价时特别有用。如果该产品的需求价格弹性系数大于1，也就是价格只要稍微上升或下降，需求量就会大幅下降或增加，则企业往往可采取降价策略，这时产品的单位利润虽有所下降，但产品的销售总收入和总利润却大大增加。如果该产品的需求价格弹性系数小于1，也就是即使价格大大提高或下降，需求量也不会显著减少或增加，则企业可采取提价策略，这时需求量虽有减少，但由于价格大大提高，产品的销售总收入和利润总量仍会增加。当然，不论提价或降价，都是有一定限度的。

通常影响需求价格弹性大小的因素主要有商品的可替代性、商品的供求状况、商品在消费支出中所占比重等。

4. 竞争因素

市场上有卖方之间的竞争，也有买方之间的竞争，这两类竞争都直接影响企业的价格行为。市场竞争多指卖方之间的竞争，因为这类竞争与企业的定价工作及其整个营销活动关系最大。现代企业都非常关注对竞争情况的研究。

5. 环境因素

企业定价时还必须全面考虑其他环境因素，如国内或国际的经济状况：经济是繁荣还是萧条、是通货膨胀还是需求不足，当前利息率是高是低……这些情况都会影响定价策略。因为这些因素影响生产成本和消费者对产品价格和价值的理解。此外，政府的有关政策法令也是影响企业定价的一个重要因素。

格兰仕的价格战

根据工信部赛迪研究院发布的《2018 年上半年家电网购分析报告》，格兰仕空调、冰洗产品的零售量和零售额无一进入线上市场前十，主营业务微波炉也被美的逐渐甩开距离。格兰仕各品类在电商市场的集体遇挫，意味着其过往将成本控制到极致的发展战略已经走到尽头。

格兰仕发展初期一直不变的主要竞争策略就是价格战，它在微波炉市场上频频以“价格武器”获胜，令不少竞争者望而却步。然而，这样的策略给消费者及竞争者的品牌印象并不太好。

而当这种围绕价格构建的竞争策略被塑造成企业的核心竞争力并在其他品类复制，给品牌带来的破坏力也会被放大。正如业内分析人士表示，如今这不仅不能困死对手，反而会伤及自己。

资料来源：搜狐网，2018－11－06。经整理加工。

二、企业定价的程序与方法

1. 企业定价的程序

（1）明确定价目标

企业在制定价格之前，必须明确定价目标，即明确定价的指导思想。企业应根据不同的市场状况、不同产品选择不同的定价目标，从而决定采用不同的定价方法和技巧。

（2）测定需求

测定需求主要是调查了解市场容量，即调查该产品有多少现实和潜在的消费者；分析产品价格变动对市场需求的影响，掌握不同价格水平上的需求量，即测定需求价格弹性。

（3）估算成本

成本是制定产品价格的最低限度，是定价的基础。一般情况下，价格不能低于成本，否则企业将出现亏损。估算成本主要是估算平均成本和平均变动成本。

（4）掌握竞争者的产品和价格

企业定价必然要受到竞争者同类产品价格的制约。要想在市场竞争中取胜，企业就必须“知己知彼”，掌握并认真分析竞争者的产品、价格、特色，经过比质比价，为自己的产品制定出具有竞争力的价格。

(5) 选择定价方法

企业定价方法主要有三种，即成本导向定价法、需求导向定价法和竞争导向定价法，在每一种方法中又有许多种具体的方法。企业应根据自己的定价目标选择不同的定价方法。

(6) 确定最终价格

企业运用一定的方法制定出基本价格后，还要定性地考虑一些因素的变化，采用定价技巧对基本价格进行适当的调整，确定最终价格。例如制定的价格是否符合国家有关政策法规，是否适应消费者的心理，是否维护了企业形象，竞争者对这一价格将做出如何反应等。

2. 企业定价的方法

(1) 成本导向定价法

成本导向定价法（Cost-oriented Pricing）是指以产品的总成本为中心来制定价格的方法。这一类定价法主要包括以下几种：

1）成本加成定价法。成本加成定价法是按产品单位成本加上一定比例的利润制定产品价格的方法，也就是在产品成本上增加一部分盈利的方法。大多数企业是按成本利润率来确定所加利润的大小的。其计算公式为

$$价格 = 单位成本 + 单位成本 \times 成本利润率 = 单位成本 \times (1 + 成本利润率)$$

例如，已知某产品单位成本为 20 元，成本利润率为 20%，则该产品价格为

$$20\ (元/单位) \times (1 + 20\%) = 24\ (元/单位)$$

此外，有些企业的固定成本在国内销售时已被赚回，出口主要是赚取边际利润，这时可采用变动成本加成定价方法。其计算公式为

$$价格 = \frac{变动成本 + 变动成本 \times 利润率}{产量}$$

例如，已知某产品变动成本是 1 000 000 元，企业期望相对于变动成本的利润率是 20%，预计产量是 100 000 单位，则该产品价格为

$$(1\ 000\ 000\ 元 + 100\ 000\ 元 \times 20\%)/100\ 000\ 单位 = 12\ (元/单位)$$

对于商业企业可按以下公式计算单位产品的价格：

$$价格 = \frac{进价}{1 - 毛利率}$$

例如，某产品进价为每件 8 元，期望毛利率为 20%，则该产品单位价格为

$$8(元/件)/(1 - 20\%) = 10\ (元/件)$$

雷军：小米手机按成本定价很合理

小米自诞生以来就一直是被指责对象，这一年来指责小米的人越来越多。硬件领域有摩尔定律，成本在不断下降，刚上手是成本价，经过一个季度降点价，再经过一个季度降点价，企业获得一个合理利润，这就是商业模式。

小米一代做了一年时间，进入市场依然最便宜。按照这种定价原则，产品极具竞争力，现在大家都开始跟进小米的定价模式，还会有竞争，小米怎么适应？无疑小米的这个方法是

对的。高端手机上来定三四千元，然后快速降价，企业既赚不到钱，用户也觉得产品太贵，品质不稳定。小米手机实实在在按成本定价，用户接受了，觉得产品好了，小米手机的销售量自然会提高。这就是摩尔定律和小米的商业模式。

资料来源：中国企业家网，2012－11－15。经整理加工。

2）盈亏平衡定价法。盈亏平衡定价法（Breakeven Pricing）以总成本和总销售收入保持平衡为定价原则。总销售收入等于总成本，此时利润为零，企业不盈不亏，收支平衡。盈亏平衡定价的优点是计算简便，可使企业明确在不盈不亏时的产品价格和产品的最低销售量。其计算公式为

$$价格 = \frac{固定成本}{预计销售量} + 产品单位变动成本$$

例如，某产品的固定成本为 50 万元，单位变动成本为 20 元，预计销售量为 10 万件，则该产品在收支平衡时的价格为

$$\frac{50\text{ 万元}}{10\text{ 万件}} + 20\text{（元/件）} = 25\text{（元/件）}$$

3）投资报酬额定价法。投资报酬额定价法以总成本和目标利润为定价原则。使用时，先估计未来可能达到的销售量和总成本，在收支平衡的基础上，加上预期的投资报酬额，然后再计算出具体的价格。这种方法简便易行，可提供获得预期利润时最低可能接受的价格和最低的销售量。它常被一些大型企业和公用事业单位采用。其计算公式为

$$年投资报酬额 = \frac{总投资额}{投资回收期}$$

$$价格 = \frac{总成本 + 投资报酬额}{预计销售量}$$

例如，某产品预计销售量为 10 万件，总成本为 30 万元，该产品的总投资额为 40 万元，要求 5 年回收投资，投资回收率为 20%，则该产品的售价为

$$年投资报酬额 = \frac{40\text{ 万元}}{5} = 8\text{ 万元}$$

$$价格 = \frac{(30\text{ 万元} + 8\text{ 万元})}{10\text{ 万件}} = 3.8\text{（元/件）}$$

4）边际贡献定价法。边际贡献定价法也称边际成本定价法，边际成本定价是指增加单位产量所引起的总供给成本的增加量。该方法以变动成本作为定价基础，只要定价高于变动成本，企业就可以获得边际收益（边际贡献），用以抵补固定成本，剩余即为盈利。其计算公式为

$$价格 = 单位变动成本 + 单位产品边际贡献$$

当市场价格低于产品总成本，企业又没有别的对策时，只能按边际贡献定价法定价。只要变动成本低于市场价格，企业即可获得一定的边际贡献来弥补企业的固定成本。边际贡献等于零是极限，如果边际贡献小于零，则做得越多赔得越多，那就毫无经济意义了。

例如，某企业生产某产品固定成本为 10000 元，单位变动成本为 0.6 元，预计销售量为 10000 件，根据市场条件，只能定价为 1 元/件，则边际贡献为：10000 元 − 0.6(元/件) ×

10000 件 =4000 元。虽不能全部补偿固定成本，但可减少企业亏损额。

在实践中，由于边际贡献定价往往能刺激产品销售量的增加，边际贡献就有可能弥补固定成本甚至带来盈利。

“日本绳索大王”的“吃亏之道”

被誉为“日本绳索大王”的岛村宁次以 0.5 元的单价大量购进麻绳，然后以原价卖给东京一带的纸袋工厂，从而赢得了“岛村宁次的绳索真便宜”的好名声。于是订单源源不断，岛村宁次便拿着供应商的购货单对订户道：“这是我一年来购买绳索的收据，这一年我一分钱也没有赚你们的，长此下去，我只好破产了。”

订户为岛村宁次的诚信所折服，情愿岛村宁次单价增加 0.05 元。岛村宁次又拿着订户的购货单找到供应商道：“一年来，我是一分钱也没有赚到，只是给您做了义务推销员，再干下去，我是受不了了。”供应商翻阅着原价卖出去的单据，感动不已，于是每根绳索降低 0.05 元供货。

如此一来，每根绳索就赚 0.1 元，利润已经相当可观了。没过几年，岛村宁次成为腰缠万贯的富商。岛村宁次后来深有感触，他认为只有那些胆识谋略过人的企业家才敢于使用开始吃亏、后来便占大便宜的“原价销售法”。

资料来源：简书，2017-10-11。经整理加工。

（2）需求导向定价法

需求导向定价法（Demand-oriented Pricing）即把市场需求状况及消费者对商品价值的理解作为定价的主要因素和依据。它一般可采用理解价值定价法、区分需求定价法、反向定价法三种方法。

1）理解价值定价法。理解价值定价法是根据消费者对商品价值的感受和理解程度来制定商品的价格，而不是以商品成本为依据。消费者购买商品，总是选择那些既能满足其需求又符合其支付标准的商品。当消费者对某种商品的理解程度高于或等于其支付的价值标准时，就会顺利接受这种价格，否则就不会接受这一价格，商品就难以销售出去。因此，根据理解价值定价法，某种商品价格的高低在一定程度上取决于该商品对消费者的影响程度，或取决于消费者对该商品价值的理解程度。消费者对商品价值的理解程度越高，其愿意支付的价格限度就越大。

为了加深消费者对商品价值的理解程度，提高其愿意支付的价格限度，企业在定价时应首先找准市场定位，突出产品特色，并综合运用各种营销手段，不断加深消费者对商品的印象，使消费者感到购买某商品能带给他们更多的利益和好处。

对名牌产品的定价主要是依据认知价值。名牌产品，特别是世界名牌，与普通产品的价格悬殊，其价格往往高出普通产品数倍甚至十余倍。例如，市场上一件法国名牌男衬衣售价约 500 元，中外合资名牌男衬衣约 150 元，而无品牌的普通衬衣只能卖十几元。这样大的差价并不是来自成本和质量的差别，而是根据消费者所理解和认可的价值来确定的。

例如，某品牌冰箱，其成本与竞争产品的成本差不多，竞争产品每台定价 2600 元，而该产品却定价 3000 元，其结果是销售量反而比竞争产品高。原来是下面的这张清单起了作用。

①2600 元仅仅是相当于竞争者的冰箱价格。

②300 元是产品优越的耐用性增收的溢价。

③200 元是因为产品更省电增收的溢价。

④200 元是为产品优越的服务增收的溢价。

⑤100 元是为产品造型更美观、颜色更鲜艳增收的溢价。

⑥以上五项合计为 3400 元。

⑦400 元是给予消费者的折扣。

⑧3000 元是最终价格。

这张清单实际上是在帮助消费者理解和认知该产品的价值，花 3000 元买到价值 3400 元的产品，消费者当然是满意的，所以愿意购买。

然而，理解价值定价法不仅应用于品牌产品，许多商家也开始在其商店中应用，其中最著名的就是沃尔玛公司，它利用相当低的价格出售高质量的产品，然后通过内部管理降低产品经营成本，最终大规模地销售产品使企业获得发展。理解价值定价法向消费者提供了可以认知和理解高价值的思路。

企业按照理解价值定价法所制定的某种商品价格只是一个初始价格，还应估算在初始价格水平下商品的成本、销售量和盈利状况，最后确定实际价格。

2）区分需求定价法。区分需求定价法又称差别定价法，是指对于同一种产品，企业可根据不同的消费者、不同的时间、不同的地点、不同的式样制定不同的价格。

①对不同的消费者采用不同的价格。这是根据消费者的消费性质、消费水平和消费习惯等差异，制定不同的价格。例如，会员制下的会员与非会员的价格差别；学生、教师、军人与其他消费者的价格差别；新老消费者的价格差别；国外消费者与国内消费者的价格差别等。企业可以根据消费者群体的购买能力、购买目的、购买用途制定不同的价格。

②同一产品在不同的时间采用不同的价格。如市场上出售的新鲜蔬菜，当天卖与隔天卖价格有所区别；节假日的应节商品，与平时相比价格也有明显差异。

③同一产品在不同的地点采用不同的价格。如影剧院、体育场因座位不同，票价也不同。

④对同一品种不同式样的产品采用不同的价格。如同等规格和质量但花色款式陈旧的产品，价格可定得低一些；而花色款式新颖的产品，价格可定得高一些。

实行区分需求定价法要具备一定的条件：①市场能够细分，而且不同细分市场有不同程度的需求；②注意防止低价细分市场的买主将产品向高价细分市场转售；③差别定价不会引起消费者反感。

3）反向定价法。这是根据市场需求、购买力情况及消费者愿意支付的价格来定价。具体的做法是：企业先进行市场调查，并征求中间商的意见，拟定出可能的销售量和一个适合消费者心理需求的零售价，在此基础上，扣除各中间商的加成，倒推出出厂价。

例如，某产品零售价为 15 元，零售商加成 20%，批发商加成 15%，该产品出厂价推算如下：

零售价　15 元

零售商加成 20%（按售价计）　3 元

批发商售价　12 元

批发商加成 15%（按售价计）　1.8 元

出厂价　10.2 元

或

批发价 = 零售价 ×（1 − 零售商加成率）= 15 元 ×（1 − 20%）= 12 元

出厂价 = 批发价 ×（1 − 批发商加成率）= 12 元 ×（1 − 15%）= 10.2 元

消费者认可后再定价

美国沃尔夫林公司生产的一种松软猪皮便鞋，名为“安静的小狗”，这种鞋定价多少合适呢？他们打算定价在 5 美元左右，却不知道消费者是否认可，于是就先进行试销。

先把 100 双鞋无偿送给 100 位消费者试穿，8 周之后，派人上门收鞋，如有人想留下，就交 5 美元。后来，多数消费者都留下了鞋子，公司马上把价格定在 7.5 美元一双。

资料来源：道客巴巴，2018 − 10 − 19。经整理加工。

（3）竞争导向定价法

竞争导向定价法（Competition-oriented Pricing）是以市场上同类竞争产品的价格为定价依据，并随竞争状况的变化不断调整价格水平的定价方法。它主要有通行价格定价法、主动竞争定价法和投标定价法三种。

1）通行价格定价法。通行价格定价法即企业制定的产品价格与竞争产品的平均价格保持一致。这种定价方法的优点是：平均价格水平往往被消费者认为是“合理价格”，容易被市场接受，企业与竞争者能和平相处，避免价格竞争，能为企业带来合理的利润。企业一般在下列情形中采用这种定价方法：①难以估算成本；②企业打算与同行和平相处；③如果另行定价，很难了解消费者和竞争者对产品价格的反应。这种定价法主要适用于竞争激烈的均质产品，如面粉、钢铁及某些原材料。

2）主动竞争定价法。与通行价格定价法相反，主动竞争定价法不是追随竞争者的价格水平，而是根据企业产品的特征和其他营销手段，以高于或低于竞争者的产品价格或与竞争者产品价格一致的价格出售。企业首先对本企业产品的性能、质量、功能、款式、成本及营销手段等与竞争者的同类产品及营销手段等进行比较，分析形成价格差异的原因。然后结合本企业产品特点及其营销手段的优劣势，确定价格水平。如果企业产品特征及其营销手段占优势，则确定高于通行价格的价格；否则，就确定低于通行价格的价格或与通行价格保持一致。

3）投标定价法。在建筑工程和政府采购时往往采用密封投标交易方式。投标价格是投标者根据竞争者的报价估计确定的，而不是按自己的成本费用来确定。一般来说，投标者的报价高，利润就大，但中标的机会小；相反，投标者的报价低，中标机会就大，但利润也低。因此，报价时，既要结合竞争状况考虑中标概率，也要考虑企业利润目标。参加投标的企业，往往要计算期望利润，然后根据最高的期望利润递价。期望利润可以根据估计中标率和企业利润计算。例如，某企业投标期望利润分析见表6－1。

根据计算分析，企业期望利润最高是48万元，即投标递价应为900万元。

投标定价法的另一种形式是拍卖定价。一般由拍卖行受出售者的委托，用公开喊价的方式引导消费者报价，利用买方竞争求购的心理，从中选择最高价格成交。这种方法历史悠久，现仍流行于世界各地，尤其在出售古董、珍品、高级艺术品时常用此法。

表6－1 某企业投标期望利润分析

投标递价（万元）	企业利润（万元）	估计中标率（%）	期望利润（万元）
800	60	70	42
900	160	30	48
1000	260	10	26
1100	360	5	18

奔驰是富裕家庭的车

多年以前，丰田公司发现，世界上有许多人想购买奔驰汽车，但由于定价太高而无法实现。于是，丰田公司的工程师放手开发凌志汽车。丰田公司在美国宣传凌志汽车时，将其图片和奔驰汽车的图片并列在一起，用大标题写道：用36 000美元就可以买到价值73 000美元的汽车，这在历史上是第一次。

经销商列出了潜在的消费者名单，并送给他们精美的礼盒，内装展现凌志汽车性能的录像带。录像带中有这样一段内容：一位工程师分别将一杯水放在奔驰汽车和凌志汽车的发动机盖上，当汽车起动时，奔驰汽车上的水晃动起来，而凌志汽车上的水却没有动，这说明凌志汽车发动机在行驶时更平稳。

面对这一突如其来的挑战，奔驰公司并没有采取跟随降价的办法，相反，它提高了自己的价格。对此，奔驰公司的解释只有一句话：奔驰是富裕家庭的车，和凌志不在同一档次。

资料来源：新浪网，2012－06－29。经整理加工。

三、企业定价的基本策略

企业在利用各种定价方法确定了基本价格后，应根据产品特点、消费心理、销售条件，运用灵活的定价策略对基本价格进行修改，以保证企业价格策略取得成功。

1. 新产品定价策略

新产品定价策略是企业定价策略的一个关键环节，对新产品能否及时打开销路、占领市场和取得满意的效益有很大影响。新产品定价策略一般有取脂定价策略、渗透定价策略和满意定价策略三种。

(1) 取脂定价策略

取脂定价策略，又称撇脂定价策略，是企业在追求最大利润目标指导下，在新产品上市初期，利用消费者的求新心理，将产品的价格定得较高，力求短期内补偿全部固定成本，并迅速获取盈利。这是对市场的一种榨取，就像从牛奶中撇取奶油一样。例如，美国宝丽来公司开始推出它的一次成像新式照相机时，就是运用这种定价策略。这种照相机在引入期以高价上市，由于其特有的一次成像功能，目标市场上许多消费者都争相选购。但当销售量开始减少时，公司便降低价格，将目标市场转向对价格敏感的另一些消费者。取脂定价策略在高价仍有需求的情况下能帮助企业获取最大利益。这种策略的优点是：企业能迅速实现预期盈利目标，掌握市场竞争的主动权，为以后价格调整留有充分的余地；其缺点是：在高价抑制下，销路不易扩大，同时，丰厚利润必然诱发竞争，也极易招致公众的反对。因此，在以下条件下企业才可以采用取脂定价策略：

1）市场有相当数量的收入水平较高的、求新动机的消费者，产品价格需求缺乏弹性，即使价格定得较高，市场需求也减少不大。

2）在高价情况下，市场没有强有力的竞争者，企业仍能独家经营。

英特尔公司的定价策略

一个分析师曾这样形容英特尔公司的定价政策："这个集成电路'巨人'每12个月就要推出一种新的、具有更高盈利的微处理器，并把旧的微处理器的价格定在更低的价位上以满足需求。"

当英特尔公司推出一种新的计算机集成电路时，它的定价是1000美元，这个价格使它刚好能占有市场的一定份额。这些新的集成电路能够增加高能级个人计算机和服务器的性能。

如果消费者等不及，他们就会在价格较高时购买。随着销售额的下降及竞争对手推出相似的集成电路对它构成威胁时，英特尔公司就会降低其产品的价格来吸引下一层次对价格敏感的消费者。最终价格跌落到最低水平，每个集成电路仅售200多美元，使该集成电路成为一个热线大众市场的处理器。

通过这种方式，英特尔公司从各个不同的市场中获取了最大量的收入。

资料来源：豆丁网，2015-07-18。经整理加工。

(2) 渗透定价策略

渗透定价策略即在新产品刚上市时，利用消费者求廉心理，采用低价政策，使产品在市场广泛渗透，从而提高市场占有率，然后随市场份额增加调整价格，降低成本，实现企业盈利目标。这种策略的优点是能迅速打开新产品销路，提高市场占有率，树立企业良好形象。同时低价不易诱发竞争，能有效排斥竞争者加入；其缺点是投资回收期长，价格调整余地小。因此，渗透定价策略适合以下情况：

1）产品价格需求弹性大，低价能迅速扩大销售量，提高市场占有率。

2）产品市场已为他人领先占领，为了挤进市场，只好采用低价渗透策略。

3）潜在市场大，对竞争者有吸引力，实行低价能有效排斥竞争者，便于企业长期占领市场。

(3) 满意定价策略

满意定价策略也称温和价格策略，是介于取脂定价和渗透定价之间的定价策略，价格水平适中，同时兼顾生产者、中间商及消费者利益，使各方面都感到满意。即使当生产企业处于优势地位、本可采用高价时，但为了博得消费者的好感和长期合作，也仍然可选择温和价格策略。这样既能赢得各方尊重，又能使各方都感到满意。这种策略的优点是价格比较稳定，在正常情况下能实现企业盈利目标，赢得中间商和消费者的广泛合作。其缺点是应变能力差，不适合复杂多变和竞争激烈的市场环境。运用这一策略的具体定价一般是采用反向定价法，即企业先通过调查或征询，拟定出消费者易于接受的零售价格，然后反向推算出厂价格。

2. 心理定价策略

这种定价策略是根据消费者的购买心理制定价格，通常为零售商所采用，主要有以下几种：

(1) 尾数定价

这种定价策略又称奇数定价、非整数定价。对多数日用品或低价商品，消费者购买时比较注意价格的细微差别。对这些商品定价时，常采用尾数定价，使价格水平保留在较低一级档次。如一支牙膏定价为7.9元，而不是8.0元。尾数定价与整数定价相比，实际上相差无几，但给人以便宜感。另外，尾数比整数准确，把价格定成尾数，似乎是企业精心计算得出的，给人以信赖感。尾数定价策略的对象主要是求实心理的消费者，使之感到物美价廉。

(2) 整数定价

对于一些高档耐用的消费品，特别是一些消费者不太熟悉的产品，消费者往往以价格高低来衡量产品质量的优劣，存有“一分钱一分货”的心理。对于这些商品，企业可采用整数定价，使价格上升到较高一级档次。如将价格定为10 000元，而不是9998元，借以迎合人们的高消费心理，提高了产品形象，也更有利于这类产品的销售。

(3) 声望定价

这种定价策略是把消费者心目中有极高声望的名牌产品定以较高的价格。这种定价策略能显示商品的档次和企业的声望，又能迎合消费者的求名心理，满足较高层次消费者的需要。如我国的名烟、名酒定价都很高。

(4) 习惯定价

某种商品由于在市场上销售已久，在消费者心目中已形成一种习惯性价格标准，符合其标准的价格能被顺利接受，偏离其标准的价格则易引起疑虑。因此，当生产者对这种产品定价时，通常应顺应这种习惯价格水平，不轻易涨价，也不轻易降价。因为涨价会引起消费者的不满，而降价又会导致消费者对产品质量的怀疑。

当这类产品因成本升高或其他原因，维持原价已无利可图时，企业应通过改进生产工艺、提高劳动生产率等途径来降低成本。在必须变价时，应同时改变包装和品牌，避开习惯价格对新价格的影响，引导消费者逐步形成新的习惯价格。

(5) 招徕定价

招徕定价也称特价品定价，是指企业利用消费者的求廉心理，在一定时期内，有意识地对企业经营的部分产品以低价销售，招徕消费者，借以带动和扩大其他正常价格的产品销售。有些商店在节假日或季节更替时实行的“减价”销售就是这种策略的运用。采用招徕定价应注意以下几点：

1）招徕消费者的特价品必须是大多数消费者都需要的，且市场价格为大多数消费者所熟悉。招徕商品应货真价实，不得欺骗消费者，否则会弄巧成拙。

2）特价品的特价要有足够的吸引力。降价幅度太小，难以引起消费者注意和兴趣；降价幅度太大，易造成误会，消费者会误以为是质量低劣的残次品。

3）特价品的供应数量要适当，太多会影响企业利润，太少又会使消费者失望，起不到招徕消费者的作用。

3. 折扣与让价策略

企业价格一般有基本价格和成交价格之分。基本价格是价目表中标明的价格，成交价格则是在基本价格基础上根据交易数量、方式和条件，通过一定折扣和让价所形成的实际交易价格。运用折扣和让价策略，有助于企业争取更多的消费者，扩大产品销售。折扣与让价策略主要有以下几种方式：

(1) 数量折扣

数量折扣是根据消费者的购买数量或金额分别给予不同的折扣。购买数量或金额越大，折扣越大，目的在于鼓励消费者大量购买。数量折扣又可分为累计数量折扣和非累计数量折扣。

1）累计数量折扣。累计数量折扣适用于长期性的交易活动，即在一定时期内（如一个月、一个季度、一年等），按照消费者购买商品累计达到的数量或金额分别给予不同的折扣。例如，某企业为促进某商品销售，采用累计数量折扣定价，规定凡在一个季度内，对购买某商品的中间商，累计达5万元，给予5%的折扣；累计达10万元的，给予10%的折扣；累计达15万元的，给予12%的折扣。累计数量折扣有利于企业保持和维护消费者，扩大销售。对消费者而言，累计数量折扣既可保证货源，又能获得折扣，减少费用，降低成本。

2）非累计数量折扣。非累计数量折扣是按照消费者每次购买商品的数量或金额给予不同的折扣。目的在于鼓励消费者增加每次购买的数量或金额，便于企业组织大批量商品销售。

(2) 现金折扣

现金折扣是指在分期付款销售商品的条件下，企业对按期付款和提前付款的消费者给予一定的价格折扣，目的在于鼓励消费者尽早付款，加速资金周转，减少呆账风险。折扣的大小一般根据付款期间的利息和风险成本等因素确定。如制造商向在特定时间内购买企业产品的消费者给予现金回扣，以清理存货。美国的汽车生产厂商曾多次使用现金回扣来促进汽车销售，在最初阶段比较有效，后来便失效了。因为它只可能给那些准备买车的消费者以优惠，但并不能刺激其他人来买车。

(3) 季节折扣

这是指生产季节性产品的企业，对在消费淡季购买产品的中间商提供一定的价格优惠，目的在于鼓励中间商淡季采购，以减少企业的仓储费用和资金占用。零售商也可采用季节折扣，鼓励消费者淡季购买，以减少库存，调节供求。例如，旅馆、旅游景点、航空公司在经营淡季会提供季节折扣，服装商场对反季节购买服装的消费者也会提供季节折扣。

“打一折”

1973年7月，“绅士西服”在东京银座超市刚刚开张就放出大招——“全场第十五天打一折”。很多人都觉得这只是个噱头，但又忍不住好奇心，都跑去现场观看。人们发现店门口真的挂着放大后的进货单，上面清清楚楚地标着进货价和一折销售价。

活动的具体内容是这样的：所有商品在开张的第一天打九折，第二天打八折，第三天和第四天打七折，第五天和第六天打六折……以此类推，直到第十五天打一折。

大家都明白，你要买到最实惠的东西，那就要等到最后一天，打一折的时候再去买就好了。可是“绅士西服”所有的款式和尺码都是有限的，每款20套。原来套路在这里！

第一天和第二天来的消费者并不多，可是第三天，消费者就开始你争我抢地进入商店，此后天天爆满。因为每个人都担心自己想要的款式能不能留到第二天。而在同一天的时间段里，由于打折的力度是一样的，因此越早买越安全。

就这样，“绅士西服”虽然写明了是“第十五天打一折”，但事实上，到了打六折的时候，整家店铺已经被抢购一空了，于是老板就重新上货，开启新一轮的“第十五天打一折”活动。

资料来源：新浪网，2017－11－24。经整理加工。

(4) 交易折扣

交易折扣也称功能折扣，就是根据各类中间商在市场营销中承担的不同职能，给予不同的价格折扣，如给予批发商的折扣较大，给予零售商的折扣较小。目的是利用价格折扣刺激各类中间商更充分地发挥其市场营销活动的功能。例如，一家制造商可能允许零售商从建议的零售清单价格中提30%的商业折扣以抵消零售功能成本并获取利润。

(5) 折价券

折价券是向持有此券的消费者提供的在购买特定产品时，享有折价券上所列的折扣优待。

许多生产商和零售商通过分装在包装、邮件、印刷广告内或商店内的折价券提供折扣，使消费者获得低于价格清单的折扣。

(6) 临时性的推销价格

临时性的推销价格是一种价目表价格中的临时折扣。临时性的推销价格鼓励消费者立即购买。换句话说，为了获得临时性的推销价格，消费者放弃了他们原来想购买的商品，而买了卖主想要出售的商品。零售商可能运用一种帮助清理存货或者应付竞争商店的临时性的推销价格，而生产商可能运用这种价格为中间商提供一份特殊协定，增加正常商业折扣以外的折扣，使中间商在推销产品时获取更多益处。

近年来，临时性的推销价格已经屡见不鲜，看起来好像消费者从中获益了，实际上，经常变动的价格也会让消费者困惑，而且容易侵蚀品牌忠诚。

电商直播的价格游戏

2020 年，受新冠肺炎疫情影响，已经发展了数年的直播带货突然被推上了风口。销售额轻松破百万元、千万元，甚至上亿元，主播年入百万元甚至千万元，这些“神话”吸引了大批企业、主播及品牌入场，资本亦蜂拥而至。每个夜晚，点亮的手机屏幕里承载了一个个造富愿望。

不过，人们对直播带货的质疑声不绝于耳。

国内一家百货类品牌以 200 多万元与某带货主播签约。

本以为该百货品牌能迎来销售上的飞跃，但从第一场直播的效果来看，公司“入不敷出”。

第一场直播的实际销售额为 30 多万元。但算上平均单场签约费以及 15% 的佣金在内，这场直播的成本实际高达 70 万元，几十万元就这样打了水漂。

资料来源：新浪科技，2020－03－31。经整理加工。

(7) 促销让价

促销让价是指企业对中间商为促进产品销售所进行的各种活动，如刊登地方性广告、布置专门橱窗等，给予一定让价作为报酬，以鼓励中间商宣传产品，扩大产品销售。这种方法尤其适用于新产品的导入期。

(8) 刺激主动性购买的补贴

补贴（Allowances）是由制造商或批发商传递给零售商并给予其销售职员用于主动性销售某种商品的费用。补贴一般用于新项目、较慢周转的项目或较高毛利差额的产品。它们经常被用来推动家具、服装、电器和化妆品的销售。

1）广告补贴。广告补贴（Advertising Allowances）是通过价格削减，给予渠道中公司的优惠，鼓励它们做广告或促销其供应商在当地的产品。例如，家电公司给予其家用电器批发商一种补贴（如销售额的 5%）作为回报，期望它们把这些补贴用在当地的广告中。

2）仓储补贴。仓储补贴（Stocking Allowances）是给予中间商获取某种商品的货架空间的补贴。例如，生产商可能为零售商存放新产品提供现金补贴或免费商品。仓储补贴主要用于获取连锁超市经营新产品的目的，因为超市没有足够的货架位置经营所有可获得的新产品。它们比较乐意为降低其交易成本的供应商的新产品提供空间——腾出仓库空间，增加计算机系统的信息量，重新设计商店货架等。

关于仓储补贴有所争议。有人说零售商需要大的进货仓储补贴来延缓新产品的导入，而且它也使小的生产商竞争困难；一些生产商认为零售商的需求是不道德的，它是一种敲诈。

另外，零售商认为从生产商那里得到费用，只是想要推动越来越多的同类产品进入它们的货架。对于生产商而言，应付这种问题最好的方法可能是：开发新的能真正提供给消费者卓越价值的产品。那样，它让渠道中的每一位成员都能获益，包括零售商把产品导入目标市场。

拼多多，拼什么？

截至2019年6月底，拼多多年活跃买家数达4.832亿，较上年同期（3.436亿）增长41%；京东年活跃买家数为3.213亿，阿里巴巴为6.74亿。

拼多多的这个成绩得益于市场推广。二季度，拼多多用于销售与市场推广的费用为61亿元，较上年同期（29亿元）增长110%，较一季度（48亿元）增长13亿元，补贴力度还在不断加大。

拼多多过去主要通过社交和裂变的方式获取下沉市场用户，但是在一二线城市，这一方式并不太适用，补贴用户更为实际。“618”期间，拼多多联合品牌商推出“百亿补贴”，直接针对全网热度最高的10 000款商品实施大幅让利。

资料来源：澎湃新闻，2020-05-05。经整理加工。

4. 产品组合定价策略

当某种产品成为产品组合的一部分时，对这种产品的定价必须加以修订。在这种情况下，企业要寻找一组在整个产品组合方面能获得最大利润的共同价格。

（1）产品线定价

产品线定价（Product Line Pricing）是指企业宁愿发展产品线而不愿搞单件产品。例如，松下电器向市场提供了多种不同的彩色摄影机，从一种简单摄影机到一种带有自动定焦并具有感光控制器和两种速度变焦镜头的复杂摄影机，其价格从低到高形成一条线，以满足不同层次消费者的需要。

（2）产品群定价

产品群定价（Product Group Pricing）是指为了促进销售，有时营销者不是销售单一产品，而是将有连带关系的产品组成一个群体，一并销售。例如，化妆品、计算机、假期旅游公司为消费者提供的一系列产品或服务方案。这一组产品或服务的价格低于单独购买其中所有产品或服务的费用总和。因为消费者可能并不打算购买其中所有的产品或服务，所以这一组合的价格必须有较大的降幅，以此来推动消费者购买。

（3）附带产品定价

附带产品定价（Subsidiary Product Pricing）是指依据心理学原理对与主要产品密切相关的附带产品进行的定价。例如，饭店里供应的酒水饮料等。其一般策略有：①将附带产品合计在主要产品价格中，不另行定价，造成“奉送”附带产品的错觉。②降低主要产品的价格，将附带产品的价格定得较高，以主要产品的低价来吸引消费者。例如，有些餐厅将饭菜价格定得较低，将酒与饮料之类的价格定得较高，靠低价饭菜吸引消费者，以高价酒与饮料赚取厚利。

5. 价格调整策略

企业处在一个不断变化的环境之中，为了生存和发展，有时需要主动提高价格，有时又需要主动降低价格。

(1) 提高价格

提价的原因是多方面的，按理想状态来说，当一个企业的产品质量提高时可以进行提价，这样消费者也不会有太大意见，企业也能获得可观收入，而且企业产品质量与价格相匹配是营销中心普遍使用的一种方法。但问题是，由于消费者对提价需要一个心理调整过程，因此企业应在提价前告之消费者，以提高其心理承受力。另外还存在一些提价原因，如原材料价格上涨、企业生产产品的成本增加。在这种情况下，有些企业采用提价策略，把成本转嫁给消费者，有些企业甚至使提价幅度高于涨幅，从短期看，也许它能获得一些利润，但从长期看，频繁调价或调价过高只会导致消费者的不信任，从而减少企业盈利。因此有些企业往往采取保持原价的策略，而着重抓好企业内部管理，以降低成本，总体上仍能盈利，从而在竞争中取胜。

另外，就提价时间的选取而言，一种是在竞争者提高价格之后再进行提价，这一般在市场对价格较为敏感的情况下进行；另一种便是在竞争者提高价格之前率先提价，以获取额外的利润，这只有在价格敏感度不高的情况下才能进行。而且，不同的企业可供选择的调价策略是不一样的，处于市场领先地位的企业一般有足够的实力进行提价，而一般小企业作为提价追随者，若想与大企业对抗而不提价，对大企业是不能造成太大影响的。当然，一个小企业也可出于具体情况的考虑而率先提价，若其他企业跟随，则整个行业也许都能获利；若其他企业不跟随，尤其是大企业，则此次提价策略有可能失败。但对于价格灵敏度较高的产品而言，提价时一定要三思。

这里要补充说明的是，还有其他方法可以不必提价而弥补高额成本或满足大量需求。企业可以有以下选择：

1）压缩单位产品的分量，价格不变。

2）使用便宜的材料或配件做代用品。

3）减少或改变产品的某些含量与成分，降低成本。

4）改变或减少服务项目。例如取消安装、免费送货、长期保修等售后服务。

5）使用价格较低廉的包装材料，推出更大包装产品，以降低包装的相对成本。

6）创造新的经济品牌或者生产非注册品牌的产品。例如一些食品店向那些重视价格的消费者推出上百种未经注册的食品，价格比注册商标的产品低 10% ~30% 。

(2) 降低价格

降价策略是价格调整的又一策略，当情况突然变化时，企业可以选择临时性降价；当企业的成本长期下降时，则较长期降价也是值得考虑的。但是对于市场营销人员来说，降价策略并非是随时都可采用的策略，消费者并非都对价格低的产品感兴趣，因此营销人员需要考虑的问题是很多的，例如：人们会如何看待这次降价？消费者的反应如何？竞争者的反应如何？人们会在临时性降价时期进行大量采购，然后在下一时期就几乎不买东西吗？他们会认为这还只是初步降价，从而等待观望，等进一步降价时才购买吗？这一系列问题，归结起来，无外乎消费者怎么想、怎么做，竞争者怎么想、怎么做。从消费者方面来说，降得太少可能对他们起不了作用；从竞争者方面来说，降得太多容易引起他们的强烈反击。这里从两方面对其看法及反应做一归纳。

1）消费者方面。消费者可能对降价有以下看法和反应：

①这类产品将要过时，新产品将会出现，企业降价是为了尽快减少库存。对此，有些消费者只在乎产品实用性，而不在乎产品的新样式、新款式，他们可能会购买降价产品。

②企业降价也许是因为产品滞销、卖不出去，那么肯定产品具有某些缺陷。在这种情况下，哪怕质量较好的产品，消费者也会停步不行，敢于购买的消费者不是贪图便宜者，就是对产品质量、性能的辨认能力较强者。

③企业资金缺乏，故降价销售以解燃眉之急。这种情况下，对于有些产品消费者可能会竞相购买，而对于需要该企业配套生产的产品，消费者则会考虑企业是否会由于资金缺乏而转产，出于这种担心，其购买热情也就无法提高。

④产品质量有所下降，从而降价与降质相匹配。这相当于企业定价战略方向由高质高价区转向中质中价区或低质低价区，这时的产品销售情况很难预测，因为目标市场发生了较大的变化。

当然，就不同产品而言，降价在消费者心目中的影响是不一样的，这还涉及产品本身的需求价格弹性问题。人们对费用高的产品和经常购买的产品的价格较敏感，降价则能刺激需求；而非经常购买的产品的价格他们则不是太了解，降价的影响也不会太大；另外高档商品降价有可能减少其需求，因为许多消费者购买商品是冲着高档价去的，认为它是财富和地位的象征。

2）竞争者方面。竞争者可能对降价有以下看法和反应：

①企业降价是为了渗透扩张以占领更大的市场。这种情况下，本企业一般应在该行业具有一定的竞争实力才会引起竞争者的注意。

②企业降价是因为经营不善、销售不佳。这时企业可能不受竞争者关注。

③企业降价是因为生产成本大幅下降。这对竞争者来说是一个较大的威胁，也是一个较大的挑战。

④企业降价是要带动整个行业降价，以刺激需求的增长。

⑤企业是想大幅降价，销售库存产品，最终退出该行业。

竞争者不同的考虑会做出不同的反应；而企业本身在降价前也应对自己降价的目的有明确的定义，并充分考虑竞争者会做出的反应。企业与竞争者可能做出的反应及对策有赖于企业在市场竞争中的地位和作用。一个领先企业率先降价，其他企业一般只能跟从，除非其产品与领先企业的产品有不同之处，产品差异性能使该企业确信有一部分忠实的消费者会继续购买其产品；一个普通企业率先降价，应先发出一定的价格信号，即使只是临时性的不得以降价，也应把这种信息表达出去，以免竞争者采取强烈反击措施。当然，一个小企业降价也许不会引起大企业的太大重视。

就降价所导致的竞争者反应来说，最坏的结果就是引起一场空前的价格战，最终是两败俱伤，无人得利。因此，无论是企业还是竞争者，在采取降价策略时都必须做长远考虑。

企业会主动降低价格，同样，竞争者有时也会主动降低价格。面对竞争者的降价行为，企业如何应对呢？一般有以下三种选择：

①降价，与竞争者匹敌。

②维持，提高产品和服务的知觉质量。

③推出一个低价的“竞争品牌”。

价格包围术

休布雷公司在美国伏特加酒的市场上属于营销出色的公司，其生产的史密诺夫酒在伏特加酒市场上的占有率达23%。20世纪60年代，另一家公司推出了一种新型伏特加酒，其质量不比史密诺夫酒差，每瓶价格却比它低一美元。按照惯例，休布雷公司有以下三条对策可选：

1）每瓶降价一美元，以保住市场占有率。

2）维持原价，通过增加广告费用和推销支出来与对手竞争。

3）维持原价，听任其市场占有率降低。

由此看出，休布雷公司不论采取上述哪种策略，都处于市场被动地位。但是，该公司的市场营销人员经过深思熟虑后采取了对方意想不到的第四种策略。那就是，将每瓶史密诺夫酒的价格提高一美元，同时推出一种与竞争对手新型伏特加酒价格一样的瑞色加酒及另一种价格更低的波波酒。

这一策略，一方面提高了休布雷公司史密诺夫酒的市场地位，同时使竞争对手的新产品沦为一种普通的品牌。结果，休布雷公司不仅渡过了难关，而且利润大增。实际上，休布雷公司的上述三种产品的味道和成分几乎完全相同，只是该公司懂得以不同的价格来销售相同的产品的策略而已。

资料来源：营销学堂，2020－04－07。经整理加工。

适应竞争者降低的价格反应模型提供了一个较好的参考，如图6－1所示。

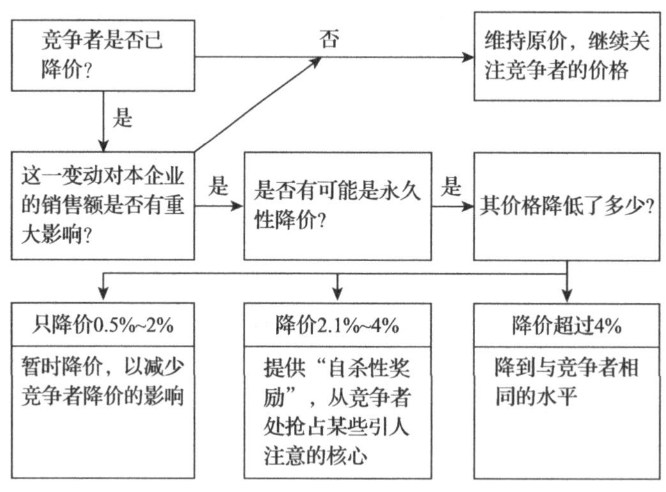

图6－1 适应竞争者降价的价格反应模型

图中“自杀性奖励”是指企业主动降低价格，以牺牲部分利润为代价，以此来吸引消费者的注意力，从而与竞争者抗衡。

课后拓展训练

一、辩论练习

杀敌一千自损八百，这种价格竞争有意义吗？

二、策划实训

刘强东认为，价格战是常态，沃尔玛打了60年价格战。但打价格战要有技术含量，成本要比别人低，运营效率、资金周转率要比别人高。

请你为京东商城策划一场有技术含量的价格战。

三、案例分析讨论

AI化价格歧视：你有奥数功底也没有用

在互联网的消费时代，商家可以比以往任何时候更方便地研究消费者行为，基于大数据的模型分析，更细化地区分消费者，从而形成针对不同消费者群体的细分销售方案，实现销售总营收的提升。

随着大数据等相关技术的迅猛发展，一级价格歧视也正在慢慢变得更加可能被实现。消费者的产品偏好、浏览轨迹、购买历史等信息能够不断被收集整理，通过基于大数据的模型分析，更为精确地区分消费者的经济地位、支付意愿等特征，使得商家能够为特定消费者推送特定的产品信息和定价。加拿大广播公司（CBC）“市场”节目组做了这样一份试验：几位测试人员同时登录同一网站去预定同一家酒店，结果每个人看到的价格竟然不同。这个结果取决于你在哪里、使用什么设备以及网站认为你是谁。

天猫、京东和亚马逊都雇用了很多经济学家开发自己的商品定价算法。这些经济学家借助大数据和在线试验，开发出了各种新的定价策略。

1）让商家价格随时变动。网购的高峰时段是工作日的上班时间——也就是人们总爱在办公室里上网买东西，回家可能就专心看电视剧了。网店的一个好办法就是在早上略微提高商品的价格，晚上略微降低价格。事实上，不但网店这么做，连实体店的超市也是会在一天之内变动几次价格，只不过对应的时间点不同。

2）让价格因人而异。如果网店知道你的年龄、性别、家庭住址，甚至收入情况，那它就可以大致推算你的价格敏感度，就可以给每个人一个不同的价格。有研究者测试，用两台计算机模拟两个上网者，一个假装是富人，专门浏览一些高大上的奢侈品网站；一个假装是节俭的人，专门浏览一些低端的商品。这样浏览了一段时间后，两台计算机登录同一个购物网站购买耳机，结果网站给“富人”推荐的耳机价格是“节俭者”的四倍。

3）为消费者制造低价感。商家可以有意识地把你关注的商品给个低价，哪怕少赚钱甚至不赚钱，先把你吸引过来，但是对那些你不敏感的商品给个高价。现在各种大促活动，“618”“双11”等各种电商节名目繁多，只用部分少量限时抢购的商品来制造“低价感”，以吸引用户的存在，而往往用户又很难抢购到。

受互联网技术尤其是大数据技术的影响，实现“千人千价”的理想定价不再遥不可及，价格歧视正在改变着许多传统营销模式，也在开创一些新的营销模式。未来，由于人工智能的学习能力不断提高，以及消费者行为大数据不断丰富，产品/服务的定价策略将会更加多元化、动态化，消费过程中的“价格歧视”会更加成为常态。定价不再是基于“成本＋利润”这样的供给原则，而是基于消费者愿意付出的最高价位区别定价。也就是说，未来的定价将从“供给侧”转到“需求侧”来主导。

玩转“双11”真的需要奥数功底么？

“双11”所谓的低价促销，其背后的经济学原理就是典型的价格歧视策略，把对价格敏感度较高的消费者通过低价折扣的方式拉拢过来，实现消费者剩余向商家剩余转化的过程。我们的日常消费可以简单粗暴地分为两种：必需品和非必需品。“出数学题”的电商们，把非必需品扩展成“一直想买但是有点肉疼”的、“买了或许用得上”的以及“虽然可能没啥用但这么便宜，不买我岂不是亏了”的产品等，再用“看规则、抢红包、算数、交定金、熬夜秒杀、快递爆仓、半个月收不到货”等一系列额外的成本，把对价格很敏感但不在乎时间支出的消费者给筛选出来，让他们在这场消费的狂欢中先行入场，把可能会流失的利润先行锁定。等到“双11”结束了，商品恢复原价，再下单的就是对价格不敏感或者急需必需品的消费者。

电商平台通过红包等非直接折扣对消费者进行区分，在时间成本的杠杆下，消费者将根据自身时间价值差异对同一产品支付不同的价格，从而使得相较直接折扣而言，商家获取的利润将有效增加。也就是说，时间成本和金钱成本，用户需要自我衡量——要便宜，就得多花时间。所以，要玩转“双11”，就要先有时间，至于智商是否在线，那就看个人造化啦。

其实，网络游戏公司最懂价格歧视。

一般来说，厂商会在游戏中采取“付费下载＋过程免费”模式或者“免费下载＋内购”模式。但是，目前的游戏厂商越来越热衷于内购模式。内购，顾名思义，就是在内部收费。很多游戏本身是免费的，但游戏中通常会需要玩家花钱来购买一些装备或道具，这种机制被称为内购，常用于手机游戏。从芬兰应用商店分析机构 Distimo 提供的数据来看，在美国，76%的 IOS 应用商店的盈利来源都是内购而非付费下载。在亚洲，这一比例则超过了90%。究其原因是内购模式更易促使用户产生付费行为。

游戏公司的设计核心，就是针对不同装备设定不同的概率，这个概率分布和玩家的投资水平有关。对于常规装备而言，通常免费玩家面临的概率会低，而付费玩家会有100%的概率获得这些装备，因为通常游戏公司都会在游戏中设定一个档次，可以100%获得某种装备。但如果一直这样，免费玩家会越来越觉得无趣，而付费玩家的实力也会增长过快。因此，游戏公司又想出了一招，那就是让部分装备的概率分布有利于免费玩家，即投入很少的玩家常有机会获得某种好装备，这无疑相当于中奖的快乐。也正是因为这种快乐，大量普通玩家会坚持在某些自己喜欢的游戏当中，这正好中了游戏公司的圈套。例如，游戏公司会针对普通玩家推出充值10元或者50元就可获得丰厚回馈的活动。另外，对一些特别好的道具，游戏公司会根据投资水平的高低来调整其可得概率。为了得到这个诱人的道具，玩家不得不投入更多的钱。其实，游戏公司实际上针对不同的消费群体采取不同的价格策略，这也是一种价格歧视，大大提高了游戏公司的边际利润。若问为什么玩家不套利？游戏公司可一点都不傻，它通常会禁止玩家对装备进行转让和馈赠，这实际上杜绝了套利的可能性。

资料来源：《成功营销》，2018－02－12。经整理加工。

问题：请分析“双11”价格策略的成功和失败之处。

四、作业、考核与拓展训练

作业1：如何应对降价？（营销逻辑推演）

作业2：如何理解“谈价值不要谈价格”？

考核：课堂考核（客观题），雨课堂投稿，学生匿名投票评选班级最优（前三名），发放雨课堂红包。

拓展训练：个人创业能力训练。

本章思维导图

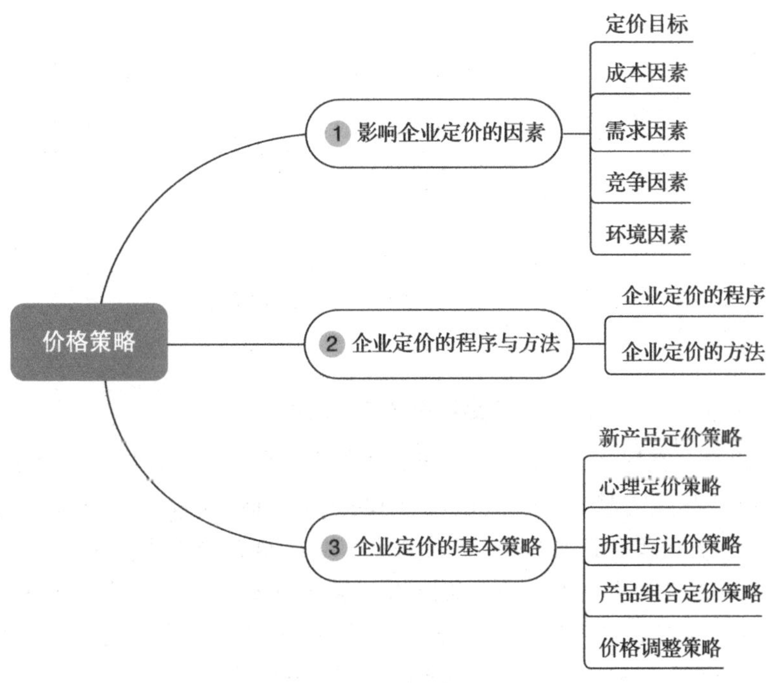

第七章 分销策略

 本章进阶图谱

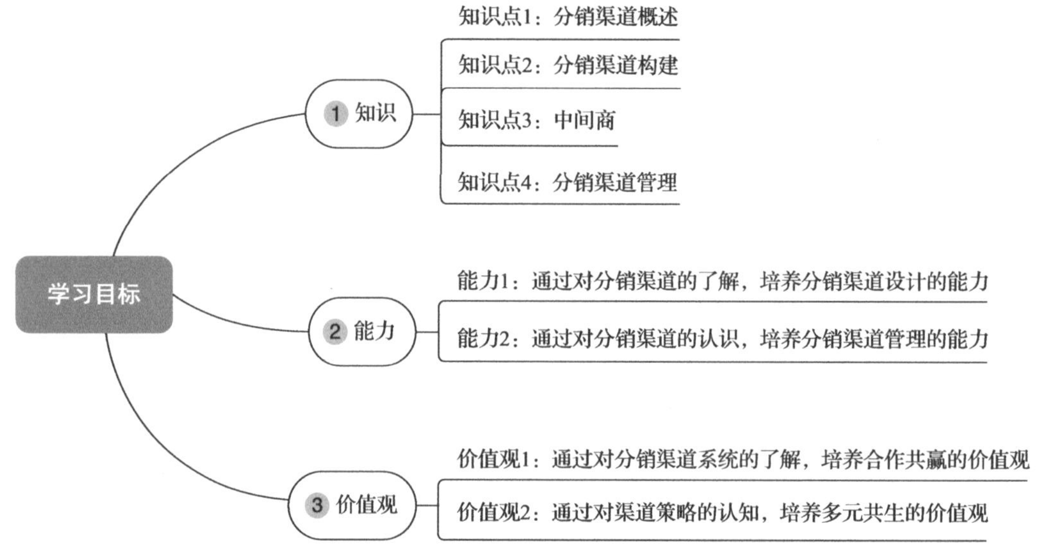

是不是电商的错？

自2016年以来，美国已有35家大型零售连锁商店和众多规模较小的商店选择关门；而2019年年初以来，服装连锁店Diesel USA与Charlotte Russe，生活品商店ShopKo等也都纷纷关闭线下门店。美国零售巨头Sears已经关闭了约1300家线下店。

美国人也越来越多地在网上购物。2018年，美国家庭网购平均花费5200美元，比5年前增长了近50%。瑞银集团预测，到2026年，美国大约有7.5万家线下门店将关门；届时，网购销售额占社会零售总额的比重也将从16%升至25%。

这不仅仅是美国零售业的现状，在电商的冲击之下，全球线下零售商的日子都不好过，中国的线下门店关门大潮也是一波接一波。英国乐购（Tesco）、德国麦德龙、韩国易买得、百货巨头美国梅西百货、英国玛莎百货、马来西亚百盛百货、韩国乐天百货，以及一大批国际快时尚品牌，诸如New Look、Topshop、Forever 21等都在经历从中国市场撤退或“阵痛”。2019年6月，老牌零售商家乐福将家乐福中国80%的股份卖给了苏宁。但实际上，苏宁的线下业务也是在不断地挣扎。

资料来源：《成功营销》，2019-07-31。经整理加工。

课前讨论：电商将被淘汰，未来属于新零售时代。对此你怎么看？

当然，电商仍然是传统线下零售商业绩不佳借口的潜台词，并不是电商的存在或残酷的竞争策略决定了那些正在失去市场份额的零售商的命运。一些大规模的传统零售商没落的原因不是电商，而是它们应对数字力量引发零售业变革的迟缓，沃尔玛和塔吉特（Target）等零售商的成功，向那些苦苦挣扎的线下零售商发出了一个明确的信号：将目前的零售问题归咎于电商，越来越难以证明其合理性。

在营销工作中，如果把制造商比作水库，那么经销商就是分散在各地的小水库，整个灌溉系统能否保持畅通无阻，中间商起着关键的作用。

分销渠道是4P理论中第三个可控制的营销要素。在市场竞争中，企业若能有效管理渠道和协调渠道成员利益，就能构筑竞争堡垒，实现产品的流通，获取竞争优势。本章将着重阐述和分析分销渠道的作用和类型、分销渠道构建、中间商以及分销渠道管理。

一、分销渠道概述

在商品经济中，产品通过交换发生价值形式的运动，使产品从一个所有者转移到另一个所有者直至消费者手中，在此过程中伴随着产品实体的空间移动。

菲利普·科特勒认为：分销渠道（Place Channel）是指某种产品或服务从生产者向消费者移动时取得这种产品或服务的所有权或帮助转移其所有权的所有企业和个人。一条分销渠道主要包括商人中间商（因为它们取得所有权）和代理中间商（因为它们帮助转移所有权）。此外，它还包括作为分销渠道的起点和终点的生产者和消费者，但是不包括供应商、辅助商等。

1. 分销渠道的作用

分销渠道作为连接生产者与消费者的中间环节，其对企业的作用主要有以下三个方面：

（1）分销渠道加速商品流通，为生产者开拓广阔的市场

企业的发展壮大使企业目标市场的范围不断扩大，但大部分企业由于资源和能力有限，并不是将产品全部直接销售给最终消费者或用户，而是借助一系列中间商即分销渠道来完成。

企业的买卖能力毕竟是有限的，而商品交换的“天然属性”使商业渠道具有市场扩散的作用。有些企业却忽视了这一作用，自己建立了庞大的销售机构，背上了沉重的包袱。

企业只有合理地选择和利用分销渠道，才能低成本、高效率地销售给消费者，通过满足他们的需要来使商品的价值得以实现，从而使企业的生产经营活动获得进一步发展的基础和保障。

（2）分销渠道提高企业市场营销活动的效率

如果离开中间商构成的分销渠道的支持，由企业直接将产品销售给消费者，那么企业将会陷入繁重复杂的购销交易工作之中，其复杂程度是难以想象的。

分销渠道是社会分工和商品经济发展的产物，大规模的生产必须要有大规模的分销渠

道。没有分销渠道，四家企业与10位消费者要交易40次，而通过中间商这一分销渠道，交易次数可由40次降为14次，企业的分销效率大大提高（见图7－1）。分销渠道是企业实行专业化生产、利用规模经济效益来达成企业经济目标的前提条件。此外，生产的均衡性与消费的季节性、供给与需求在品种和数量上的矛盾可以通过分销商来解决。分销商通过自己的工作把产品汇集在一起，适时适地供消费者选择，极大地方便了消费者的日常购买，从而解决生产者与消费者在数量、品种、时间、地点等方面的矛盾。

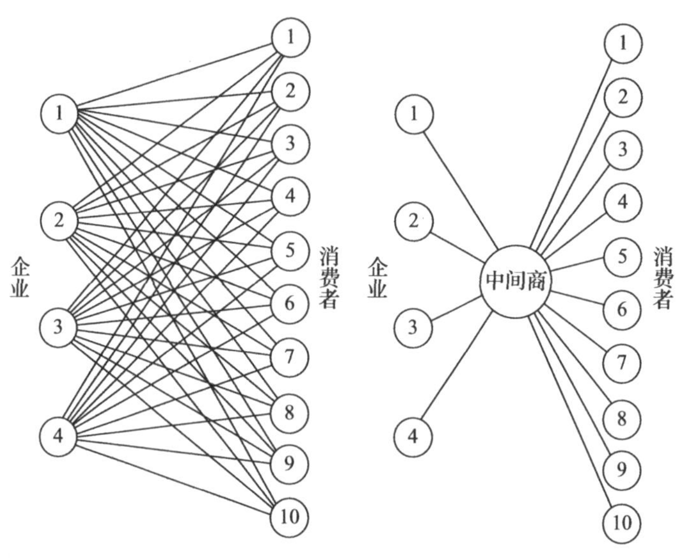

图7－1　中间商作用示意图

(3) 分销渠道反馈市场信息，有助于企业进一步调整生产经营行为

对于企业来说，分销渠道不仅是将产品输送给消费者的工具，而且还要承担反馈市场信息的职责，要很好地实现“市场信息反馈”的功能。

商业起着纽带的作用，把产销联系在一起，在生产者和消费者之间传递信息，使商品生产得以不断改进，从而使消费者对生产者的商品感到满意。合理有效的分销渠道将使企业及时、准确地获得相关的市场信息，从而为下一阶段的生产计划调整提供依据；分销渠道选择不当，市场信息不能及时反馈或出现变形失真，将给企业的生产经营决策造成不良影响，以致使企业蒙受巨大的经济损失和声誉损失。

2. 分销渠道的类型

(1) 直接渠道和间接渠道

1）直接渠道。直接渠道是指企业不利用中间商，生产和流通职能都由企业自己承担，实行产销直接见面的分销渠道。直接渠道是产品销售渠道的主要类型。直接渠道的形式是：生产者—消费者。

直接渠道是工业品分销的主要类型，如大型设备、专用工具及技术复杂等需要提供专门服务的产品。消费品中有部分也采用直接渠道，如鲜活商品等。近年来，直接渠道的比重明显增加。

2）间接渠道。间接渠道是指在企业和消费者之间加入中间商的转手买卖活动，商品流通职能由中间商来承担，产品从生产领域到消费领域时经过若干中间环节的分销渠道，是产销分离的一种形式。间接渠道的典型形式是：生产者—批发商—零售商—消费者。

现阶段，我国消费品需求总量和市场潜力很大，且多数商品的市场正逐渐由卖方市场向买方市场转化。与此同时，对于生活资料商品的销售，市场调节的比重已显著增加，工商企业之间的协作已日趋广泛、密切。因此，如何利用间接渠道使自己的产品广泛分销，已成为现代企业进行市场营销时所研究的重要课题之一。

（2）长渠道和短渠道

分销渠道的长短一般是按通过流通环节的多少来划分的，具体包括以下四层：

1）零级渠道。零级渠道即由制造商直接到消费者。

2）一级渠道。一级渠道有以下两种形式：

①制造商—零售商—消费者。

②制造商—代理商—消费者。

3）二级渠道。二级渠道有以下三种形式：

①制造商—批发商—零售商—消费者。

②制造商—批发商—零售商—消费者，多见于消费品分销。

③制造商—代理商—零售商—消费者，多见于消费品分销。

4）三级渠道。三级渠道有以下两种形式：

①制造商——级批发商—二级批发商—零售商—消费者。

②制造商—代理商—批发商—零售商—消费者。

由此可见，零级渠道最短，三级渠道最长。

（3）宽渠道和窄渠道

渠道宽窄取决于渠道的每个环节中使用同类型中间商数目的多少。

1）宽渠道。企业选择较多的同类型中间商来经销产品，这种分销渠道称为宽渠道。如一般的日用消费品（毛巾、牙刷等），由多家批发商经销，又转卖给更多的零售商，能大量接触消费者，大批量地销售产品。

2）窄渠道。企业只选择一个中间商经销产品，这种分销渠道称为窄渠道。它一般适用于专业性强的产品或贵重耐用的消费品，由一家中间商统包，几家经销。它使企业容易控制分销，但市场分销面受到限制。例如，牙膏、洗衣粉等日用品的制造商通过较多批发商、零售商将其产品销售给广大地区的消费者，这种产品的分销渠道就比较宽；家用电器、计算机等产品的制造商只通过较少的批发商、零售商经销其产品，或者在某一地区仅授权给一家批发商或零售商经销其产品，这种分销渠道就比较窄。

（4）单渠道和多渠道

企业全部产品都由自己直接所设的门店销售或全部交给批发商经销，这种分销渠道称为单渠道。多渠道则可能是在本地区采用直接渠道，在外地采用间接渠道；在有些地区独家经销，在另一些地区多家分销；对消费品市场用长渠道，对生产资料市场用短渠道等。

雅芳加码中国市场 全力推进新零售+全渠道布局

新环境下，雅芳（Avon）正借力“电商+美容专卖店+化妆品专营店/商超”的全渠道布局，加快探索新零售道路，利用数据、技术将互联网世界与商业世界打通，进一步推进产品和服务的融汇相连，拥抱日新月异的业态发展。

线上渠道成为接下来Avon发力的重点。以Avon天猫旗舰店和微信公众号为核心据点的电商平台，除了担任渠道功能之外，也肩负起品牌窗口、产品发布阵地、新零售闭环接口的重任。Avon依托微信公众号打造的客户关系管理体系，通过全渠道、全会员、全数据打通获得海量消费者数据，利用内容营销和精准推送，使购买转化率突破200%。

美容专卖店作为Avon的传统优势渠道，在新零售浪潮中被赋予新的使命。Avon正在着重推进现有店铺向6.0形象店的升级，让门店体验成为品牌延伸的一部分。为此，Avon为合作经销商建立起“全链式”生态系统，涵盖从运营管理、形象设计、业务培训到营销推广的全流程支持。截至2018年，Avon已在全国落成100多家6.0形象店，升级后的店铺零售平均提升54%。

Avon同时在加速推动化妆品专营店/商超渠道的拓展。依靠灵活促销支持、专业人员培训和精致陈列计划等支持方案，Avon已在全国发展了5000家网点，深入下沉到地方城市，延伸品牌触角。

资料来源：中新网，2018-05-22。经整理加工。

二、分销渠道构建

分销渠道构建是一个系统工程，涉及方方面面，如果处理不当，会产生不良影响。

1. 影响分销渠道选择的因素

影响分销渠道选择的因素有很多。企业在选择分销渠道时，必须对以下几方面的因素进行系统的分析和判断，才能做出合理的选择：

（1）产品因素

1）产品价格。一般来说，产品单价越高，越应注意减少流通环节，否则会造成销售价格的提高，从而影响销路，这对企业和消费者都不利。而单价较低、市场较广的产品，则通常采用多环节的间接渠道。

2）产品的体积和重量。产品的大小和轻重直接影响运输和储存等销售费用。重量大或体积大的产品应尽可能选择最短的分销渠道。对于那些超高、超宽、超长、超重产品，尤应组织直达供应。体积小、重量轻且数量大的产品，则可考虑采取间接渠道。

3）产品的易毁性或易腐性。产品有效期短、储存条件要求高或不易多次搬运的，应采取较短的分销渠道，尽快送到消费者手中，如鲜活品、玻璃制品等。

4）产品的技术性。有些产品具有很高的技术性或需要经常的技术服务与维修，应以企业直接销售给用户为宜，这样可以保证向用户提供及时良好的销售技术服务。

5）定制品和标准品。定制品一般由产需双方直接商讨规格、质量、式样等技术条件，不宜经由中间商销售。标准品具有明确的质量标准、规格和式样，分销渠道可长可短，有的用户分散，宜由中间商间接销售；有的则可按样本或产品目录直接销售。

6）新产品。为尽快将新产品投入市场，扩大销路，企业一般重视组织自己的推销队伍，直接与消费者见面，推介新产品和收集用户意见。如能取得中间商的良好合作，也可考虑采用间接销售形式。

（2）市场因素

1）购买批量的大小。购买批量大，多采用直接销售；购买批量小，除通过自设门店出售外，多采用间接销售。

2）消费者的分布。某些商品消费地区分布比较集中，适合直接销售；反之，适合间接销售。工业品销售中，本地用户产需联系方便，因而适合直接销售。外地用户较为分散，通过间接销售较为合适。

3）潜在消费者的数量。若消费者的潜在需求多，市场范围大，则需要中间商提供服务来满足消费者的需求，企业宜选择间接分销渠道；若消费者的潜在需求少，市场范围小，则企业可直接销售。

4）消费者的购买习惯。有的消费者喜欢到生产企业购买商品，有的消费者喜欢到商店购买商品。所以，企业应既直接销售也间接销售，以满足不同消费者的需求，也增加了产品的销售量。

（3）企业本身因素

1）资金能力。企业本身资金雄厚，则可自由选择分销渠道，可建立自己的销售网点，采用产销合一的经营方式，也可以选择间接渠道。企业资金薄弱则必须依赖中间商进行销售和提供服务，只能选择间接渠道。

2）销售能力。若企业在销售力量、储存能力和销售经验等方面具备较好的条件，则应选择直接渠道；反之，则必须借助中间商，选择间接渠道。另外，企业如能和中间商进行良好的合作，或对中间商能进行有效地控制，则可选择间接渠道。若中间商不能很好地合作或不可靠，将影响产品的市场开拓和经济效益，则不如进行直接销售。

3）可能提供的服务水平。中间商通常希望企业能尽量多地提供广告、展览、修理、培训等服务项目，为销售产品创造条件。若企业无意或无力满足这方面的要求，就难以达成协议，迫使企业自行销售。反之，提供的服务水平高，中间商则乐于销售该产品，企业则选择间接渠道。

4）发货限额。企业为了合理安排生产，会对某些产品规定发货限额。若发货限额高，则有利于直接销售；若发货限额低，则有利于间接销售。

（4）政策规定

企业选择分销渠道必须符合国家有关政策和法令的规定。某些按国家政策应严格管理的商品或计划分配的商品，企业无权自销或自行委托销售；某些商品在完成国家指令性计划任务后，企业可按规定比例自销，如专卖产品（如烟、酒、茶等）、专控商品（如公务用车等）。另外，如税收政策、价格政策、出口法、商品检验规定等，也都影响分销途径的选择。

(5) 经济收益

不同分销途径经济收益的大小是影响生产企业选择分销渠道的一个重要因素。对于经济收益的分析，主要考虑的是销售费用、价格和销售量三个方面的因素。

1）销售费用。销售费用是指产品在销售过程中发生的费用。它包括包装费、运输费、广告宣传费、陈列展览费、销售机构经费、代销网点和代销人员手续费、产品售后服务支出等。一般情况下，减少流通环节可降低销售费用，但减少流通环节的程度要综合考虑，做到既节约销售费用，又要有利于生产发展和体现经济合理的要求。

2）价格。在价格相同的条件下，进行经济效益的比较。目前，许多企业都以同一价格将产品销售给中间商或最终消费者，若直接销售量小于或等于间接销售量，由于企业直接销售时要多占用资金，增加销售费用，因此间接销售的经济收益高，对企业有利；若直接销售量大于间接销售量，而且所增加的销售利润大于所增加的销售费用，则选择直接销售。

3）销售量。当价格不同时，进行经济收益的比较主要考虑销售量的影响。若销售量相等，则直接销售多采用零售价格，虽然价格高，但支付的销售费用也多；间接销售多采用出厂价，虽然价格低，但支付的销售费用也少。那么，究竟应选择哪种分销渠道呢？这可以通过计算两种分销渠道的盈亏临界点作为选择的依据。当销售量大于盈亏临界点的数量时，应选择直接渠道；反之，应选择间接渠道。若销售量不同，则要分别计算直接渠道和间接渠道的利润并进行比较，一般选择获利大的分销渠道。

(6) 中间商特性

各类各家中间商的实力、特点不同，如广告、运输、储存、信用、训练人员、送货频率等方面具有不同的特点，从而影响企业对分销渠道的选择。

按中间商的数量情况，企业可选择密集式分销、选择性分销、独家分销三种形式。

1）密集式分销（Intensive Distribution）。密集式分销是指企业同时选择较多的中间商销售产品。一般来说，日用品多采用这种分销形式。工业品中的一般原材料、小工具、标准件等也可采用此分销形式。

2）选择性分销（Selective Distribution）。选择性分销是指在同一目标市场上，选择一个以上的中间商销售企业产品，而不是选择所有愿意经销本企业产品的所有中间商。这有利于提高企业经营效益。一般来说，消费品中的选购品和特殊品、工业品中的零配件宜采用此分销形式。

3）独家分销（Exclusive Distribution）。独家分销是指企业在某一目标市场，在一定时间内，只选择一个中间商销售本企业的产品，双方签订合同，规定中间商不得经营竞争者的产品，制造商则只对选定的经销商供货，一般来说，此分销形式适用于消费品中的家用电器、工业品中的专用机械设备，这种形式有利于双方协作，以便更好地控制市场。

(7) 消费者的购买数量

如果消费者的购买数量小、次数多，则企业可采用长渠道；反之，则可采用短渠道。

(8) 竞争者状况

当市场竞争不激烈时，企业可采用与竞争者类似的分销渠道，反之，则采用不同的分销渠道。

2. 评估选择分销方案

分销渠道方案确定后，企业就要根据各种备选方案进行评价，找出最优的渠道路线。通常渠道评估的标准有三个，即经济性、可控性和适应性，其中最重要的是经济性。

(1) 经济性标准评估

经济性标准评估主要是比较每个方案可能达到的销售额及费用水平。

1）比较由本企业推销人员直接推销与使用销售代理商哪种方式销售额水平更高。

2）比较由本企业设立销售网点直接销售所支付的费用与使用销售代理商所支付的费用，看哪种方式支付的费用多，企业对上述情况进行权衡，从中选择最佳分销方式。

(2) 可控性标准评估

一般来说，采用间接渠道，企业可控性小；采用直接渠道，企业可控性大；分销渠道长，企业可控性小；分销渠道短，企业可控性大。企业必须进行全面比较、权衡，选择最优方案。

(3) 适应性标准评估

如果企业与所选择的中间商的合约时间长，而在此期间，直接邮购等渠道策略更有效，但企业又不能随便解除合同来调整渠道策略，这样企业选择分销渠道便缺乏灵活性。因此，企业必须考虑选择策略的灵活性，不签订时间过长的合约，除非在经济或控制方面具有十分优越的条件。

Gap 探索全渠道营销

Gap 的 2016 年营销关键词是全渠道营销。其目标是通过线上、线下和移动端的配合，为消费者打造无缝式体验，让消费者随时随地都能快捷、方便地买到他们喜爱的衣服。电商对于 Gap 在中国的发展扮演着非常重要的角色。Gap 电商业务在中国增长迅速，构成了对其实体店业务的有力补充，Gap 同等看重两个渠道的发展与共赢。因此，全渠道营销是 Gap 2016 年市场营销的重点。

中国是 Gap 极其重要的市场，对于 Gap 在全球市场的成功具有非常重要的意义。为了让消费者随时随地都能快捷、方便地买到他们喜爱的衣服，线上渠道与线下实体店的配合至关重要。截至 2016 年，中国的互联网用户约有 6 亿人，是全球最大的互联网用户群体。因此，积极利用线上渠道来吸引目标受众，并通过线上平台来影响其购物决策，具有至关重要的意义。

资料来源：《成功营销》，2016-05-26。经整理加工。

三、中间商

中间商是在商品从生产领域转移到消费领域的过程中，参与商品交易活动的专业化经营的个人和组织。中间商按其在流通过程中的地位和作用可分为批发商和零售商。

1. 批发商

批发商（Distributor）是把商品出售给那些为转卖商品而购买的零售商和批发商的中间商。批发商的交易对象除了零售商和其他批发商外，还有进行大宗购买的企业、机构、团体等客户。一般来讲，批发商在销售渠道中居于起点阶段和中间阶段，它向企业购进商品，向零售商批销商品，交易业务活动结束后，商品仍在销售渠道中。批发商从事的是大宗商品的买卖活动，每次的交易量较大，特别是购进商品的批量较大。

批发商有三种主要类型：买卖批发商、代理商和经纪人以及制造商的销售部。

（1）买卖批发商

买卖批发商又称经销批发商。买卖批发商在自负盈亏的情况下从事商品买卖，对其经营的商品具有所有权，是一种最主要的批发商类型。以美国为例，虽然大多数买卖批发商的规模较小，但其销售业务量占美国批发业务总量的一半以上。

（2）代理商和经纪人

代理商和经纪人是为自己的委托人代购代销商品，按销售额提取一定比例报酬的商人。他们对自己经办的商品没有所有权，主要是替那些不具备销售力量或没有在某地区派遣销售人员的厂家销售产品，销售对象主要是工业用户、其他批发商和零售商。代理商和经纪人提供的服务项目较少，因此其成本往往比买卖批发商低。

1）代理商。代理商有多种形式，如制造商代理、销售代理、拍卖公司、进口代理和出口代理等。

①制造商代理是授权向某个地区销售制造厂家的部分产品的独立商人。他们不拥有产品所有权，制定销售价格和销售条件、提供信用条件、交货和开账单等工作都由制造厂家承担。一个制造厂家与许多代理人有合同关系，而一个代理人往往又替许多厂家代销商品，这些厂家的产品有一定关联，但不存在竞争关系。

②销售代理销售一个厂家的全部产品，或者在厂家的全部市场上销售一条或一条以上的产品线。与制造商代理不同的是，他们在委托人的经营管理问题上有发言权，并有权制定价格、销售条件和广告推销甚至产品设计。一个销售代理通常与两个及以上的委托人建立承销关系，但一个厂家却只有一个销售代理来销售全部产品或某条产品线的全部产品。代销的产品一般有煤炭、纺织品、罐头食品和家具等。

③拍卖公司提供商品买卖的场所。它经营的商品大多是烟草和家禽等农产品以及汽车、机器等旧设备，有时经营“亏本”商品或破产公司的库房和设备。它在整个批发贸易中占的比例很小。

④进出口代理一般是指没有进出口经营权的企业或个人借助有进出口经营权的企业进行进出口业务代理。

2）经纪人。经纪人是受委托安排买卖双方的合同和维持它们之间的联系的中间商。他们也不拥有产品的实际所有权，不承担货主责任和价格变化的风险。与代理商不同的是，经纪人与委托人之间的关系通常不是持久性的，当经纪人促成一项交易之后，这种关系便终止了。经纪人的优势是了解卖方和买方的需求，其服务项目主要是提供市场购销信息。

(3) 制造商的销售部

这类批发商是制造厂家自己的销售部，是专门经营其批发销售业务的独立机构，也是批发商的主要类型之一。制造商的销售部可分为两种类型：①销售业务部，没有仓储设施和产品库存，只销售产品，经营方式类似于直达货运商；②销售经营部，有仓储设施和产品库存，经营方式类似于提供全面服务的买卖批发商。

2. 零售商

零售商（Retailer）是将商品销售给为个人或家庭使用而购买的最终消费者的中间商。零售商的对象是众多的消费者。在分销渠道中，零售商居于终点阶段。零售商从生产者或批发商那里小批量购进，再直接向消费者零星、多品种地销售商品，每次销售的量小、交易频繁，在交易过程中或结束后要向消费者提供相应的销售服务。

根据是否在商店内销售商品，可将零售商分为有店铺零售商和无店铺零售商两种类型。

(1) 有店铺零售商

有店铺零售商是指有固定的进行商品陈列和销售需要的场所和空间，并且消费者的购买行为主要在这一场所内完成的零售业态。这是零售商的基本类型，主要形式有以下几种：

1）百货商店。百货商店是指在一个建筑物内，经营若干大类商品，实行统一管理，分区销售，满足消费者对时尚商品多样化选择需求的零售业态。

2）专业商店。专业商店仅销售一类产品或有限的几类产品。专业商店经销的商品种类不多，但产品线的深度可以很大，出售那些既需要一定的商品知识又需要提供销售服务的商品，能较好地满足消费者的需要。例如家用电器商店、服装店、食品店、家具店等。有些专业商店专门包销某些名牌产品。

3）超级市场。超级市场规模庞大，经营范围广泛，成本相对较低。经营方式的特点有：①现购自运；②消费者自选；③大量购买的优惠价。

4）折扣商店。折扣商店的价格低于一般商店，毛利较少；薄利多销，销售量较大；出售标准商品，提供的基本上都是流行的全国性品牌。有一些特殊商品也采用了折扣零售的方式，如运动用品折扣商店、折扣书店等。

5）廉价零售商。廉价零售商是指使用低价策略经营的零售业态。企业通过不断改善经营能力，降低经营成本，最终实现商品价格的下降，以获取更大规模的销售及更快速的周转率。廉价零售商有三种主要形式：①工厂门店。它由制造商拥有和经营，销售多余的或不规范的商品；采用多家工厂门店在工厂门店大厅联销的方式，价格大部分低于零售价的50%。②独立的廉价零售商。它由企业自己拥有和经营或从大零售公司划分出来。③仓储俱乐部。它是一家零售企业，其客户是会员。会员需支付年费，以换取以低廉的价格购买多种商品的权利。参加者每年交纳一定数目的会费，便可得到高折扣。

6）样品目录陈列室。样品目录陈列室运用商品目录和折扣原则，销售可供选择的毛利高、周转快的品牌商品，如珠宝、电动工具、照相机、皮包和运动器材等。

(2) 无店铺零售商

无店铺销售（None-store Retailing）是指无固定地点的批发和零售行为。无店铺销售是现代市场营销的重要形式之一，作为一种与传统店铺销售相对应的销售业态，无店铺销售业在信息技术迅猛发展的今天具有良好的发展前景和深远的经济意义。无店铺销售有以下五种基本形式：

1）电视购物。电视购物是指以电视作为商品推介展示的渠道，并取得订单的零售业态。

2）邮购。邮购是指以邮寄商品目录为主进行商品推介展示的渠道，并通过邮寄等方式将商品送达给消费者的零售业态。

3）网络购物。网络购物是指通过互联网络进行买卖活动的零售业态。

4）自动售货。自动售货是指通过售货机进行商品售卖活动的零售业态。

5）电话购物。电话购物是指主要通过电话完成销售或购买活动的一种零售业态。

3. 中间商的作用

在中间商出现之前，商品以简单商品流通形式流通，制造商将商品直接销售给消费者。随着社会分工的发展，在生产者和消费者之间出现了专门帮助商品从生产领域转移到消费领域的中间商。中间商的出现，对促进商品生产和流通的发展起了重要的作用。中间商在销售渠道中所发挥的作用主要表现在以下几方面：

(1) 帮助生产者扩大生产和销售

中间商的出现，使企业将其优势和实力集中于生产之上，有效地实现企业的经济目标；中间商的专业化购销活动帮助生产者扩大产品销售量，也扩大了产品市场。

(2) 协调生产与需求之间的矛盾

专业化生产者生产的商品一般种类不多而数量很大，消费者需要的商品却种类繁多、数量很少。中间商可以面向许多生产者购进商品，将商品汇集在一起向消费者供应，从品种、数量、时间、地点等方面为生产者和消费者之间的交换排除了障碍，从而较好地解决了产需之间的矛盾。

(3) 方便消费者购买商品

居于中间环节的中间商，能够充分利用专职销售的优势，针对消费者的需求组织货源，在很大程度上满足消费者对商品多种多样的需求。同时，中间商通过对商品的宣传推广，使消费者了解商品的性能、特点和使用方法等商品知识和信息，起到了指导消费的作用。

4. 中间商的选择

中间商是企业产品分销渠道的重要组成部分。在市场营销活动中，中间商既能为制造商和消费者带来方便，又可以解决或缓解产需之间在时间、空间、产品结构、产品数量之间的矛盾，为制造商生产的产品顺利地进入消费领域创造条件。企业对中间商的选择应考虑以下七个条件：

1）中间商的服务对象是否与制造商所要达到的市场面相一致，即企业所要选用的中间商的经营范围应该与制造商的产品销路基本对口，这是最基本的条件。如专门生产高档服装的制造商，应选择有名的服装商店，或选择大型商场设立专柜销售。

2）中间商的地理位置是否与目标消费者与潜在消费者相接近。选择零售商时，其地理位置最好是目标消费者与潜在消费者经常到达之处；而选择批发商时，则要看其地理位置是否有利于批发商发挥其储存、分销、运输的功能，以降低销售成本。

3）中间商的产品构成中是否也有竞争者的产品。具体地说，如果本企业的产品优于竞争者的产品，价格又不比它高，则适宜选择该中间商；否则不宜选用。

4）中间商的员工素质及服务能力。如果中间商在销售产品的过程中能够向消费者提供比较充分的技术服务与咨询指导，具有懂技术、善经营、会推销的营销员工队伍，则适宜选择该中间商；否则不宜选用。

5）中间商的储存、运输设备条件。选择的中间商要具备经营本企业产品的必要的仓库、运输车辆等储运设施设备。

6）中间商的资金力量、财务和信誉状况。资金力量雄厚、财务状况良好、信誉度高的中间商，不仅能及时付款，而且能对有困难的制造商给予适当的帮助，有利于形成制造商与中间商的联合或密切结合；否则，不仅不利于产品销售，甚至会给制造商带来风险。

7）中间商的营销管理水平和营销能力。如果中间商的经营者不仅是行家里手，而且精明强干，工作效率高，企业管理井然有序，则推销能力强，产品销售业绩好；否则，就难以使产品占领市场。

由此可见，制造商对中间商的选择是否恰当，不仅关系到营销渠道是否畅通无阻，而且关系到产品销路的好坏和企业营销活动的成效，因此，制造商应全面考虑以上条件，慎重选择。

欧莱雅的增长之道

2019 年欧莱雅发布的数据显示，继 2017 年取得两位数强势增长后，欧莱雅在 2018 年持续加速，创下两位数的 14 年来最高增速，中国已经成为欧莱雅集团在全球的第二大市场。

其中，业绩超过 35% 源于电商渠道，同时电商平台中欧莱雅在美妆行业排名第一，2018 年它再次居“双 11”销售额排行榜首位。在全渠道布局中，电商扮演了十分重要的角色，帮助欧莱雅接触到更广泛的消费族群，能够更广地深入中国市场。电商渠道是企业和消费者更为紧密互动的方式，通过数字化手段，欧莱雅给消费者打造了更为沉浸式的和令人向往的体验，并且能够满足消费者定制化和个性化的需求。

资料来源：《成功营销》，2019-03-05。经整理加工。

四、分销渠道管理

分销渠道管理是指采用间接销售时，对渠道成员的选择、激励、评估及渠道变革。

1. 渠道成员的选择

渠道成员的选择，就是从众多的相同类型的分销成员中选出适合公司渠道结构的能有效帮助完成公司分销目标的分销伙伴的过程。

一般情况下，要选择具体的中间商必须考虑以下条件：

（1）中间商的市场范围

市场是选择中间商的关键原因。首先，要考虑预先设定的中间商的经营范围所包括的地区与产品的预计销售地区是否一致，比如产品在东北地区，中间商的经营范围就必须包括这个地区。其次，中间商的销售对象是否是生产商所希望的潜在顾客，这是最根本的条件。因为生产商都希望中间商能打入自己已确定的目标市场，并最终说服消费者购买自己的产品。

（2）中间商的产品政策

中间商承销的产品种类及其组合情况是中间商产品政策的具体体现。选择中间商时，一要看中间商有多少“产品线”（即供应的来源）；二要看各种经销产品的组合关系，是竞争产品还是促销产品。一般认为，应避免选用经销竞争产品的中间商，即中间商经销的产品与本企业的产品是同类产品，比如都为21英寸的彩色电视机。但是，若本企业产品的竞争优势明显，则可以选择出售竞争产品的中间商。因为顾客会在对不同生产企业的产品做客观比较后，决定购买有竞争力的产品。

（3）中间商的地理区位优势

区位优势即位置优势。选择零售中间商最理想的区位应该是顾客流量较大的地点。对于批发中间商的选择，则要考虑它所处的位置是否有利于产品的批量储存与运输，通常以靠近交通枢纽为宜。

（4）中间商的产品知识

许多中间商被规模大，而且有名牌产品的生产商选中，这往往是因为它们对销售某种产品有专门的经验。选择对产品销售有专门经验的中间商能够很快打开销路。因此，生产企业应根据产品的特征选择有经验的中间商。

（5）预期合作程度

中间商若与生产企业合作得好，则会积极主动地推销企业的产品，对双方都有益处。有些中间商希望生产企业也参与促销，扩大市场需求，获得更高利润。生产企业应根据产品销售的需要确定与中间商合作的具体方式，然后再选择理想合作的中间商。

（6）中间商的财务状况及管理水平

中间商能否按时结算包括在必要时预付货款，取决于财力的大小。整个企业销售管理是否规范、高效，关系着中间商营销的成败，而这些都与生产企业的发展休戚相关。因此，这两方面的条件也必须考虑。

（7）中间商的促销政策和技术

采用何种方式推销商品及运用选定的促销手段的能力直接影响销售规模。有些产品广告促销比较合适，而有些产品则适合通过销售人员推销。有的产品需要有效的储存，有的则应快速运输。要考虑中间商是否愿意承担一定的促销费用以及有没有必要物质、技术基础和相应的人才。选择中间商前必须对其所能完成某种产品销售的市场营销政策和技术的现实可能程度做全面评价。

(8) 中间商的综合服务能力

现代商业经营服务项目甚多，选择中间商要看其综合服务能力如何，有些产品需要中间商向顾客提供售后服务，有些在销售中要提供技术指导或财务帮助（如赊购或分期付款），有些产品还需要专门的运输存储设备。合适的中间商所能提供的综合服务项目与服务能力应与企业产品销售所需要的服务要求相一致。

2. 渠道成员的激励

中间商并非受雇于制造商以成为其分销连锁的一环，而是一个独立的市场。中间商首先是作为其消费者的买卖代理商，其次才是供应商的销售代理商，其主要目标在于销售消费者喜欢的产品。

中间商力图将所有相关产品组合并销售，致力于取得该产品组合的订单，而非单一货物。除非给予某种激励，否则中间商通常不会保存各品牌商品销售情况的资料。要从中间商的角度来考虑激励中间商。

(1) 合作：如何取得与分销商的合作？

“胡萝卜 + 大棒”政策：一方面，提供激励，如高利润、特别交易、额外奖金、广告津贴、销售测试等；另一方面，采用制裁措施，威胁减少中间商的利润、推迟交货、销售测试等（刺激—反应模式）。

(2) 合伙：制造商努力与其分销商建立长久的关系

制造商努力取得分销商在库存、市场份额、市场开发、寻找客户、市场信息等方面的合作，并按其遵守程度确定“职能付酬方案”。

(3) 分销规划

分销规划是将制造商的需要和中间商的需要结合起来，建立有计划的、专业化管理的垂直市场营销系统。造商设“分销关系规划处”部门，负责确定分销商的需要，制订交易计划，帮助经销商以最佳方式经营，该部门与分销商共同制定交易目标、存货水平、商品陈列计划、销售培训要求、广告与销售促进计划等。

3. 渠道成员的评估

生产者除了选择和激励渠道成员外，还必须定期评估他们的绩效。评估标准主要有：

1）销售配额完成情况。

2）平均存货水平。

3）送货时间。

4）对次品与丢失品的处理情况。

5）在促销和培养方面的合作。

6）对消费者提供的服务等。

如果某一渠道成员的绩效过分低于既定标准，则须找出主要原因，同时还应考虑可能的补救办法。当放弃或更换中间商不会出现太坏的结果时，生产者应要求绩效欠佳的中间商在一定时期内有所改进；否则就取消合作。

4. 渠道变革

当市场条件发生变化时，如消费者购买模式发生改变、市场扩大、产品成熟、新竞争者加入、新的分销渠道出现等，需要对渠道进行变革。分销渠道及渠道中各成员之间的关系并不是一成不变的，伴随着新的商业业态的出现和渠道成员关系及营销策略的变化，分销渠道系统也在新变化中呈现新的发展趋势。

(1) 直接渠道系统的发展

传统的直接营销是指上门推销。随着科技的发展，特别是社会信息化，直接渠道系统内容日益丰富，如直邮广告、电话直销、邮购直销、网络直销、会议直销等。随着互联网的商用化开发和普及，工商企业设立网站，开设电子商城（网上商城），进行网上销售。这已成为一种具有广阔发展前景的直销商业形态。

(2) 垂直渠道系统的发展

垂直渠道系统（Vertical Marketing System）近年来最重要的发展趋势是一改传统的销售渠道中生产者、批发商和零售商互相分设，为各自利益讨价还价，各行其是，忽视渠道整体利益的状态，变为由生产者、批发商和零售商组成的统一的联合体。不管联合体中谁处于支配地位，彼此之间都形成了统一的兼顾整体利益的系统。其基本特征在于专业化管理和集中执行网络组织，这有利于消除渠道成员之间的冲突，能够有计划地取得规模经济效益和最佳的市场效果。

垂直渠道系统主要有以下三种类型：

1）公司垂直渠道系统。它是指由一家公司拥有和统一管理若干个制造商和中间商，控制整个渠道，同时开展生产、批发和零售业务。

2）管理式垂直渠道系统。它是指分销渠道中某一个有实力的成员来协调整个产销通路的渠道系统。例如，宝洁公司以其品牌、规模和管理经验的优势，出面协调批发商、零售商的经营政策，采取一致的行动。

3）契约式垂直渠道系统。它是指不同层次的独立制造商和经销商为了获得单独经营达不到的经济利益而以契约为基础实行的联合体。它主要包括制造商倡办的零售特许经营或代理商特许经营、制造商倡办的批发商特许经营系统、服务企业倡办的零售商特许经营系统三种形式。

(3) 水平渠道系统的发展

水平渠道系统是由两家或两家以上的公司横向联合，共同开拓新的营销机会的分销渠道系统。这些公司或因资本、人力、生产技术、营销资源不足而无力单独开发市场机会；或因惧怕承担风险；或因与其他公司联合可以实现最佳协同效益而组成共生联合的渠道系统。

(4) 多渠道系统的发展

多渠道系统(Multichannel Marketing System)是指通过两条或两条以上的渠道将产品送到同一个或不同的目标市场。建立多渠道系统可以增加市场覆盖面，降低渠道成本，更好地满足消费者需要，扩大产品销售，提高经济效益，但多渠道营销也有可能产生渠道冲突，因此，企业实行多渠道营销必须要加强渠道的控制与协调，使多渠道系统健康发展。

课后拓展训练

一、辩论练习

2020年可谓“直播带货”的爆发元年，直播为什么这么火?

二、策划实训

微时代电商 Style

价格战愈演愈烈，平台门槛越来越高，推广费用越来越高，消费者越来越“精明”，小微企业是否还有活路?请为小微企业策划营销渠道。

三、案例分析讨论

学习 Nike +：用大数据做跨渠道营销

Nike +是营销界耳熟能详的案例了，但 Nike +是什么?一种可穿戴科技?一个消费者社区?一个新利润来源?以上三种也许没有说中 Nike +最具诱惑力的点。它最大的财富就在其所能带来的海量数据中。

Nike +是 Nike 的一个服饰附件，也是 Nike 的一个品牌。它能通过对用户的跑步信息的收集帮助 Nike 找到用户、了解用户，从而更加精准地开展营销活动。Nike +是一个在做跨渠道营销或利用大数据营销方面的典型案例。

通过 Nike +这个集硬件、软件、社区于一体的大平台，Nike 每天都能收获源源不断的用户数据，这些数据能为 Nike 带来什么?

1) 明确目标对象及投放平台。通过 Nike +这个平台，Nike 发现它的销售对象应该是17岁左右的青少年，他们比成年人更具有购买冲动。获悉之后，Nike 就会把广告投放在青少年青睐的社交平台上，减少在电视上的广告投放。

2) 精准地优化营销策略。例如 Nike +使 Nike 降低了对明星代言的依赖。众所周知，早期的 Nike 是请大牌明星来代言，需要支付高额的代言费，这对于公司来说是一笔很大的预算。然而，明星代言的效果却无法衡量。放眼未来，这种代言已经减少，现在 Nike 的代言明星很多都不是当红的，而是一些处在上升期的明星。为什么 Nike 要用这些人?因为它通过 Nike +发现，用户群对这些新兴明星的讨论非常多。

除了这两条外，Nike +这个平台还能给 Nike 带来什么呢?这里面的空间超乎想象。

1. 产品的改进

无论哪个公司在做新产品的研发时，都需要了解消费者的需求。但 Nike +的存在使

Nike 免去了这项工作，它收集到的数据足够指导 Nike 精准地调整未来的产品。

2. 用户关系的维护

Nike 如果研发出新产品或者健身计划，可以通过 Nike + 很快地与用户建立关联，然后与他们产生互动。精准投放通过 Nike + 提供的数据，Nike 不但可以精准地在用户的跑步路线上投放户外广告，还可以通过对用户什么时间登录 Facebook 或 Twitter 的分析，在准确的时间点投放广告。

3. 精准营销

通过对用户的身高、体重以及社会化行为的分析，Nike 生产出更适合用户的产品。

4. 发现代言人

Nike + 应用平台上每天有 1000 万人在上传信息。在这 1000 万人中，Nike 可以找到具有良好运动天赋的人，然后资助他们，这些人便成为忠实用户。他们也会影响到周边的人，这是培养未来用户的好方法。

5. 联合营销

Nike 可以把从 Nike + 应用平台上获得的数据分享给其他品牌来获得盈利。当然，它也可以在用户的跑步路线上设立休息站，使其成为广告位，然后把这些广告位出售给其他品牌，这也是盈利的一个渠道。Nike 于 2011 年在北京举办的 10 千米慢跑活动中就出现过这样的模式。

通过 Nike + 的例子可以看出，大数据是获取信息的重要渠道。所以，Nike + 这样的自有媒体（Owned Media）是未来营销中一个很重要的渠道，它会推动免费媒体（Earned Media）即口碑等渠道信息的获取，同时沉积数据，带来很多其他的商业利益。

难道只有 Nike 才能做出 Nike + 这样的平台吗？不是，其实每一个企业、每一个营销部门都可以做到。要考虑怎样把 Owned Media 和 Earned Media 关联起来，并利用在这两个平台上获得的信息指导其他平台上的投放。

信息整合需要广告主、第三方的合力，包括蓝标也在做类似平台，将电视、微博、网络论坛（BBS）以及电子商务平台上与产品相关的信息或者竞争对手的信息收集起来，作为后续大数据挖掘的基本素材。

资料来源：《成功营销》，2018-12-28。经整理加工。

问题：请为某企业构建一个如 Nike + 这样的平台。

四、作业、考核与拓展训练

作业：模拟演练渠道设计（营销策划）。

考核：课堂考核（客观题），雨课堂投稿，学生匿名投票评选班级最优（前三名），发放雨课堂红包。

拓展训练：渠道维护管理训练。

本章思维导图

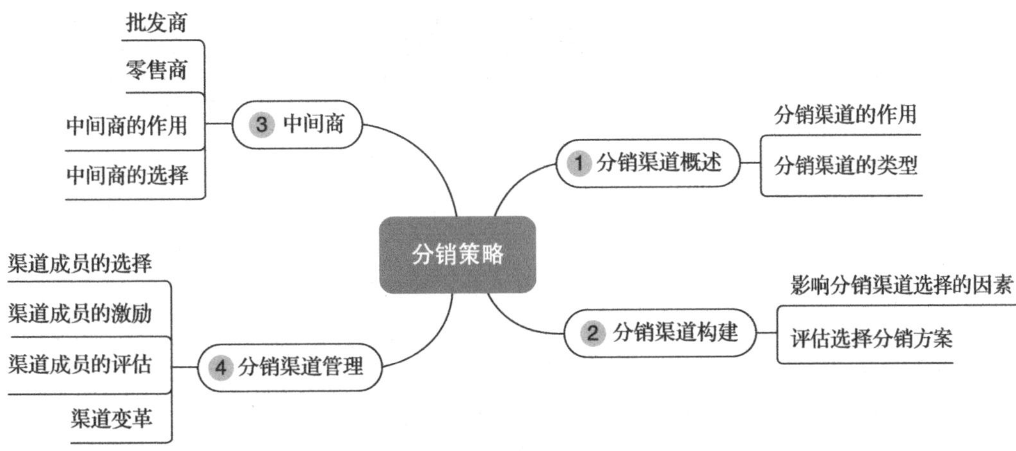
分销策略
1 分销渠道概述
分销渠道的作用
分销渠道的类型
2 分销渠道构建
影响分销渠道选择的因素
评估选择分销方案
3 中间商
批发商
零售商
中间商的作用
中间商的选择
4 分销渠道管理
渠道成员的选择
渠道成员的激励
渠道成员的评估
渠道变革

第八章 促销策略

本章进阶图谱

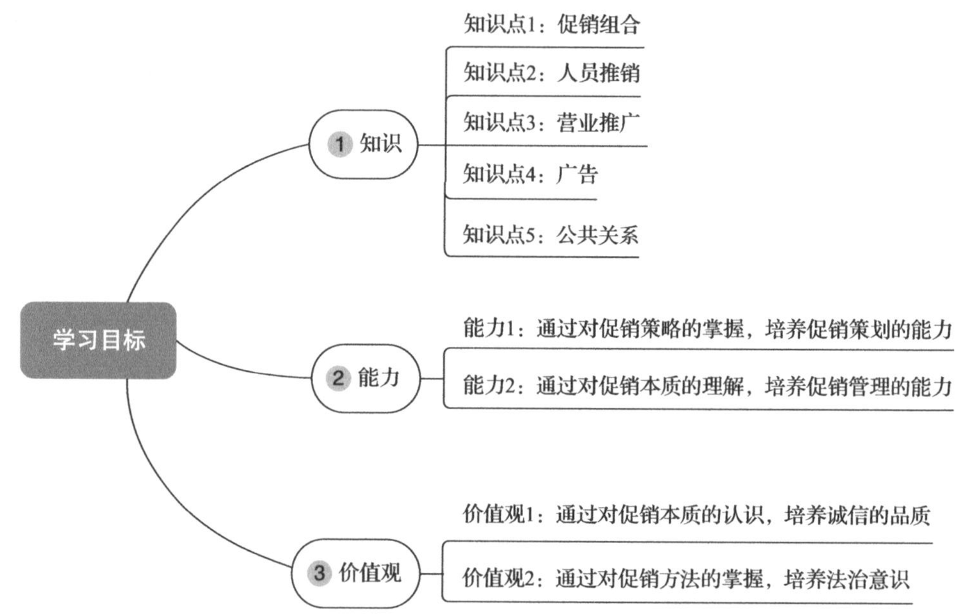

电商混战“618”：数字狂欢背后或现隐忧

数字狂欢背后，电商行业或已陷入集体焦虑。

2019 年“618”大促有一个明显的变化，就是“618”正在从京东主场蔓延到整个电商行业，天猫、拼多多、苏宁、网易考拉及云集等社交电商，都将年中这场“战役”视为重点。

相对应的，各平台对这次“618”的投入力度也变得更大，天猫将“618”提升至“双11”的战略级别，拼多多不惜投入百亿补贴，京东则是从 6 月 1 日开始铺垫，为“618”爆发做准备……

在这种形势下，各平台又一次上演了数字狂欢，商品交易总额（Gross Merchandise Volume，GMV）、订单量、发货量等，一份份亮眼的“战报”频频从不同的“战场”出现，每家都产生了超过上一个“618”的成绩。

然而，这种空前的力度却隐隐透露出电商行业的一种集体焦虑。

从 2018 年下半年开始，流量红利已经挖掘殆尽，这一变化体现在各个行业的新增用户增速逐渐降低，更是直接冲击到电商行业。而业内分析认为，看不到新的红利和新的增长，行业马太效应也越来越明显。

也就是说，流量争夺已经开始进入白热化阶段，接下来越来越多的竞争可能就要各家赤膊上阵，直接正面争夺。2019 年最直观的争夺就是各大电商平台对下沉市场的挖掘，这也是流量红利消失的一种必然选择。

同时，有资深电商行业内人士表示，电商平台不遗余力地“造节”，不仅仅是打造并固定品牌形象和品牌影响力，更多的还是刺激用户，激发流量。种种变化也透露出，电商行业很可能将要面临流量红利消失。

刘强东说，零售行业的价格战是常态，京东欢迎价格战，价格战意味着京东迟早成为第一。

资料来源：IT 时代网，2019－06－20。经整理加工。

课前讨论：促销是否等于降价？

流量枯竭、竞争加剧等多个因素的叠加，无疑使电商平台所处环境变得更加严峻，平台与平台之间除了要应对竞争，还要更多地关心流量的持续获取方式。在大促节点之外，电商平台在这种情况下如何促销也将成为新的考验。

一提到“促销”，或者提升销售量的方法，大部分人的第一反应就是“降价”。之所以要采用降价来进行促销，是因为人们非常关心自身利益。但是，除了“价格战”，难道就没有别的更实用的促销方案了吗？在回答这个问题之前，先来理解促销的概念以及如何正确地使用促销策略，这便是本章要讲述的主要内容。

一、促销组合

1. 促销和促销组合的概念

(1) 促销的概念

企业为取得营销活动的成功，不仅要以适当的价格通过适当的渠道向市场提供适当的产品，而且需要采取适当的方式促进产品销售。因此，促进销售（以下简称促销）也是营销组合（4P）的要素之一。

促销（Promotion）是指营销者将有关企业及产品（品牌）的信息通过各种方式传递给消费者和用户，促进其了解、信赖并购买本企业的产品，以达到扩大销售的目的。因此，促销的实质是营销者与目标消费者和潜在消费者之间的信息沟通。

为了有效地与消费者沟通信息，可通过广告来传递有关企业及产品的信息；可通过各种营业推广方式来增加消费者对产品的兴趣，进而促使其购买产品；可通过各种公共关系手段来改善企业在公众心目中的形象；还可派遣推销员面对面地说服消费者购买产品。这就是说，企业可采用多种方式来加强与消费者之间的信息沟通，促进产品的销售。

(2) 促销组合的概念

企业促销方式主要有四种：广告、人员推销、营业推广和公共关系。这四种方式的组合与搭配称为促销组合（Promotion Mix）。促销组合策略是指这四种促销方式的选择、运用与组合搭配的策略，即如何确定促销预算及其在各种促销方式之间的分配。

2. 促销策略

促销策略有推动策略（Push Strategy）和拉动策略（Pull Strategy）两种类型，如图 8－1 所示。推动策略强调将产品沿分销渠道向最终消费者推销，即企业把产品推销给中间商再向消费者推销。这种策略通常采用人员推销和销售促进，以中间商为促销对象。拉动策略则以最终消费者为主要促销对象，即首先靠广告公关、宣传等促销方式引起潜在消费者对该产品的注意，刺激他们产生购买欲望和行为，当消费者纷纷向中间商询购这一商品时，中间商自然会找到企业积极进货。

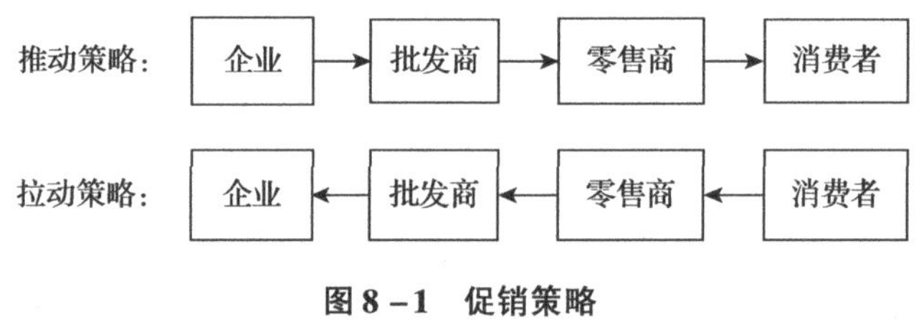

图 8－1　促销策略

你红了，钉三多

短短一个月时间，钉钉从一个低分软件变成了全网自黑的“网红”，《钉钉本钉，在线求饶》的视频让钉钉在网友中收获了一大波好感。趁着这波热度，钉钉丝毫没有放缓“吸粉”的步伐，随着 2020 年复工复学的全面开展，钉钉带着它的表情包正式出道了。萧条了很久的上海地铁站终于迎来了首个广告主：钉钉。

在上海人民广场站，钉钉发布系列广告“2020 我钉钉在线”，自家“网红”钉三多和众多表情集体出镜，用各种搞怪风格和弹幕上墙的方式，霸屏吸睛。

资料来源：《成功营销》，2020－04－01。经整理加工。

二、人员推销

1. 人员推销的含义及特点

按照美国市场营销协会的定义，人员推销（Personal Selling）是指企业通过派出销售人员与一个或几个可能成为消费者的人交谈，做口头陈述，以推销商品，促进和扩大销售。人员推销活动中，推销人员、推销对象和产品是三个基本要素。其中推销人员和推销对象是推销活动的主体，产品是推销活动的客体。通过推销人员与推销对象之间的接触、洽谈，将产品推销给推销对象，从而达成交易，实现既销售商品又满足消费者需求的目标。与非人员推销相比，人员推销的优点表现在以下四个方面：

（1）信息传递的双向性

在人员推销过程中，一方面，推销人员将有关产品特性、用途、使用方法、价格等方面的信息传递给消费者；另一方面，推销人员通过观察和了解将消费者对产品的性能、规格、质量、价格、服务等方面的要求及时反馈给企业，为企业制定战略规划和营销策略提供依据。

（2）推销目的的双重性

推销目的具有双重性：①激发需求与市场调研相结合；②推销商品与提供服务相结合。就后者而言，一方面，推销人员施展各种推销技巧，目的是推销商品；另一方面，推销人员与消费者直接接触，向消费者提供各种服务，目的是帮助消费者解决问题，满足消费者需求。双重目的相互联系、相辅相成。推销人员只有做好消费者的参谋，更好地实现满足消费者需求这一目标，才有利于诱发消费者的购买欲望，促成购买。

（3）推销过程的灵活性

推销人员不仅在推销过程中可以亲自观察到消费者对推销陈述和推销方法的反应，并揣摩其购买心理变化过程，还可以有针对性地调整自己的推销方式、方法，以适应不同消费者的需要，促使交易行为的完成。

（4）友谊、合作的长期性

推销人员与消费者直接见面，长期接触，可以促使买卖双方建立友谊，密切企业与消费者之间的关系，易于使消费者对企业产品产生偏爱，在长期保持友谊的基础上开展推销活动有助于建立长期的买卖合作关系，稳定地销售产品。由于人员推销成本高，对推销人员的素质要求也较高，并且访问消费者的数量受到时间和成本的限制，因此，人员推销主要用于消费者数量有限、分布区域集中、购买批量大的产业市场。

2. 人员推销的策略

推销人员应根据不同的销售环境、推销气氛、推销对象和推销商品，审时度势，巧妙而灵活地采用不同的推销策略，吸引消费者的注意，激发消费者的购买欲望，促成交易。人员推销的策略主要有以下三种：

（1）试探性策略

试探性策略（Probing Strategy）是指推销人员在尚未掌握消费者需求的情况下，用事先准备好的开场白，对消费者进行试探，以观察消费者反应的策略。这种策略一般用于初次接触。因为推销人员在没有弄清消费者需求和真实意图的情况下，如果贸然推销，则极易遭到拒绝。因此，推销人员要先讲一些与推销关系不太大的试探性的话，观察对方的反应，然后根据其反应采取具体的推销措施。如见面时先问消费者“最近企业效益如何?”如果消费者回答“可以”“不错”，则可断定企业产品生产、销售及财务状况都可以，因而原料或生产工具方面有需求，这样可以过渡到该企业产品的推销上。相反，若消费者回答“不好”，那就意味着产品积压、生产压缩、财务状况不佳、需求不大，合作意向可能不大。

（2）针对性策略

针对性策略（Pertinency Strategy）是指推销人员已基本掌握了消费者的需求，有针对性地进行宣传，介绍商品特性和用途，劝其购买的策略。这一策略多用于洽谈过程中。如消费者求美心理强烈，则推销人员就要重点宣传商品的款式、造型、色泽、美观、艺术。若消费者喜欢求实，则推销人员应突出介绍商品的牢固、耐用、实用。

（3）诱导性策略

诱导性策略（Derivational Strategy）是指推销人员运用能刺激消费者某种需求的说服方法，诱导消费者采取购买行为的一种推销策略。这种策略要求推销人员能唤起消费者的潜在需求。推销人员要先设计出鼓动性、诱惑性强的购货建议，诱发消费者产生某方面的需求，并激起消费者迫切要求实现这种需求的强烈动机，然后抓住时机向消费者介绍商品的效用，说明所推销商品正好能满足这种需求，从而诱导消费者购买。

“神秘组织”到底是怎么让网红火起来的？

李佳琦是谁？

18 秒卖掉 10 000 瓶防晒霜！

5 个半小时带货 353 万元！

……

李佳琦身后其实有“庞大”的组织——整个欧莱雅集团和淘宝多频道网络（MCN）机构“美 ONE”。

MCN 可以简单理解为聚合网红的第三方机构，保证网红能够稳定、持续地输出内容和商业变现。

人们熟知的 papi 酱等背后都有 MCN 在发力。

根据克劳锐发布的《2019 中国 MCN 行业发展研究白皮书》，截至 2018 年 12 月，MCN 的数量已经超过了 5000 家。90% 以上的头部网红都被 MCN 收入囊中，或者成立了自己的 MCN。

随着作为互联网原住民的“Z 世代”人群迅速成长，他们渴望引领消费潮流，对社交归属感及群体认同感的需求大幅增长。与此同时，各类“网红款”“网红店”成功抓住了年轻消费者追求时尚热点的消费特性，一举成为粉丝经济及注意力经济在消费领域的突出表现。

这是一个对于销售量来说网红作用堪比明星的时代。相比明星的单一代言模式，时尚博主的盈利和推广模式有所创新，直播带货能力也让人侧目。

资料来源：搜狐网，2019-06-03。经整理加工。

三、营业推广

营业推广是指除广告、人员推销和公共关系与宣传之外，企业在特定目标市场上为迅速起到刺激需求的作用而采取的促销措施的总称。营业推广对在短时间内争取消费者扩大购买具有特殊的作用，故也称特殊推销。

营业推广预算占促销预算的比例越来越高，特别是消费品行业，其营业推广费用已超过广告费用。营业推广之所以发展较快，是因为：①营业推广短期效果较明显，成为营销人员寻求短期增加销售的方法；②竞争加剧，品牌数量和产品种类增多，产品相似性增加，营业推广成为购买行为的主要刺激因素；③效果较易测量，比较直接，短期销售量的改变是营业推广的直接诱因。因此，营销人员希望运用营业推广来迅速改变销售状况。

营业推广在营销沟通中介绍新产品和建立品牌认知，帮助实施推式策略和拉式策略。

1. 营业推广的方法

营业推广的方法有很多，企业应根据市场类型、消费者心理、销售目标、产品特点、竞争环境以及各种营业推广的费用和效率等因素进行选择。

根据营业推广活动所面对的对象不同，可将营业推广方法分为三大类：①面对消费者的，有赠品、奖券、代金券、现场表演等；②面对中间商的，有购货折扣、合作广告、推销奖金、降价保证、经销竞赛等；③面对推销人员的，有奖金、接力推销等。

（1）赠品促销

赠品促销即通过赠送样品、纪念品、试销品及各种小物品等，使部分消费者免费获得对产品的试用权，从而对产品的特点得到体验，形成对产品的认知，同时建立产品口碑。

（2）有奖销售

有奖销售即企业销售某种产品时设立若干奖励，并印有奖券，规定购买数量，消费者达到购买数量后可获得奖券，然后由销售者按期宣布中奖号码，中奖者持券兑奖。这种推广方法利用人们的侥幸心理，对消费者刺激性较大，有利于在较大范围内迅速促成购买行为，但应注意适度奖励。

（3）展览和展销

展览和展销即通过举办展览会、展销会及其他形式的展览，进行现场表演和示范操作以招徕消费者。这种方法销售集中，说服力较强。

（4）商品陈列

商品陈列即在橱窗内或货柜前集中陈列商品，突出特色，吸引消费者的注意。

（5）特价包装

特价包装是指以低于正常价格向消费者提供产品。这种价格通常在标签或包装上标明，特价包装对刺激短期销售效果较好，甚至超过了折扣优惠。

（6）折价购货券

折价购货券即销售者向消费者赠送或散发的优惠券，持券者可凭券享受价格优惠待遇。企业通常规定折价购货券的有效期、折价商品的品种和购货地点。

（7）推销竞赛

推销竞赛即企业确定推销奖励的办法，刺激、鼓励中间商及企业推销人员努力推销商品，展开竞赛，对成绩优异者给予奖励。

2. 在营业推广中必须注意的问题

营业推广在实施过程中必须和其他营销沟通工具结合在一起才能创造强有力的协同作用。例如广告提供消费者消费某种产品的理由，营业推广工具则配合广告刺激消费者购买。

营业推广与其他营销沟通工具相比具有明显的特征：①通常信息比较直接，容易引起消费者注意，把他们引向产品，采取让利、诱导或免费赠送的办法给消费者某些好处；②产生更强烈、更快速的反应，迅速扭转销售趋势。但是，这种影响常常是短期的，对建立长期的品牌偏好影响不是很大，因此，营业推广要与其他营销沟通工具配合起来共同实现营销沟通目标。

四、广告

广告（Advertising）具有非常悠久的历史，是商品经济的产物。因为在日益扩大的市场环境下，买卖双方很少直接见面，更多的是通过不同媒体传递信息。这种特殊性决定了广告业的迅速发展。

1. 广告的概念

“广告”一词来源于拉丁语，有“注意”“诱导”的意思。在汉语中，广告是“广而告之”的意思。按照美国市场营销协会的定义，广告是“由特定广告主以付费方式对于构思、产品或劳务的非人员介绍及推广”。这个定义涉及面较广，既包括营利组织（如企业）的广告，又包括非营利组织（如宗教团体、慈善机构、政府机构等）的广告。营利组织广告也称商业广告，是传播有关企业或产品的经济信息。这类广告主要是宣传企业、产品、劳务、观念等。非营利组织广告是除营利组织广告以外的各种广告，如招聘、寻物、征婚、启事、各种公告等。在市场营销学中，广告是指营利组织广告。这一概念包括以下五个要点：

1）广告是一种信息传播，是一种非人际传播。

2）广告是一种付费传播。

3）广告有明确的广告主。

4）广告对象是有选择的。

5）广告是说服艺术。

2. 广告的分类

（1）按广告内容分类

1）产品广告。它主要宣传产品的主要特征及产品为消费者带来的需求满足。

2）企业广告。它主要宣传企业的实力、观念、成就等，其目的是树立企业的良好形象，从而使消费者对企业产品产生信任和好感，增加产品销售。有关公共关系和公共利益的广告都属于这类广告。

（2）按广告目的分类

1）倡导性广告。倡导性广告又称开拓广告，其目的是开拓某一新市场，一般在产品介绍期使用这种广告。

2）竞争性广告。竞争性广告的目的是推销某品牌的产品。

3）提示性广告。提示性广告经常或间歇式播放，其目的是引起消费者的注意。

4）公司声誉广告。它主要宣传企业的方针、观念，把营销战略作为一个整体信息传递给目标市场及公众。

（3）按广告对象分类

1）消费者广告。消费者广告是指直接向消费者介绍产品特征、品质特色等的广告。

2）经销商广告。经销商广告是指根据经销商的业务范围和需要提供各种商品目录、样本等的广告。

3）工商企业广告。工商企业广告又称产业广告，是指向工商企业推销产品的广告。

4）专门广告。专门广告又称专业广告，主要以建筑师、会计师、医生等技术专业人员为广告对象。

（4）按诉求方式分类

1）感情广告。感情广告是运用情感手法来激励消费者的购买欲望，使消费者产生感情上的联想和情绪，以化妆品广告最为典型。

2）理由广告。理由广告是陈述说明一定商品的销售基点，作用于人们的理智，以促进人们有意识购物行动的广告文体。理由广告针对不同的对象，向广大消费者介绍各种商品知识，指导消费者进行正确的判断选择。

3. 广告媒体

广告媒体是广告主与广告接收者之间的连接物质，它是广告宣传不可少的物质条件。广告媒体并非一成不变，而是随着科学技术的发展而发展。科技的进步必然使得广告媒体的种类越来越多。特别是新媒体的出现，改变了传统纸媒和以电波作为载体的媒体形式。

所谓新媒体是指新的技术支撑体系下出现的媒体形态，以电子计算机和通信技术为骨干而形成的复合媒体。如数字杂志、数字报纸、数字广播、手机短信、移动电视、网络、桌面视窗、数字电视、数字电影、触摸媒体等。

报纸、杂志、广播、电视被称为传统的四大媒体，而新媒体则被形象地称为“第五媒体”。

4. 广告策略

广告策略是企业利用广告推销产品为取得更好的效果而采取的措施。企业为了扩大销售额、提高市场占有率，通常会制定各种广告策略。

（1）目标市场广告策略

目标市场广告策略（Target Market Advertising Strategy）是指企业在市场细分的基础上，选择最具开发力的市场，并根据该市场的特点采取相应的广告策略。企业所选择的目标市场不同，采取的广告宣传策略也就不同。目标市场广告策略一般分为差别广告策略、无差别广告策略和集中式广告策略。

1）差别广告策略。它针对的是同一种产品，消费者在需求上存在差异。广告要突出本企业产品的个性，针对不同需求的消费者群体采取不同的广告方式或选择不同的广告媒体。这种策略应充分显示本企业产品与竞争产品的差异，突出自身的特点，通过广告宣传，给消费者以能够获得某种利益的鲜明印象。如宝洁公司的洗发品牌：海飞丝——去头屑，飘柔——柔顺秀发，潘婷——滋润养发。

2）无差别广告策略。它是指在制订广告计划时，企业将整个市场同等看待，不考虑产品和各个细分市场的特殊性、差别性，用同一的广告宣传内容和主题，向一个大的目标市场进行宣传与推销。

3）集中式广告策略。它是指企业针对一个或少数几个细分市场，在一定的时间内调动多种广告宣传手段和方式，集中力量进行广告诉求，以获得较高的市场占有率。

（2）系列化广告策略

系列化广告策略（Serial Advertising Strategy）是指在广告宣传中，按预定计划连续发布具有同一主题内容以及统一设计形式的广告，以不断加深广告印象，增强广告宣传效果的策略。这种策略在实施中又有四种手法。

1）形式系列化策略。它是指在一定的时期有计划地发布数则广告，其形式相同，但内容有所改变，以加深消费者印象的策略。这种策略适用于内容更新快、发布频率高的广告。

2）主题系列化策略。它是指企业依据每一时期目标市场的特点和市场营销策略的需要，不断变更广告主题，以适应不同广告对象心理需求的策略。

3）功效系列化策略。它是指通过多则广告连续宣传、逐步深入，强调商品功效，使消费者加深对商品印象的策略。

4）产品系列化策略。它是指为了适应系列产品经营的需求而进行产品系列广告宣传的策略。系列产品具有种类多、声势大、连带性强的特点，在广告宣传中可以运用这些特点展开宣传。

（3）广告时间策略

广告时间策略（Advertising Time Strategy）是指在广告宣传活动中，对广告发布的具体时间和频率进行合理安排，以取得最佳效果的策略。这种策略在实施中有四种方法。

1）集中时间广告策略。它是指集中力量在短时期内对目标市场进行突击的广告攻击性策略。

2）均衡时间广告策略。它是指在较长时期内有计划地反复对目标市场进行某种广告宣传活动的策略，但应注意在表现手法上有所变化，不断给消费者以新鲜的感觉。

3）季节广告策略。它是指对季节性的商品，在其销售季节到来之前就展开广告活动，为销售旺季做好长远准备的策略。旺季过后，广告规模就要收缩，不等销售季节结束，广告便可停止。

4）节假日时间广告策略。它是指节假日期间某些特种商品往往会出现销售高潮的策略。零售企业和服务行业应抓住机会，通过焦点广告等形式有效地开展广告促销活动。

（4）广告产品的生命周期策略

广告产品的生命周期策略（Lifecycle Strategy of Product Advertise）是指依据产品的生命周期所处的不同发展阶段而采取相应的广告策略。

1）投入期策略。这一阶段新产品尚未被消费者认知。因此，广告宣传以产品功能介绍为主，使消费者对新产品有一个认识和了解从而引起兴趣，其目的是使消费者产生新的需要，执行开拓市场战略。在这一阶段，应投入较多的广告费，运用多种媒体配合宣传，造成较大的广告声势。

2）成长期策略。经过前期的广告宣传，新产品已获得消费者认可，销售量大增。同时，同类产品也开始纷纷登场，竞争逐渐激烈。在这一阶段，广告策略可以扩大市场潜力，展开竞争性广告宣传，引导消费者认牌选购。应大力宣传产品的商标、品牌，不断扩大企业和产品的知名度。

3）成熟期策略。在这一阶段，新产品已变成普及品，同类产品竞争非常激烈。广告策略以保牌为目标，巩固已有的市场和扩大市场占有率。这一阶段的广告诉求应该具有强有力的说服力，突出本产品同其他品牌同类产品的差异性和优越性，巩固企业和产品的声誉，加深消费者对企业和商品的印象。

4）衰退期策略。衰退期产品供求趋于饱和，原有的产品已逐渐变成老产品，新产品又已逐渐进入市场。产品后期的广告目标，重点在维持产品市场上，采用延续市场的手段。后期广告宣传的做法是运用广告提醒消费者，定时发布广告，及时唤起注意，巩固习惯性购买。广告诉求的重点是突出产品的售前售后服务，保持企业信誉，稳定产品的晚期使用者。

（5）提醒式广告策略

提醒式广告策略（Remanding Advertising Strategy）是指设法提醒消费者记忆广告产品的厂牌、商标及特点，巩固原有的市场占有率，引导消费者形成稳固的长期性习惯需求的策略。例如，可口可乐是众所周知的产品，早已处于成熟期，它的广告目标不再是介绍和劝说消费者购买，而是提示消费者购买。它旨在提醒消费者别忘了购买这种产品的地点；提示消费者在近期将会需要这种产品；在淡季提醒消费者不要忘记这种产品，以及保持较高的知名度等。

（6）劝导式广告策略

劝导式广告策略（Introductory Advertising Strategy）的要点是着重宣传该产品与竞争厂商的产品相比所具有的优点，以形成消费者对本产品的特殊偏爱，此时企业的主要广告目标应是劝导消费者购买自己的产品，突出产品特色，介绍本企业产品优越于其他产品之处，促使消费者形成品牌偏好。

（7）全方位广告策略

全方位广告策略（Persuasive Advertising Strategy）是运用多种媒介交叉立体覆盖，广泛进行反复宣传，形成由城市到农村、由地方到全国、由小范围到大范围的广告促销网，容易短时间内造成巨大声势，具有影响舆论、改变印象的功能。它适合资金雄厚、产品面向全国、质量好、品种齐全的大型企业采用。

（8）广告促销策略

广告促销策略（Sales Promotion Advertising Strategy）是一种紧密结合市场营销而采用的广告策略。广告促销策略不仅告知消费者购买商品的益处，说服消费者购买，而且结合市场营销的其他手段，给予消费者更多的附加利益，以吸引消费者对广告的兴趣，在短期内收到广告效果。广告促销策略包括馈赠、文娱、服务、折价、公共关系等促销手段的运用。

存量经济环境下快消品企业的破局之道

随着消费者产品品质鉴别能力的提升，消费者不会因为产品卖点去买，很多时候是因为认知产品的买点去买，因此单靠渠道、终端已经很难达到以往的推广效果，企业必须通过更高效、更精准的品牌推广创新才能赢得消费者认可。

首先，要重视传统传播平台（如央视广告、卫视广告、高铁广告、公交车广告等），强化与消费者的互动。

其次，要利用地面传播平台（如嘉年华、亲子活动、综艺真人秀等），加强与消费者的互动。

最后，要借助新兴传播平台（如微信社群、爱奇艺、优酷、抖音等）来强化与消费者的互动，借此赢得消费者好感，并通过场景体验认知，实现品牌做大做强。

资料来源：中国营销传播网，2021－04－01。经整理加工。

五、公共关系

1. 公共关系的概念及特征

公共关系（Public Relation，PR），也叫公众关系，简称公关。它包括的内容十分广泛，而从市场营销学的角度来谈公共关系，只是公共关系的一小部分。公共关系是指企业运用各种传播手段来协调与公众之间的关系，使企业及企业的产品在公众中树立起良好形象，增强公众对企业的支持，提高企业和产品的社会声誉，为企业创造良好的外部环境，从而有利于企业的长期发展。

公共关系的基本特征表现为：①公共关系是一定社会组织与其相关的社会公众之间的相互关系，其目标是为企业广结良缘，在社会公众中创造良好的企业形象和社会声誉；②公共关系的活动以真诚合作、平等互利、共同发展为基本原则；③公共关系是一种信息沟通，是创造“人和”的艺术；④公共关系是一种长期活动，着手于平时努力，着眼于长久打算。

2. 公共关系的活动方式

公共关系的活动方式是指以一定的公共目标和任务为核心，将若干种公共媒介与方法有机结合起来，形成一套具有特定公关职能的工作方法系统。按照公共关系的功能不同，可将公共关系的活动方式分为以下五种：

1）宣传性公关（Propagandize Public Relation），即运用报纸、杂志、广播、电视等传播媒介，采用撰写新闻稿、报告等形式，向社会各界传播企业有关信息，以有利的社会舆论，创造良好气氛的活动。

2）征询性公关（Consult Public Relation），即通过开办各种咨询业务、设计调查问卷、进行民意测验、设立热线电话等形式，努力形成效果良好的信息网络，再将获取的信息进行分析研究，为经营管理决策提供依据，为社会公众服务。

3）交际性公关（Company Public Relation），即通过语言、文字的沟通，为企业广结良缘，巩固传播效果，可采用宴会、座谈会、专访、电话、信函等形式。

4）服务性公关（Service Public Relation），即通过各种实惠性服务，以行动去获取公众的了解、信任和好评，以实现既有利于促销又有利于树立和维护企业形象与声誉的活动。

5）社会性公关（Social Public Relation），即通过赞助文化、教育、体育、卫生等事业，支持社区福利事业，参与国家或社区重大社会活动等形式来塑造企业的社会形象，提高企业的社会知名度和美誉度。

3. 公共关系的运用原则

1）从社会的公共利益出发，而不是为了企业的局部利益。例如，必须坚持安全生产、文明经商、消除公害、保护环境等。在这些方面，不能只有口头宣传，而必须要有实际表现和实际效果。

2）以优良的产品和服务做基础。企业高质量的产品与服务是企业有信心开展公共关系的物质基础，而企业良好的公共关系又往往可以转化为企业的产品声誉和实际销售效果，提高企业的竞争能力。

3）坚持与对象相适应的原则。不同对象应建立不同内容的公共关系，企业应区别不同的对象，有针对性地建立与之相适应的公共关系。

4）坚持信誉原则。信誉是企业最宝贵的无形资产，在公共关系工作中，要特别注意维护企业声誉，提高社会对企业的信任感。

4. 公共关系促销策略

公共关系是企业开展商品促销活动不可缺少的手段。它对于争取社会公众的理解、信赖、支持与合作，树立良好的企业形象具有积极的作用。从公共关系的角度看，市场不仅仅意味着交换，更大程度上意味着共同获利，尤其在现代社会，最大限度地满足消费者的需要，已成为市场竞争取胜的关键。

（1）长远利益公关促销策略

公共关系的基本方针是着眼于长远利益。只有谋求长远利益，才能争得企业的生存与发展，才能展示现代企业家的公关素质特征。长远利益公关促销策略，是企业追求的基本策略。

（2）塑造形象公关促销策略

企业形象是企业竞争的核心，公关的意义就在于美化企业形象，加深消费者的信任感和认同感，促进产品销售。利用“名人”“明星”“权威人士”等来宣传企业形象、产品形象、企业价值观、企业经营理念，以引导社会舆论，起到良好的社会效果。

（3）沟通化公关促销策略

促销并不是赤裸裸的金钱行动，而是多种因素综合作用的结果。其中最重要一点就是沟通。现代公关是一种全方位的沟通，包括与消费者的沟通、与社会公众的沟通、与政府部门的沟通、与企业员工的沟通等。一个善于沟通的企业，也就可能是市场营销的高手。

(4) 共利化公关促销策略

经商的奥妙不在于独占利益，而是在于分享利益，“有福同享”“有利同分”是公关促销的基本策略。日本“拉链大王”吉田忠雄建立了一套“仁善循环”哲学。他认为，不为别人利益着想，就不会有自己的繁荣。企业的利润不可独吞，应1/3以低价方式给消费者，1/3给中间商，1/3留给企业。

(5) 协调竞争公关策略

企业不把同行当“冤家”，主动向竞争对手表示友好，协调竞争关系，改善竞争环境。这是一种既竞争又合作、既做对手又做朋友的友善策略，也是一种明智的竞争策略。这样的企业不仅可以展示高尚的企业风格，而且还可以争取更多竞争对手的合作，避免同行的不正当排斥。这也是现代公关的新趋势。

RIO的“自黑式营销”

近日，RIO上线了最新限量款榴梿朗姆风味鸡尾酒，并以一只又丑又萌的“三眼榴梿君”卡通形象作为宣传片的主角，对这款稀有风味的鸡尾酒进行了“自黑”式宣传。宣传片中，“三眼榴梿君”称自己是一款又臭又香、可以让消费者重口到颤抖的酒。尽管RIO把自己的榴梿口味“黑”到不行，但明眼人一看便知，这是来自RIO屡试不爽的“自黑式营销”。通过对产品“自黑”达到更强的宣传效果，获得更多的关注。

这已经不是RIO第一次“自黑”了，之前曾与英雄墨水联名推出的“墨水”风味鸡尾酒已经让众多消费者见识到了RIO“自黑”的功力。其实，“自黑式营销”对于很多知名品牌已不是新鲜的招数，除RIO外，各大企业品牌甚至明星个人品牌对“自黑”同样乐此不疲。有些品牌借助“自黑”迎来高光时刻，但也有些明星个人品牌、企业品牌的“自黑”却因为尺度拿捏不当，被视为哗众取宠，甚至换来品牌至暗时刻。因此，“自黑”对各大品牌而言，不仅需要技巧，还需要三思而后行。

资料来源：《成功营销》，2019-08-26。经整理加工。

随着营销方式的不断创新，千篇一律的营销内容已经不能满足消费者的胃口，因此越来越多的品牌尝试了一些特殊招数。其中，作为颇受消费者欢迎的“自黑式营销”作为公关的一种方式，就为不少品牌带来了不错的效果。通过“自黑式营销”，有些品牌提升了知名度，拉近了与消费者的距离；有些品牌增大了新品宣传效果，加强了品牌定位；还有些品牌收获了不一样的消费群体。

课后拓展训练

一、辩论练习

促销是否等于猝死？

二、策划实训

“去广告化”时代，品牌应该怎样讲好故事？

加利福尼亚大学教授彼得·古贝尔曾说：“讲述令人信服的故事是促成生意的最好方式。”用一个好故事去传递产品背后的温度和态度，是企业缩短与消费者距离的关键。请为自己喜欢的品牌策划一个促销方案。

三、案例分析讨论

白酒广告还能这样拍？

对于整个中国白酒行业而言，2017 年注定是不平凡的一年。

在沉寂许久之后，白酒行业迎来了新一轮的复苏，尤其是高端白酒一扫往年颓势，步入量价齐升阶段。而在高端白酒领域，消费者所关注的已不局限于白酒本身，还包括其产生的附加值以及衍生出的文化内涵。以此为契机，包括白酒的酿造技艺、历史沿革、酒瓶酒器、趣味轶事在内的白酒文化成了宴饮场合热议的焦点，而中国白酒数千年的传承也引发了广泛的关注。在这样的大环境下，作为行业翘楚，有着“第一坊”之称的水井坊，也将其一直以来坚持让传统文化“活”起来的举措再度进行了深入挖掘，多方携手，在这一年中交出了一份不错的答卷。

2017 年 3 月，水井坊高端战略单品“水井坊·典藏大师版”经过 1800 天的酿造后面世，将白酒传统酿造技艺进行了延续与创新；9 月，水井坊在北京太庙正式宣布品牌战略，从“匠心匠艺”升级为“600 年传承的坊、艺、心”，重返高端战略，会上水井坊还宣布将成立业内首支非遗保护专项基金，这可以看作其将重心从白酒行业本身逐渐转移到更为广阔的传统文化领域；11 月 19 日，在广州地标性建筑“第一塔”广州塔，水井坊推出超高端浓香白酒——水井坊·菁翠，并正式宣布水井坊成为 2017 年《财富》全球论坛的独家官方白酒，这一举措已然让中国传统的白酒文化拥有了全球化的视野与格局。

2017 年年末，水井坊独家冠名的央视年度大型文博探索节目《国家宝藏》正式开播。水井坊表示，《国家宝藏》与水井坊携手，意在赋予传承千百年的文化精髓以新生，不断焕发中华文明的光彩，以此弘扬民族文化自信。2018 年年初，水井坊凭借自身“双遗产”文化优势——物质文化遗产水井街酒坊遗址及国家级非物质文化遗产“水井坊酒传统酿造技艺”，推出了一部 30 秒的广告片，将水井坊在 2017 年这一年中收获的点点滴滴与 600 年岁月的沉淀全部浓缩其中。

而为了致敬水井坊历经 600 年的至臻匠心，以最为真实的镜头语言还原水井坊 600 年的传承之道，这部广告片导演采用了在白酒行业中少见的零特效、全实拍的拍摄方式。广告片中呈现的所有内容都是实际拍摄得来的。这样操作看似简单，但在拍摄过程中却遇到了不少困难，因为缺乏后期处理的空间，所以每一帧画面都需要在拍摄的过程中达到完美的状态，一个镜头拍上数十遍是常有的事，只为力求以更加纯粹而写实的镜头语言演绎现代东方美学，更好地诠释水井坊 600 年生生不息的传承。

与行业过往的广告片不同，这次广告片中的主角是一滴晶莹剔透的酒液，从它飞舞的身影开始，一个值得深思的问题掀开了整部片子的序幕：“活着，究竟意味着什么？”这可以看作一种对于活着意义的思考，也可以看作一种对于生命本质的探寻。随后，跟随这一滴酒液游走的路径，通过场景的变幻，一座历经600年风雨洗礼依旧活着的酒坊，一门历经几代人心口相传依旧活着的手艺，一颗历经无数次考验依旧活着的初心，逐一在镜头中呈现，并将各自活着的意义进行了诠释。最终，当这一滴酒液落入酒杯之中，从这活着的一坊、一艺、一心中，提炼出了水井坊“600年，每一杯都是活着的传承”的品牌精髓。

资料来源：《成功营销》，2018－01－19。经整理加工。

问题：大卫·奥格威在《一个广告人的自白》中说：“电视广告的目的并不是娱乐大众，而是将产品卖给他们。”结合水井坊的广告片，谈谈你对这句话的理解。

四、作业、考核与拓展训练

作业1：如何让促销变得多余？（营销逻辑推演）

作业2：清明节促销策划。（营销策划）

考核：课堂考核（客观题），雨课堂投稿，学生匿名投票评选班级最优（前三名），发放雨课堂红包。

拓展训练：主题促销活动组织实施训练。

本章思维导图

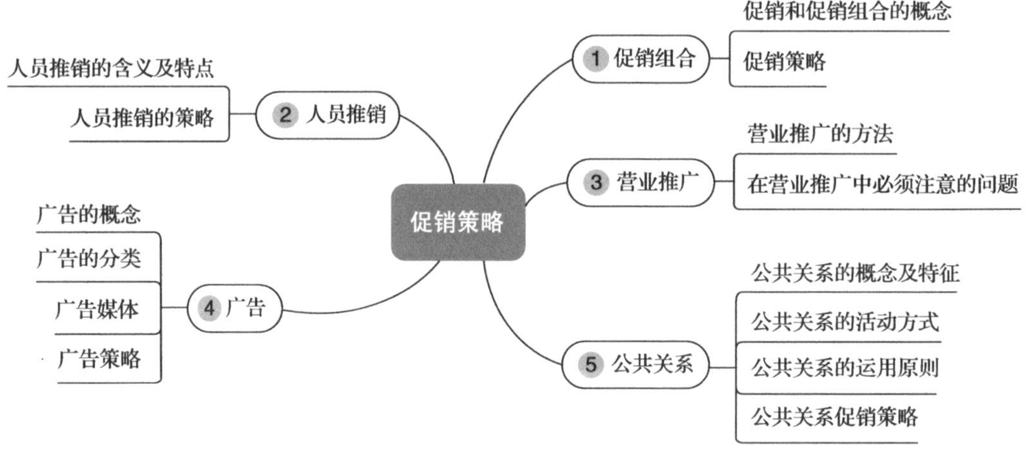

参考文献

[1] 科特勒，阿姆斯特朗. 市场营销原理：第 15 版　全球版 [M]. 郭国庆，译. 北京：清华大学出版社，2019.

[2] 科特勒，凯勒. 科特勒营销思维 [M]. 汪涛，译. 北京：中国人民大学出版社，2015.

[3] 吴健安，聂元昆. 市场营销学 [M]. 6 版. 北京：高等教育出版社，2017.

[4] 丁士安. 营销洞察：营销的破局点 [M]. 北京：机械工业出版社，2016.

[5] 侯贵生. 营销综合实训 [M]. 2 版. 大连：东北财经大学出版社，2016.

[6] 何永琪，张传忠，蔡新春. 市场营销学 [M]. 5 版. 大连：东北财经大学出版社，2016.

[7] 阿姆斯特姆，科特勒市场营销学：原书第 13 版 [M]. 赵占波，孙鲁平，赵江波，等译. 北京：机械工业出版社，2019.

[8] 科特勒. 直面资本主义：困境与出路 [M]. 郭金兴，等译. 北京：机械工业出版社，2016.

[9] 科特勒，卡斯林. 混沌时代的营销 [M]. 毕崇毅，译. 北京：机械工业出版社，2016.

[10] 科特勒，卡塔加雅，塞蒂亚万. 营销革命 4.0：从传统到数字 [M]. 王塞，译. 北京：机械工业出版社，2018.

[11] 郑毓煌. 营销：人人都需要的一门课 [M]. 北京：机械工业出版社，2016.

[12] 史密斯，哈努福. 体验式营销：世界上伟大品牌的成功秘决及营销策略 [M]. 黄巍，译. 北京：人民邮电出版社，2017.

[13] 里斯，特劳特. 营销革命：经典重译版 [M]. 邓德隆，火华强，译. 北京：机械工业出版社，2017.

[14] 里斯，特劳特. 定位：经典重译版 [M]. 邓德隆，火华强，译. 北京：机械工业出版社，2017.

[15] 赵占波. 市场营销学学科前沿研究报告 [M]. 北京：经济管理出版社，2013.

[16] 阿姆斯特朗，科特勒. 市场营销学：第 12 版　全球版 [M]. 王永贵，郑孝莹，等译. 北京：中国人民大学出版社，2017.

[17] 刘兵. 直播营销：重新定义营销新路径 [M]. 广州：广东人民出版社，2018.

[18] 费楚中. 轻营销：营销要做轻，销售要做实 [M]. 广州：广东人民出版社，2018.

[19] 施炜. 连接：顾客价值时代的营销战略 [M]. 北京：中国人民大学出版社，2018.

[20] 德鲁克. 创新与企业家精神 [M]. 蔡文燕，译. 北京：机械工业出版社，2018.

[21] 郭国庆，陈凯. 市场营销学 [M]. 6 版. 北京：中国人民大学出版社，2019.

[22] 科特勒，卡塔加雅，塞蒂亚万. 营销革命 3.0：从价值到价值观的营销　轻携版 [M]. 毕崇毅，译. 北京：机械工业出版社，2019.